王小蕾◎著

TIANJIN YOUTH ASSOCIATION RESEARCH
FROM THE PERSPECTIVE OF
GLOBAL LOCALIZATION (1895 - 1949)

全球地域化视域下的
天津青年会研究
(1895—1949)

中国社会科学出版社

图书在版编目(CIP)数据

全球地域化视域下的天津青年会研究(1895—1949)/ 王小蕾著 . —北京：
中国社会科学出版社，2016.6
ISBN 978-7-5161-7922-2

Ⅰ.①全… Ⅱ.①王… Ⅲ.①基督教-团体-研究-天津市-1895—1949
Ⅳ.①B979.2

中国版本图书馆 CIP 数据核字(2016)第 070562 号

出 版 人	赵剑英
责任编辑	任　明
特约编辑	乔继堂
责任校对	李　莉
责任印制	何　艳

出　　版	中国社会科学出版社
社　　址	北京鼓楼西大街甲 158 号
邮　　编	100720
网　　址	http://www.csspw.cn
发 行 部	010-84083685
门 市 部	010-84029450
经　　销	新华书店及其他书店

印刷装订	北京市兴怀印刷厂
版　　次	2016 年 6 月第 1 版
印　　次	2016 年 6 月第 1 次印刷

开　　本	710×1000　1/16
印　　张	14.25
插　　页	2
字　　数	241 千字
定　　价	58.00 元

凡购买中国社会科学出版社图书，如有质量问题请与本社营销中心联系调换
电话：010-84083683

目　　录

导论

全球地域化：审视青年会在华历史发展的新范式

本书研究的出发点在于利用"全球地域化"这一视域，审视和考察全球化的青年会如何在地方社会落地、生根。书中虽以清末或民国时期的天津青年会为研究对象，但是着眼点却是一个超越地方史的问题。笔者希望通过天津青年会在组织结构、社会交往、信仰传播以及社会服务等诸多层面上的特点，了解全球化的青年会的地方化形式。同时，这一问题与政治局势、经济形势、地方传统有着密不可分的关联。

第一节　青年会在华历史研究的范式转移

作为一个跨宗派基督教团体，青年会自 1844 年在伦敦建立至今，已有 170 多年的历史。自 19 世纪后半叶传入中国后，它与中国社会的发展、变革息息相关。正因如此，近百年来，中国内地、港台以及西方学者们对青年会在华历史的研究着力颇多。他们力图澄清青年会在华历史的两个问题：一是身份辨识的问题：它是文化交流的一种方式，还是推动中国走向现代化的重要载体，抑或是一种曾经一度活跃，最后走向边缘的社会组织？二是本土化的问题：青年会登陆中国之后如何结合不同的地域文化，进而成为在近代中国影响至深的基督教团体？自此，这一研究领域也经历了数次范式转移。其中，中国基督教史研究的诸多范式都得到了有效应用，如传教学、西方中心论以及中国中心观等。[1]

一　20 世纪 50 年代以前：传教学范式

青年会在华历史的研究开展较早。1920 年，来会理写就了《中华基

---

[1]　Nicolas Standaert, *New Trends in the Historiography of Christianity in China*, *The Catholic Historical Review* 83.4 (October 1997), 573—613.

督教青年会二十五年小史》。该书描述中国青年会四个历史时期①的发展
状况，并得出如下结论："夫青年会固不难吸引热忱勇敢之人，使之戮力
竭诚，共同服务，始终弗渝。然而，此事之所以然，则在青年会有如此永
久生命之大源，而获得其生命以为生命也。"② 1927 年，曾任中华基督教
青年会全国协会总干事的余日章也写成了《中华基督教青年会史略》③，
对青年会早期的历史加以记述。另外，袁访赉还写就《余日章传》④。该
书是学者们了解余日章这位中华基督教青年会全国协会任期最长的总干事
生平史事之重要参考。

　　上述著作的出版奠定了青年会在华历史的研究基础。在阅读的过程
中，笔者发现，尽管这些著作在作者身份、关注角度上有所差异，然而在
再现历史的过程中，作者们不免沿用"传教学范式"。这种研究范式可作
为"基督教内的学术研究"，意在总结、检验、反思青年会在华发展的历
史经验和教训。相比关注青年会对中国社会的影响，学者们更重视其对宣
教事业的贡献，意在解释下列问题：神职人员们推广社会福音时都做了哪
些工作？他们在工作中采取的具体手段和措施是什么？这些工作对青年会
的发展有何助益？

　　虽然这些研究按照现代学术的准则衡量难免偏颇，但是它们作为一种
内在的观察和省思，往往能揭示青年会在华历史发展的某些面向。直至
20 世纪下半叶，仍有学者沿用"传教学范式"书写青年会在华历史。查
时杰的《中国基督教人物小传》一书收录了多篇涉及青年会华籍董事、
干事的传记。在《民国基督教史论文集》中，他对青年会在中国的历史
发展进行了描述，评价了青年会在中国传播、扩展的成败得失。⑤

---

　　① 来会理对青年会在华历史的分期是基于他所身处的时代。大体而言，他认为，青年会在
中国的发展分为以下四个历史时期：第一时期：1895—1901 年；第二时期：1902—1907 年；第
三时期：1908—1913 年；第四时期：1914—1920 年。参见［美］来会理《中华基督教二十五年
小史》，青年协会书局 1920 年版，目录。

　　② ［美］来会理：《中华基督教青年会二十五年小史》，第 23、24 页。

　　③ 余日章：《中华基督教青年会史略》，青年协会书局 1927 年版。

　　④ 袁访赉：《余日章传》，基督教文艺出版社 1970 年版。

　　⑤ 查时杰：《中国基督教人物小传》，台北中华福音神学院，1983 年；查时杰：《民国基督
教史论文集》，宇宙光出版社 1994 年版。

二 20 世纪 50—80 年代：文化侵略观与西方中心观的互视

20 世纪 50 年代以后，随着西方教会在中国的逐步撤离，中国内地的青年会在华历史研究趋于停滞。这除了因为"冷战"期间中国与海外特别是西方世界的学术交流中断外，还受到了"文化侵略观"的影响。所谓"文化侵略观"不是一种理论方法，而是共产党人对基督教在华历史作用的价值判断。它脱胎于瞿秋白在 20 世纪 20 年代非基督教运动期间所提出的"文化侵略论"。毛泽东也曾不止一次的强调："帝国主义……对于麻醉中国人民精神的一个方面，也不放松，这就是他们的文化侵略政策。传教、办医院、办学校、办报纸和吸引留学生等，就是这个侵略政策的实施。其目的，在于造就服从他们的知识干部和愚弄广大中国人民。"①他还特别指出："美帝国主义比较其他帝国主义国家，在很长的时间内，更加注重精神侵略方面的活动，由宗教事业推广到'慈善'事业和文化事业。"②由于这些论断的影响颇为深远，并具有权威性，从而为基督教在华历史的研究奠定了基调，即控诉基督教在中国所犯下的罪行。且在这种权威性没有消解前，学者们也无法更新对基督教在华历史的认识。所以，虽然青年会对近代中国社会发展贡献突出，但是学者们在对之加以讨论时，依旧沿用"文化侵略论"，将其视为欧美国家利用宗教"麻痹"中国人民的武器。1964 年，杨肖彭编纂的《天津基督教青年会发展史》③，就是其中代表。

与之相对，西方学界有关青年会在华历史的研究则方兴未艾。学者们对青年会在华历史的书写大多意在摆脱传教学范式的桎梏，增强学术性，关注青年会对中国社会的影响以及中国人对之所持有的反应。赖德烈在《服务世界——北美青年会的外国事业和服务世界的历史》中辟有专章，介绍了青年会北美协会（以下简称北美协会）服务世界的历程以及中国青年会的开端与进展，对青年会在近代中国社会发展中的贡献持肯定的态

---

① 毛泽东：《中国革命与中国共产党》，载中共中央文献研究室编：《毛泽东著作专题摘编》（下），中共中央文献研究室 2003 年版，第 1554 页。

② 毛泽东：《"友谊"还是侵略？》，载《毛泽东选集》第 4 卷，人民出版社 1960 年版，第 1395 页。

③ 杨肖彭：《天津基督教青年会发展史：初稿》，天津市宗教史料委员会，1964 年。

度。他指出，1895—1920 年是青年会在中国高速发展的历史时期。全国青年会组织数量迅速增长，会员人数持续增多，社会事工蓬勃兴旺。20世纪 20 年代以后，青年会在中国的发展趋于平稳，但仍开展平民教育、乡村建设等工作，并投身到抗日救亡运动中。①　甘利特的《中国都市的社会改革者——中国基督教青年会（1895—1926）》②，对青年会在中国的主体身份进行了明确定位，即"近代中国社会的改革者"。作者认为，青年会是近代中国社会服务的先驱，其变革社会的种种举动皆意在推动近代中国的现代化进程。

　　尽管上述学者的观点不一，但是他们大都认为：对于近代中国而言，青年会无疑是外来因素，不仅改变了中国的文化，而且试图重建中国人的心灵，对中国社会的组织结构、价值体系、政治权威形成强有力的挑战，为其输入现代性。这显然是受到了费正清"冲击—回应"③ 范式，以及列文森"传统—现代"④ 范式的影响。这两种范式在本质上都属于西方中心观。"冲击—回应"范式的重点是将青年会视为西方冲击中国的重要载体。青年会从中国沿海到内地、从城市到乡村不断渗透的过程，从正反两个方面唤醒着这片沉寂已久的土地，使之向现代社会迈进。"传统—现代"范式则把青年会当做是中国现代化进程的先驱。

　　由于以上两种范式对青年会在华历史颇具解释力，因而它们也影响着港台学者对这一议题的认知。魏外扬的《清末民初的"青年会"》⑤，记

---

①　Kenneth Scott Latourette, *World Service-A History of the Foreign and World Service of the Y. M. C. A of USA and Canada*, Association Press, 1957.

②　Garrett Shirley. S, *Social Reformers in Urban China：The Chinese YMCA（1895—1926）*, Ph. D. Dissertation, Harvard University, 1970.

③　所谓"冲击—回应"模式意在将中国描绘成一个缺乏向上动力、停滞不前的社会，只有经过西方的冲击，中国才能摆脱传统的束缚向前发展。[美] 费正清等：《剑桥中国晚清史》（上卷），中国社会科学院历史研究所编译室译，中国社会科学出版社 1985 年版。

④　列文森开创的"传统—现代"模式强调传统的儒教中国与现代的科学理性从根本上是对立的，儒家传统在走向现代的旅程中已经逐渐失去其价值。具有普遍意义的现代价值观则诞生于西方。[美] 列文森：《儒教中国及其现代命运》，郑大华、任菁译，广西师范大学出版社 2009年版。

⑤　魏外扬：《清末民初的"青年会"》，魏外扬：《宣教事业与近代中国》，宇宙光出版社1978 年版，第 43—50 页。

载了清末民初青年会在德、智、体、群四育中的贡献。青年会对中国社会的冲击以及中国社会的反应都是其关注的焦点。作为现代文明的代表，青年会也被作者视为变革中国社会之动力。

三　20 世纪 80 年代以来：从西方中心观到中国中心观

20 世纪 80 年代以来，学者们对青年会在华历史的读解仍然大致沿袭"西方中心观"，并由此衍生出几种新的范式。较有代表性的便是"中西文化交流"范式以及"现代化"范式。

所谓"中西文化交流"范式是从文明对话的角度考察青年会在华历史。采用这一研究范式的学者不在少数。

邢文军的博士论文《社会福音、社会经济与青年会—甘博和普林斯顿—北京中心》，通过对北京青年会外籍干事甘博的生活和工作之调查，探讨 1906—1949 年北京青年会与北美协会的互动关系。作者在文中指出，普林斯顿——北京中心是一种非常重要的互动模式，展现了东、西方信仰文化之间的普遍互动，以及美国与中国之间的特殊互动。① 邢军的《革命之火的洗礼：美国社会福音和基督教青年会在中国（1919—1937）》②，以"社会福音"为中心，研究青年会中国实践的美国背景。刘远城的《中美文化交流的激荡：基督教青年会对晚清社会的适应与交融》③，通过青年会的价值理念、组织架构等方面的探讨，洞悉了中、西文化在其中交流与互动的规律。

顾长声的《传教士与近代中国》④ 一书，辟有专章"基督教青年会在中国"。作者意在纠正所谓的"文化侵略观"，正视其作为近代中西文化交流产物的事实。顾卫民的《基督教与近代中国社会》⑤ 一书也论及青年会在近代中国的发展，肯定了其在推动中西文明对话时所做出的贡献。作

---

① Xing Wenjun, *Social Gospel*, *Social Economics and the YMCA*：*Sidney Gamble and Princeton-in Peking*, Ph. D. Dissertation, University of Massachusetts, 1992.

② ［美］邢军：《革命之火的洗礼：美国社会福音和中国基督教青年会在中国（1919—1937）》，赵晓阳译，上海古籍出版社 2006 年版。

③ 刘远城：《中美文化交流的激荡：基督教青年会对晚清社会的适应与交融》，台湾淡江大学美国研究所博士学位论文，1999 年。

④ 顾长声：《传教士与近代中国》，上海人民出版社 1981 年版。

⑤ 顾卫民：《基督教与近代中国社会》，上海人民出版社 1996 年版。

为 1949 年以后中国内地首部介绍青年会的论著，陈秀萍的《沉浮录：中国青运与基督教青年会》① 在介绍青年会在中国的历史时，也采用了"中西文化交流"范式。

虽然"中西文化交流"范式意在将青年会在华历史视为两种文化的相遇，以中性和超然的心态探讨其中的过程和规律。但是，研究者却不能忽视以下两点：（1）青年会在华历史不只是一种文化传播的现象，而是涉及社会的各个方面。倘若仅从文明对话的角度对之加以诠释，就会令研究局限于阐释狭义的文化现象而忽略其他。（2）近代的中西文化交流更多地表现为西方文化向中国的拓展和渗透。所以，它注定是一场强势文化与弱势文化的对话。从这个意义上看，作为强势文化象征的青年会在中国社会所扮演的角色需要重新审视。

故在"中西文化交流"范式之外，一些学者也试图运用"现代化"的范式对青年会在华历史加以读解。因为青年会与中国的现代化进程密不可分。青年会的所到之处成为中国与现代世界接触的起点。它在中国从事的社会事工无一例外地为中国走向现代化、建立公民社会做出了贡献。

鲁珍晞的《青年会——女青年会和中国对公民社会的探寻》② 一文重点谈及青年会在 20 世纪 20 年代的发展，肯定了其在中国为创建现代公民社会所做出的努力。莱斯道夫在《改革者、运动员和学生：基督教青年会在中国（1895—1935）》③ 一文中，以青年会在中国的社会服务事业为出发点，展现出青年会适应和引领近代中国时代变革的一面。凯勒的《制造现代公民：民国时期的中国基督教青年会，社会行动主义和国际主义，1919—1937》④，探讨了青年会在社会行动主义的影响下，在中国从事的社会服务、公民教育和学生运动等事工，以及这些事工在塑造模范公民与促进国家建设方面的作用和贡献。另外，近年来，利用"现代化"

---

① 陈秀萍：《沉浮录：中国青运与基督教青年会》，同济大学出版社 1989 年版。

② Jessie G Lutz, *The YMCA-YWCA and China's Search for a Civil Society*，载林治平编《基督教与中国现代化国际学术研讨会论文集》，宇宙光出版社 1994 年版，第 623—654 页。

③ Kimberly A. Risedorph：*Reformers, Athletes and Students: The YMCA in China, 1895—1935*, Ph. D. Dissertation, Washington University, 1994.

④ Charles Andrew Keller, *Making Modern Citizens: the Chinese YMCA, Social Activism, and the Internationalism in Republican in China, 1919—1937*, Ph. D. Dissertation, University in Kansas, 1996.

范式开展对青年会在华历史研究的学者还有傅浩坚等人。他们关注的是青年会与近代中国体育发展①以及青年会与近代中国的职业指导②等议题。包克强在其博士论文《民国时期中国基督徒对现代性的探索》③中，以为青年会、女青年会服务的中国基督徒张伯苓、刘廷芳、刘王立明为个案，分析基督教与现代性的关系，展现了民国时期中国基督徒知识分子和社会精英成为现代化宣导者的精神与实践历程。

　　尽管作为一种解释力相对完善的研究范式，"现代化"范式对于提高青年会在华历史的研究深度有所助益，但是，随着时间的推移，它对青年会在华历史研究的束缚同样显现。首先，像青年会这样的基督教团体是否应当承担起引领中国现代化的使命，尚是一个值得争议的问题。其次，"现代化"范式的解释空间多停留在宗教事业的外围，难以凸显青年会的宗教身份。再次，它在某种程度上依旧延续了"西方中心观"，认为中国但凡发生前进、向上的变化都是"西方自己在通往现代性的道路上曾经历的那种过程和过程的混合"④。从这个意义上看，运用"现代化"范式阐释青年会在华发展的历史似乎显得缺乏新意。

　　进入21世纪以后，受到柯文"中国中心观"⑤的影响，部分从事青年会在华历史研究者也采用了"中国中心观"的研究范式。这一研究范式意在讨论青年会与中国社会处境的互动，并使青年会在华历史的研究呈现出下列特色：

　　一是在从中国基督徒的主体性与能动性出发。王成勉对余日章的研究

---

　　①　傅浩坚：《基督教青年会对中国近代体育发展的影响》，香港浸会大学，博士学位论文，2000年。

　　②　韩树双、谢长法：《基督教青年会与职业指导的推展》，《教育学术月刊》2013年第8期。

　　③　John S. Barwick, *The Protestant Quest for Modernity in Republican China*, Ph. D. Dissertation, University of Alberta, 2012.

　　④　王立新：《近代基督教在华传教史主要研究范式述评》，载陶飞亚、梁元生编《东亚基督教再诠释》，香港中文大学宗教与中国社会研究中心，2004年，第123页。

　　⑤　所谓"中国中心观"范式是指：其一，是从内部的标准界定中国的历史；其二，重视区域史研究；其三，将中国社会分为不同的阶层，特别要关注社会下层群体；其四，借鉴其他学科的理论方法，将其与历史分析相结合。参见［美］柯文《在中国发现历史：中国中心观在美国的兴起》，林同奇译，中华书局2002年版。

就是其中之一。他曾在 20 世纪 90 年代以来连续撰文，对余日章的宗教思想、民族认同以及社会贡献详加讨论，令从事相关研究的学者深受启发。① 另外，一些学者也注意到本土基督徒对青年会宗教思想的阐释颇具价值。"人格救国"论②是典型代表。李志刚在《基督教青年会提倡的"人格救国"及其反响》一文中，曾将"人格救国"论视为中华基督教青年会推广的一种"运动"，并指出它与中华基督教青年会的平民教育和公民教育运动存在着千丝万缕的联系。③ 邢福增指出，"人格救国"论并非晚至 1923 年才提出，有关理念其实早已贯彻在中华基督教青年会的各项活动中。④ 笔者曾有一篇拙文，关注天津青年会的"人格救国"运动，兼论"人格救国论"在抗战前后的发展走向。⑤

　　二是跨学科研究方法的整合。赵晓阳的《基督教青年会与中国：本土的、现代的探索》⑥ 一书，运用跨学科的理论方法，阐述了对青年会在中国的本土化进程。她在书中比较关注青年会在中国近代宗教、文化、社会发展中的作用。黄海波在《宗教非营利组织的身份建构研究：以（上海）基督教青年会为例》一书中，将区域的问题做跨区域的思考，以上海青年会为中心，借鉴宗教社会学的相关理论方法，为青年会在华历史的研究提供了一个很有解释力的理论框架，即合法性约束下的组织身份建

---

　　① 王成勉：《余日章与青年会：一位基督教领袖的爱国之道》，《近代中国历史人物论文集》，中央研究院近代史研究所 1993 年版，第 793—811 页；王成勉：《余日章与公民教育运动》，载《基督教与中国现代化国际学术研讨会论文集》，宇宙光出版社 1994 年版，第 499—530 页；王成勉：《余日章政教观之研究》，载刘家峰编《离异与融会：中国基督教徒与本色教会的兴起》，上海人民出版社 2005 年版，第 183—203 页。

　　② 关于"人格救国论"的内容，余日章曾经作出过精辟的总结："中国积弱的根本原因，在于国民道德的退化。若非从提倡道德、改革人心着手，则一切救国的主张皆等于空谈……欲挽救人心，必依赖耶稣基督，奉他为教主，方能得胜一切。"参见袁访赉《余日章传》，第 67、68、72 页。

　　③ 李志刚：《基督教青年会提倡"人格救国"及其反响》，《维真学刊》1994 年第 1 期。

　　④ 邢福增：《基督信仰与救国实践：20 世纪前期个案研究》，建道神学院 1997 年版。

　　⑤ 王小蕾：《天津中华基督教青年会人格救国运动简析——以 1932 年〈大公报〉为中心》，曾于 2012 年 12 月 11 日在香港中文大学宗教与中国社会研究中心等主办之第六届"基督教与中国社会"国际青年学者研讨会上宣读。

　　⑥ 赵晓阳：《基督教青年会在中国：本土的、现代的探索》，中国社会科学出版社 2008 年版。

构。这个理论框架的提出，有助于考察青年会在不同历史时期所建构的组织身份，揭示具有宗教背景的社会组织在进入社会公益领域时所面临身份认同难题及其解决方案。①

最后是重视对区域个案的讨论。鉴于"中国的区域性与地方性变异幅度很大，要想对整体有一个轮廓更加分明、特点更加突出的了解，而不满足于平淡无味地反映出各组、各部分间的最小公分母，就必须标出这些变异的内容和程度"②，从区域个案入手，讨论青年会在中国的历史也成为学者们进入这一研究领域的门径。2003年，左芙蓉在博士论文《社会福音、社会服务与社会改造：北京基督教青年会历史研究，1906—1949》③ 中以北京青年会为个案，运用跨文化视角，探讨社会福音思想对北京青年会的影响。该书的重大贡献在于，梳理了北京青年会与抗战的关系。另外，卢海标、申芳对广州青年会的研究，周东华对浙江青年会的研究同样值得注意。这些学者关注的重点在于青年会与社会服务和地方公益。④ 另外，尚有数篇学位论文涉及青年会在中国不同区域的发展。这些区域包括东三省、山西、山东等。⑤

值得注意的是，作为青年会中在华历史中具有里程碑意义的区域个案，天津、上海两地的青年会更为学者们所关注。由于天津是中国第一个城市青年会的所在地，为青年会在中国的发展开辟了新的路径。故为推动天津青年会的研究，天津青年会曾与南开大学等海内外知名学术机构合

---

① 黄海波：《宗教非营利组织的身份建构研究：以（上海）基督教青年会为例》，上海社会科学院出版社2013年版。

② ［美］柯文：《在中国发现历史：中国中心观在美国的兴起》，第142、143页。

③ 左芙蓉：《社会福音、社会服务与社会改造：北京基督教青年会历史研究，1906—1949》，宗教文化出版社2005年版。

④ 申芳：《广州基督教青年会在抗战期间的社会服务事业》，第二届"基督教与中国社会"国际青年学者研讨会宣读论文，香港：香港中文大学崇基学院宗教与中国社会研究中心，2004年12月9—14日；卢海标：《广州基督教青年会抗战前活动述评》，《宗教学研究》2008年第2期；周东华：《青年会与民国初年浙江的社会公益教育》，《浙江学刊》2009年第4期。

⑤ 周玉蛟：《大连基督教青年会研究（1920—1934）》，硕士学位论文，河南师范大学，2013年；张兰：《比较文化视野下的太原基督教青年会研究》，硕士学位论文，山西大学，2010年；刘军：《民国太原基督教青年会研究（1912—1937）》，硕士学位论文，河北师范大学，2013年；王聪：《从边缘到中心：山东基督教青年会历史研究》，硕士学位论文，山东大学，2013年。

作，召开了多次大型学术研讨会，其中包括 2005 年召开的"天津中华基督教青年会与近代天津文明"国际学术研讨会以及 2009 年召开的"天津中华基督教青年会与近代天津名人"国际学术研讨会。"天津中华基督教青年会与近代天津文明"国际研讨会的论文集已经出版。该书收录了多篇有关天津青年会研究的论文，从不同的角度记录、分析了天津青年会成立 110 年来的历史。①

　　除此之外，一些从事基督教史、天津城市史研究的学者也对天津青年会的研究有所贡献。侯杰不仅把握了张伯苓作为一个基督徒在非教会大学中所传播的宗教思想与实践，而且重视青年会与《大公报》、南开学校的多重互动关系，评析张伯苓利用宗教思想完成中国人的心灵重建的历史功绩。② 他还指导硕博士生发表《中华基督教青年会与近代中国城市社会——以天津中华基督教青年会为例》《基督宗教与近代中国的社会和谐——以中华基督教青年会为例》《天津青年会与 1920 年赈灾——以〈大公报〉、〈益世报〉为中心》《天津青年会的儿童事业》《近代中国看天津管窥——以天津中华基督教青年会为例》《互利共赢：中华基督教青年会与孙中山、辛亥革命的关系初探》③ 等文章，在天津

---

① 罗世龙编：《天津中华基督教青年会与近代天津文明》，天津人民出版社 2005 年版。

② 侯杰：《〈大公报〉与近代中国社会》，南开大学出版社 2006 年版；《张伯苓：提倡教育体育与中国人心灵重建》，香港教育学院宗教教育与心灵教育中心，2011 年；《文史资料与近代中国工商业者研究——以宋则久为例》，《郑州大学学报》2014 年第 3 期。

③ 侯杰、秦方：《百年家族——张伯苓》，河北教育出版社 2004 年版；侯杰等：《英敛之、〈大公报〉与天津基督教青年会探析》，载赵建敏编：《天主教研究论辑》（第 8 辑），宗教文化出版社 2011 年版，第 128 页。侯杰等：《日本侵华时期天津著名实业家宋棐卿的实业思想与实践》，韩国《石堂论丛》第 51 辑，2011 年 11 月；侯杰、王兴昀：《天津基督教青年会与城市现代化——以华人领袖为中心的考察》，载李编《中国现代化视野下的教会与社会》，上海人民出版社 2011 年版；侯杰等：《中华基督教青年会与近代中国城市社会——以天津中华基督教青年会为例》，《理论学刊》2007 年第 6 期；侯杰等：《基督宗教与近代中国的社会和谐——以中华基督教青年会为例》，《史林》2007 年第 4 期；侯亚伟等：《天津青年会与 1920 年赈灾——以〈大公报〉、〈益世报〉为中心》，《金陵神学志》2011 年第 1 期。侯杰等：《天津青年会的儿童事业》，《华南师范大学学报》2012 年第 5 期；侯杰等：《近代中国看天津管窥——以天津中华基督教青年会为例》，《天津文史资料选辑》第 116 辑，天津人民出版社 2012 年；王军等：《略论天津中华基督教青年会与近代社会慈善事业——以〈大公报〉对 1917 年大水灾报道为中心》，《广东社会科学》2013 年第 1 期；侯杰等：《互利共赢：中华基督教青年会与孙中山、辛亥革命的关系初探》，基督教文艺出版社 2014 年版，第 211—229 页。

青年会乃至中华基督教青年会的历史研究中产生了广泛的影响。另外，
王兆祥、任云兰、刘海岩、张博、王昊、冯志阳、胡伟、李钊等人也对
天津青年会在历史发展中的部分面相进行了探讨，丰富与补充了学界对
天津青年会的历史认知。① 可惜的是，目前研究天津青年会的专著尚未成
书。这不得不说是当下天津青年会研究的一个遗憾，需要后辈学人继续
努力。

　　作为中华基督教青年会全国协会的所在地，上海青年会的研究意义更
是不言而喻。张志伟在《基督化与世俗化的挣扎：上海基督教青年会》②
一书中，以上海基督教青年会为个案，讨论了 20 世纪上半叶中国青年会
运动所遭逢的身份认同危机，揭示出这场目光远大的基督教信仰运动在中
国社会逐渐走向世俗化的发展历程。该书的特色在于：过去学者在讨论青
年会在华历史时一般采取"社会—文化取向"，忽视青年会作为一个机构
本身既多元又复杂的内部生态面貌。作者却采取"反求诸己"的研究进
路，从内部组织的角度检视中国城市青年会的运作机制，进而解开其身份
认同危机的谜团。

　　总之，将青年会在华历史的研究重心发生转移后，中国变为了思考的
起点，为青年会服务的华人基督徒开始作为研究的重心，中华基督教青年
会全国协会以及各城市青年会的宗教关怀与民族认同引发了学者们的兴
趣。这无疑拓宽了青年会在华历史研究的范围，使这一研究领域所涌现出
的成果更具创新性。稍显遗憾的是，这一研究范式的应用，又容易令学者
们淡化、忽视青年会在华历史中扮演重要角色的传教士和西方元素。这又
同历史的真实发生了偏离。

---

　　① 　王兆祥的《天津基督教青年会与近代体育运动的发展》和任云兰的《天津基督教青年
会社会救济活动述论》，均刊于《南方论丛》2007 年第 3 期；刘海岩的《天津青年会的创建与早
期发展》、张博的《基督教青年会与近代文明在天津地区的传播》、王昊的《从"非政府组织"
视角看百十年来的天津青年会》、冯志阳的《天津青年会：全球化和本土化的范例》、李钊的
《天津青年会会长雍剑秋略论》、胡伟的《马千里与天津青年会》，载罗世龙编《天津中华基督教
青年会与近代天津文明》，天津人民出版社 2005 年版。

　　② 　张志伟：《基督化与世俗化的挣扎：上海基督教青年会》，台湾大学 2010 年版。

第二节　全球地域化之于青年会在华历史
研究的意义和价值

为解决这一难题，学者们需要密切跟踪当下中国基督教史研究中的新动向，找寻未来可能在青年会在华历史研究中得到应用的新方法。

通过阅读近年来中国、世界基督教史研究的成果，笔者发现，学者们对基督教的历史定位在悄然发生改变，不再将其当做西方文化的产物，而是强调基督教作为一种世界性文化的成长。诚如美国学者菲利普·詹金斯所言，近代以后，基督教在非西方地区的扩张趋势是十分明显的："基督教世界的中心鉴定的向南转移，移到了亚洲、非洲和拉丁美洲……西方基督教的时代在我们有生之年逝去了。南方[①]基督教的时代正值黎明。"[②] 上述判断具有非常充分的历史依据。早在 15 世纪末，天主教就开始依靠欧洲的殖民主义者和传教士进入亚、非、拉地区。基督新教从 17 世纪末也开始向西方世界以外的地区扩展。进入 19 世纪以后，无论天主教和基督新教都进入了全球传播的高潮。基督教的重心开始从欧美转移到亚、非、拉地区。这一变化趋势对基督教根深蒂固的西方传统造成了冲击，使之成为一种世界性的宗教。导致这种趋势的因素有西方国家的殖民扩张、传教士们的宣教热情等。当然也离不开地方传统对于基督教的塑造。特别是当全球化的基督教介入某个国家和地区时，它的地方形态便会随之产生。自进入 20 世纪以后，这种趋势表现的更为明显。基督教在各地的宣教手段已经变成了"一种落地生根，地方社会化的基督教建构形式"。自此，"全球地域化"视域开始受到从事中国基督教史研究的学者们的重视。

一　什么是"全球地域化"

"全球地域化"原指不同地域根据自身的社会发展特点加以调整，适应全球化趋势的一种策略。1992 年，作为世界公认的社会理论家，并在全球化、宗教以及文化研究中颇有造诣的罗兰·罗伯逊正式提出了"全

---

① 此处指的是非西方国家。

② ［美］菲利普·詹金斯：《下一个基督王国：基督宗教全球化的来临》，梁永安译，立绪文化事业有限公司 2003 年版，第 4、5 页。

球地域化"的概念。在英语中，"全球地域化"是由"全球化"和"地域化"两个词镶嵌而成。它具有以下内涵："既是普遍化，又是特殊化；既是国际化，又是本土化；既是一体化，又是分散化（多元化）……它是全球与地方同时存在与相互渗透。"① 可见，"全球地域化"实际上涵盖了两个进程：特殊主义的普遍化和普遍主义的特殊化。②

那么，"全球化"与"地域化"之间存在着怎样的关系？一方面，"在全球化的趋势下，无论主、客观条件，世界都将迈向一体化。此时，新的社会空间会产生。因此'全球化'既是指世界的压缩，又是指世界作为整体意识的增强"③。另一方面，在全球化的进程中，地域不仅不会消失，而且还会在"特殊性空间"中重新被建构、发掘。正是由于"特殊性空间"的存在，使得世界同时存在着许多相异、多元的现代性。可见，"全球化"与"地域化"之间应当是有机统一的。虽然全球化穿越了国境的界限，触碰到不同地区丰富的文化内涵，对地域文化可能造成冲击。但是，它也有可能导致对地域文化的重新强调，提示人们应该重视特殊地理空间及其文化表征，避免世界各地特别是非西方国家在全球化的冲击下失去原有的历史传统以及文化氛围。由此，我们似可得出这样一种结论：全球化带来世界市场、文化与信息消费的世界一体化和均质化；被垂直统合到民族国家的地方特征和地方自主伴随着全球化过程迅速复苏；全球化凸显了地域化，地域化伴随着全球化迅速复苏，并成为全球化的推动力。

二　"全球地域化"与青年会在华历史研究

就本书研究所涉及的领域而言，无论学者们如何定义基督教的全球化，评判基督教在中国落地、生根的历史，都需要把其镶嵌于特定的时空背景下加以理解才有价值。将"全球地域化"视域引入中国基督教史研究的，当属吴梓明。他提出，应当从"全球地域化"的视域剖析基督教在中国的发展，使中国基督教史的书写传统脱离了"欧洲启蒙架构的表

---

① Robertson R *Globalization*, *Social Theory and Global Culture*, London: Sage, 1992, p. 183.

② 参见［美］乔纳森·弗里德曼《文化认同与全球性过程》，郭建如译，商务印书馆2004年版，第297页。

③ 同上。

现形式"。因为基督教的传播是一个全球性的运动，但是又不能避免地域化的实践命运。基督教走向全球的过程同样涉及信仰文化的内化。同时，全球化和地域化的互动也是中国基督教史发展的基本面向。当然，"全球化"与"地域化"这两个概念在表述上也有所侧重："全球化"意在强调基督教所具有的多元文化背景。"地域化"主要解析了基督教在中国各地的实践命运。二者之间的关系大体上可用两个英文单词表述："context"和"content"。

足见在"全球地域化"视域下，中国基督教史研究的主要对象是多元文化背景下的"地方基督教"。其中，有两个问题需要解决：一是基督教如何适应各地的文化。二是各地文化元素对基督教信仰产生影响。① 这种研究范式既关注基督教文化源流中的西方元素，也重视基督教传入中国各地后所具有的特色；不仅看到基督教在全球扩展的主动性，也注意到地方社会的自生因素在其中所发挥的作用。这足以令中、外学者超越单纯的"以中国为中心"或者是"以西方为中心"的研究范式，注重基督教的国际化背景以及中国人在其中的贡献，揭示基督教文明与中国对话中的主动与被动、强势与弱势、矛盾和冲突。

虽然目前"全球地域化"视域在中国基督教史研究中的应用范围还十分有限，但在相关研究领域皆有拓展的空间。特别是在青年会在华历史的研究中，应当得到重视。因为青年会在中国不同地方的传播扩展都是伴随其全球化进程而进行的。其中，外籍干事以及本地成员的贡献不容忽视。正是在二者的合力作用下，青年会在这些地方的发展堪称其全球化进程中的典范。随着时间的推移，它也逐步实现了"地域化"，在推动社会的文明和进步中皆开创了独有的模式。可见，将"全球地域化"的范式及其所包含的思想方法引入青年会在华历史的研究，可以使青年会在华历史的书写更加开放平等，令学者们在考察相关议题时可综合考虑西方的、中国本土的元素，为这一研究领域带来新的生机。

三　典型的区域个案：天津青年会

不过，鉴于中国幅员辽阔，各地在社会发展中的特色不容忽视。因

---

① 吴梓明：《全球地域化视角下的中国基督教大学》，宇宙光出版社2006年版；吴梓等：《边际与共融：全球地域化视角下的中国城市基督教研究》，上海人民出版社2009年版。

而，聚焦典型的地域个案，有利于凸显"全球地域化"之于青年会在华历史研究的价值。这样做可以避开空泛地讨论所谓"中国"的问题，充分考虑不同地域的社会、经济、文化因素①。因此，学者们在精准把握全球化的青年会在中国发展的脉络之余，同样要结合历史事实，选取具有典型意义的区域个案加以探讨。

　　天津青年会正是这样一个区域个案。因为天津兼具沿海、重商的双重属性，直至南京国民政府成立前，它还有靠近统治中心的优势。外来文化与本土文化的交流与互通、冲突与角力在这座城市中不断上演。这使在天津扎根、登陆的青年会从一开始就力图促进基督教与地方社会、文化的交流互通：包括制度建设和信仰、文化认同建构这两个方面。当青年会接触了天津社会之后，它既成为被地域化了的青年会，又是全球化的青年会呈现给世人的历史和现实样本。为了在天津青年会历史研究中的体现"全球地域化"的基本内涵，以下问题是不容忽视的：其一，青年会的组织结构和宗教思想具有怎样的特色；其二，在进入中国以后，青年会与不同地域的社会、文化如何沟通；其三，具有地域特色的发展模式怎样培育；其四，地域化的青年会组织之于全球化的青年会究竟有何价值。

　　对这些问题的解释，为运用"全球地域化"视域讨论天津青年会的历史规划了基本路径：既关注青年会对地方传统的冲击和对时代话语的回应，又重视地域元素对青年会的影响。这有助于体现天津青年会这一地域个案之于青年会全球化进程的意义和影响。在此，青年会的宗教思想、发展特性以及近代天津社会发展的特殊经验皆可作为诠释的依据。凸显全球性与地域化的互动，不仅能更好地理解天津青年会历史发展的某些面向，更有助于在研究中不断发现新问题，寻求新解释，以求使青年会在华历史研究取得进展和突破。在这个过程中，既不能片面和刻板地强调地方文化的重要性，又要反对"西方中心主义的单向运动"，而是要在"全球"与"地域"之间的相互影响、彼此贯穿中解释与重构天津青年会创建与发展的历史。②

　　值得注意的是，本书的时间断限是从1895年到1949年。这一时间段

---

　　① 参见《"基督宗教与文明人格的培育"国际学术研讨会论文集》，汕头大学文学院基督教研究中心，2012年，第1页。

　　② 吴梓明等：《边际与共融：全球地域化视角下的中国城市基督教研究》，第308页。

既属于中国历史研究中所定义的"近代"，也是青年会与天津社会的发展和变化关系最密切的时期。同时，它也是全球化的青年会在天津实现主体身份转换的关键时刻。因而，将研究的时间范围限定于此，既考虑到了研究对象的实际状况，又有着理论预设的因素，凸显了本书的研究价值。

第三节　史料简介

若要使研究更为深入、严谨，扎实的文献史料也是必不可少的。为此，笔者广泛搜集了与天津青年会相关的中、外文史料，主要分为以下三类：

一是官方文献。青年会在其全球化进程中被注入了浓重的西方文化，特别是英美文化的色彩。因此，要对天津青年会的这一背景加以了解和把握，需要依靠英文档案。广西师范大学出版社影印的《美国明尼苏达大学图书馆藏基督教男青年会档案：中国年度报告（1896—1949）》[①] 为笔者的写作提供了莫大的支持。这部长达 20 卷、记录北美协会干事在中国的活动的档案包括以下三部分：青年会 243 位在华干事的简要传记；中国青年会 38 座会所及 4 个会议中心建筑的历史沿革；中国青年会外籍干事在华期间向北美协会提交的 1091 份年度报告。上述珍贵的史料，既可作为阐释青年会在华发展总体情况的重要依据，也为笔者了解 1896—1930 年天津青年会外籍干事思想状况和社会服务事业提供了帮助。

在利用已出版的英文档案开展研究之余，天津青年会以及中华基督教青年会全国协会的出版物以及中文档案同样为笔者所重视。发掘这些史料的目的不仅是与英文档案相互印证，更是为了对天津青年会研究中所包含的地方性知识进行内在、深入的理解。

20 世纪 30 年代，中华基督教青年会全国协会曾发出过征集各地青年会史料的呼吁。但是，由于战争的原因，各地青年会档案资料的保存不甚完整。这为研究工作的开展增加了难度。所幸的是，近年笔者在上海和天津两地的档案馆、图书馆中发现了大量由天津青年会编纂、印制的中文档案以及出版物。如《北美基督教青年会史略》《青年会最近三年成绩一览》

---

① 陈肃等编：《美国明尼苏达大学图书馆藏基督教男青年会档案：中国年度报告（1896—1949）》（附国际干事小传及会所小史），广西师范大学出版社 2012 年版。

《青年会事业概要》《天津青年会卅五周年纪念》《天津青年会四十周年纪念》《中华基督教青年会全国大会详编》《天津基督教青年会事工报告》《祸福之门》① 等资料，保存了大量反映天津青年会历史发展的有效信息。

　　另外，在与中国基督教发展有关的年鉴、统计资料中也包含着大量与天津青年会历史发展有关的内容。《中华基督教会年鉴》② 以及《中华归主——中国基督教事业统计（1901—1920）》③ 正是其中代表。地方史志中所载关于天津青年会的资料也不容忽视，如《天津志略》④ 的第三编"宗教"中的第四章"耶稣教"中，就对青年会在天津的发展概况作了简要的说明。

　　二是为天津青年会服务的外籍干事、华人董事干事以及见证该会历史的社会各界人士所书写的文献记录。这些文献以个人生命历史为主线，记述和描绘了人物生平、贡献以及思想，有助于帮助笔者探索人物行为、社会群体和社会环境变迁之间的联系，特别是青年会乃至基督教文明对其所施加的影响。为此，笔者整理了来会理的自述以及《基督教男青年会来华干事小传》《艾迪博士自述》⑤ 等青年会来华外籍干事的传记，并搜集

---

　　①　［美］贺嘉立：《北美基督教青年会史略》，青年协会书局 1917 年版；《青年会最近三年成绩一览》，天津中华基督教青年会，出版时间不详；谢洪赉辑：《青年会代发：十章》，青年协会书局 1914 年版；《青年会事业概要》，天津中华基督教青年会 1918 年版；《天津青年会卅五周年纪念》，天津中华基督教青年会 1930 年版；《天津青年会四十周年纪念》，天津中华基督教青年会 1935 年版；《立德篇》，天津中华基督教青年会，出版时间不详；《明道集》，天津中华基督教青年会 1921 年版；《醒世语录》，天津中华基督教青年会，1918 年；［美］艾迪：《何谓基督教》，天津中华基督教青年会，1918 年；《中华基督教青年会全国大会详编》，青年协会书局 1920 年版；《天津基督教青年会事工报告》，天津中华基督教青年会，1933 年；天津基督教青年会人格救国运动会编：《祸福之门》，天津中华基督教青年会人格救国运动会，1932 年。

　　②　《中华基督教会年鉴》，中华续行委办会编印，自 1916 年起开始出版。

　　③　中华续行委办会编：《中华归主——中国基督教事业统计（1900—1920）》（上、中、下），中国社会科学出版社 1987 年版。

　　④　宋蕴璞辑：《天津志略》，成文出版社 1969 年版。

　　⑤　［美］来会理：《中国青年会早期史实之回忆》，《近代史资料》总第 109 号，中国社会科学出版社 2004 年版，第 110—129 页；《穆德、艾迪先生布道成绩记》该书出版于 1913 年，出版者、出版地不详；戴伟良：《甲寅年艾迪播道始末记》，青年协会书局 1915 年版；《基督教男青年会来华干事小传》，陈肃等编：《美国明尼苏达大学图书馆藏基督教男青年会档案：中国年度报告（1896—1949）》。［美］艾迪：《艾迪博士自述》（又名《思想的探险》），青年协会书局 1948 年版。

了为天津青年会服务的华人基督徒的自传、传记、年谱、回忆录、文集：如张伯苓、马千里、宋则久、雍剑秋、宋棐卿等。透过对上述文献资料的分析，令笔者在深入的了解人物生平的基础上，归纳和总结天津青年会在规范个体行为和建构信仰、文化认同等方面所起到的作用。

三是大众传播媒介，主要报刊媒体。天津青年会和中华基督教青年会全国协会所创办的报刊媒体是不可或缺的：主要有《青年进步》① 《同工》②《天津青年会报》③ 等。另外，笔者还通读了创办于天津、影响遍及全国的《大公报》《益世报》④，并将两报中有关天津青年会的资料进行统编。这也构成本文的重要史料支撑。为了体现天津青年会的全球化背景和跨文化属性，笔者还关注了再现天津青年会历史的外文报刊。创办于天津并在京津一带颇有影响力的英文报纸《京津泰晤士报》⑤ 就是其中之一。在利用报刊媒体进行研究的过程中，不仅要对资料进行摘录；更应当凸显报刊媒体的主体性。考察报刊媒体在生产、传播乃至被消费的过程，也有助于探讨青年会如何在跨文化的历史语境下建构社会身份，进而融入、影响、干预近代天津社会。

第四节　本书结构

在篇章结构安排上，笔者无意采取通史式的书写模式，而是希望以"全球地域化"为视域，审视天津青年会历史发展的面相，从文明互动的角度出发，动态地展现青年会在天津发展的历史图景。因而，除绪论各结语外，本书的内容大致分为以下六章：

在第一章中，笔者将会结合基督教全球化的历史背景，探讨青年会诞生、发展以及向中国传播的历史。意在说明：青年会虽然起源于西方世

---

① 1902 年，青年会全国总委办部成立"书报部"，并创办《青年会报》，是为该刊前身。1906 年《青年会报》改为《青年》；1917 年，《青年》与青年会全国协会另一刊物《进步》合并，是为《青年进步》。

② 《同工》杂志也是青年会全国协会出版之刊物之一，一直延续至抗战时期。

③ 《天津青年会报》创办于 1902 年；后改称《天津青年》。

④ 《益世报》，天津古籍出版社 2005 年版；《大公报》，人民出版社 1980 年版。

⑤ 该报是英国人在天津创办的英文报纸。1894 年 3 月创刊。1902 年 10 月 1 日改为日刊。裴令汉主编。

界，但是并不专属于某种特定的文化。它的传播与流布带有"全球化"的特质；青年会在中国的传播与扩展凸显了"全球化"与"地域化"的互动：青年会进入中国之后，它的区域分布范围不断地扩大，显现出了"全球扩张"的潜力；在区域分布不断扩展的同时，青年会也在加强对中国社会的适应性，努力推动文明之间的对话。这不仅令青年会实现了主体身份的转换，更以中国的经验充实和丰富了它的宗教思想、制度模式和社会服务的形式。

　　然而，探讨青年会在中国的"全球地域化"问题，显然不能笼统地进行概括。笔者将以中国青年会的典型地域个案——天津青年会为研究对象，对之加以具体的论证。在这个过程中，笔者一方面希望从区域的视角审视青年会的全球化，以求对这一议题形成更为丰富的认识。另一方面，也试图从多元差异的角度看待青年会在天津"地域化"的进程，找寻其中普遍共有且又殊别独特的意义。

　　在第二章中，笔者主要探讨天津青年会的创建及其发展的早期历史。在讨论的时候，以下问题是值得注意的：天津青年会的创建在青年会全球化进程中占据何种地位？1895 年前后，天津的社会氛围和文化环境为青年会的发展提供了哪些支持？青年会自进入天津以后，它与天津地方社会的矛盾和冲突又体现在什么方面？它有没有采取行动去营造适应其生存发展的新环境、新土壤？解答上述问题，则是为了说明：青年会在天津的生存和发展需要将"信仰的普遍性"与"文化的地域性"有机结合。这样才能"既表达人类的普同性"，亦可呈现出青年会乃至其背后的基督教文明"对世界文化的地方性关怀"①。在之后的章节，笔者意在从制度与认同两个层面加以论述，意在说明以下问题：天津青年会怎样借鉴地方的元素，并培育出地方化的制度模式？天津青年会怎样实现与不同主体的社会交往，拓展在地方社会的生存空间？天津青年会运用何种手段传播、推广基督教文明，进而成为建构社会成员信仰、文化认同的资源？

　　在第三章中，笔者分析的重点是天津青年会的制度模式，依据是近代天津社会发展的"国际化"特色：在发展布局上，天津青年会确立了租界与天津老城并举的目标；在人员安排上，"跨国合作"也成为基本的原

---

① 参见吴梓明等《边际与共融：全球地域化视角下的中国城市基督教研究》，第 14 页。

则。其中，华人董、干事和外籍干事之间的权力关系随着时间的推移，逐渐趋于平等。另外，天津青年会还仿照某些国际青年会组织（主要是北美协会）所发起的"短期募款运动"，举办了征求会员运动。这不仅解决了该会的人员流动和资金来源问题，还令之顺利地渡过了在发展中所遭遇的困境。

青年会在天津的生存空间之所以能够顺利拓展，形式丰富的社会交往不可缺少。这是本书第四章所论及的内容。一方面，笔者需要了解天津青年会从事社会交往的方式和手段，观察其如何获得不同社会力量的信任。另一方面，笔者也试图检验和评判天津青年会社会交往所取得的效果，指出其怎样帮助天津青年会获取权力和资源，介入地方社会。

值得注意的是，青年会登陆天津后，除了进行自我调适、融入地方社会外，还试图令它的宗教思想成为构建社会成员信仰、文化认同的重要资源。因而，在第五章中，笔者的焦点主要在天津青年会的宗教思想传播上。天津青年会宗教思想传播的手段是丰富多样的。在利用会所进行讲经传道的基础上，天津青年会还借鉴了近代天津社团的活动经验，将创办媒体和举办讲演等方式加以充分应用。在这一过程中，本地董事、干事对青年会宗教思想的独到理解，是值得珍视的：既反映出20世纪初中国基督教思想发展的一般规律，又体现出青年会宗教思想之于近代天津社会的独特价值。然而，由于受到了非基督教运动、日本侵华战争以及国共内战的影响，青年会宗教思想在解释力上日益衰落。这也令天津青年会利用宗教思想构建信仰、文化认同的进程遭遇困难。

然而，青年会在天津的发展却未因此受挫，理由是该会利用形式多样的社会服务事业，实现了宗教资源的转化。在本书的第六章中，笔者将会围绕天津青年会的社会服务事业展开分析。大体而言，天津青年会社会服务事业的主要方向有以下两个：一是透过提倡德、智、体、群四育，令青年人乃至社会各界人士完成人格和心灵上的重建。二是展现天津青年会解决社会问题（包括应对战争）的能力。在从事上述社会服务事业的过程中，天津青年会一直致力于从个人和社会的救赎中达到"荣神益人"的目的，并致力于推动近代天津社会的发展和变革。这样做，能够达到下列三点效应：使天津青年会成员在了解社会发展状况的基础上，明确了在服务天津社会的过程中所要承担的使命和责任；令天津青年会社会服务事业的参与者的多元文化意识有所增长，在自我认知上更加清晰和明确；使天津社会各界人士对的基督教文明认识有所转变，进而提高了对天津青年会的总体评价。这样一来，天津青年会使自身所掌握的宗教资源转化为一种以规范、信任、互动为特征的认同条件，继而在 1949 年之后得以存续。

在结论部分，笔者将从天津的历史经验出发，进一步提炼"全球地域化"的视域在青年会在华历史研究中的价值：虽然青年会在华历史研究已经进展多时，但是过去学者们一直将其视为"固定僵化且具有征服力的基督教团体"：它以西方文明为文化基底，扩展到了全世界。但是，从"全球地域化"这一视域出发，探讨青年会在华发展、传播的历史，有望突破和超越以往的研究范式，从社会历史的重塑中，从概念、理论和定义的建构中，从地方经验的找寻中，调校和整合出青年会在华历史研究的新范式。"全球地域化"视域既强调了国际交流的广泛性，又突出了地域特色的重要性；不仅是站在世界的角度，而且是站在中国的角度，更是站在中国各具特色的地方的角度，探讨了青年会"和而不同"的发展模式。

通过对天津青年会的研究，笔者也加深了对"全球地域化"内涵的认识和理解。一方面，全球化并不等于西方化，抑或是片面寻求一种文化的普世价值。讨论全球化时，要充分考虑地域的因素。另一方面，全球地域化的问题不仅为中国或是中国的某一个地区所独有，它是一个可以从较为广阔的地区性甚至是全球性层面处理和研究的理论视域。在本书的结尾，笔者发现，本书研究的议题在下列方面有待于拓展，比如：青年会在华历史发展中所存在的"多元一统"的格局；青年会与地方社会的国际化等。上述问题没有得到解决的原因是，目前从事青年会乃至基督教史研究的学者对"全球地域化"的理解有待于进一步完善。他们更多地将目光聚焦在青年会乃至基督教在中国的本土化，仅将"全球化"当作背景性的因素。这也反映出"全球地域化"的视域在现下所存在的局限性，并成为今后研究需要重点突破的地方。

第一章

从欧西到中国：青年会的全球化进程与地域化实践

作为重要的跨宗派基督教团体，青年会自建立以来，便在世界文明的交流和对话中发挥了重要作用。青年会虽然发端于欧洲、兴盛于北美，但是它的传播和扩展带有"全球化"特点。青年会每传及一个国家、一个地区，便通过融汇当地文化，丰富其组织形式和宗教思想。所以，理解青年会的全球化，应当将其镶嵌于具体的时空背景中，才具有意义。解析青年会在中国的传播，同样不例外。因为青年会来华后，不仅在区域空间分布范围上有所扩大，还形成了地域化的发展模式。在这个过程中，青年会对近代中国社会的影响也不容小觑：其一，青年会的存在和发展，体现了传教士在近代中国所做出的新努力；其二，它向中国青年乃至社会各界人士传播基督教的经历，也是东、西方文化互动的过程；其三，青年会以服务社会、造福人群为宗旨，是社会福音神学在中国的具体实践，为基督教在中国的发展拓宽了道路。

第一节　全球化的青年会

近代以后，世界不同国家和地区的联系日益紧密，"全球化是一个客观事实和必然趋势"成为人们的共识。全球化背景下的基督教传播，自然包括在内。从地理大发现直到第一次世界大战爆发这几百年间，西方世界的基督教团体都致力于向世界其他国家和地区的传播。这使基督教成为全球范围内的世界宗教。

作为重要的跨宗派基督教团体，青年会自 1844 年在英国创建以来便开始了全球化的进程：它虽然源于西方，但是在传播和扩展的过程中，早已超越了一个国家、一个地域或是一种文化体系。因而，在讨论和分析青年会诞生与扩展的历史的时候，需要具有超越民族国家的视野，在下列范畴中进行思考：一是"分流"，即对青年会"从单一起源到随时空变化而发生多样性分化的过程"加以关注；二是"合流"，即对不同国家和地区的青年会"随时间的推移而呈现出的相似性"进行探讨和分析；三是"体系"，就是对青年会与不同国家和地区的互动方式与相互改变的过程进行叙述。[①] 上述思考范畴所蕴含的意义，有助于笔者认识青年会的全球化属性。

一　英国：青年会的发源地

青年会诞生的时间是 1844 年，创始人是英国人乔治·威廉。1844 年 6 月 6 日，时为布店店员的乔治·威廉和所在商店的 12 名店员讨论成立一个旨在专门为城市青年服务的基督教团体，试图通过基督教的感召力改善他们的精神生活。是为世界上第一个青年会的缘起：

> 时君（指乔治·威廉）年正十八[②]。一日，与步君同自肆回寓，步行闲谈。正近黑僧桥时，君问步曰："子愿为所奉之教，牺牲一己乎？"步曰："愿之。如君有所为，仆当赞成。"君因告以意欲招[召]集店中青年伙友，合成一会，以为相勉相助，共臻品端行正之诣。步君极愿赞成，二人因以有所谋划，转语店中同人，讥诮有所不惜。卒得十人，先拒而后迎。此十二人，为世界第一青年会。店东郝君听之，亦以为善，因特拨一室，以为会所。遂于西六月六日，首次会集。未几，人数渐增，此室不足以容，乃赁附近咖啡店中一室为会所，每礼拜租金一圆贰角。他肆之伙伴，亦俱陆续入会。而会友益众，会数益广。[③]

这段文字，系统回顾了世界上第一个青年会在伦敦创建的过程，阐明了青年会建立的动因和背景。是时，英国虽然经过工业革命的洗礼，经济迅速发展，社会财富急剧增加，人们的生活发生着激烈变化。但这同时也使城市社会的问题有所突出：一是社会化大生产使工人沦为了机器的奴

①　[美] 柯娇燕：《什么是全球史》，刘文明译，北京大学出版社 2008 年版，第 9 页。

②　此处为记载有误，实际上第一个青年会在伦敦创办之时，乔治·威廉时年 23 岁。1894 年，他曾被英国的维多利亚女王授以勋爵。

③　夕扬生：《青年会之鼻祖》，《青年》第一册，光绪丙午（1906）正月。

隶。二是城市生活环境的恶化。以伦敦为例：大量失地、少地的农民进入城市后，现有的城市基础设施和其他公共服务设施无一不面临着超负荷使用的尴尬局面。早期的资本家由于刻意追求高利润与低成本，不会将资金投注在城市环境的改善上。致使城市空间变得肮脏、拥挤，普通民众深受其害。正是在这种条件下，一些为青年会服务且分属于不同教会的人们迫切希望从基督教思想、教义当中寻求摆脱社会罪恶的途径，以求达到社会改良的目的。① 足见，青年会从一开始就显现出西方世界的基督徒们应对因城市化、工业化所带来的社会危机的诚意。

这一点，对于当时的伦敦青年人而言，尤为必要。乔治·威廉等人发现，高速发展的城市吸引着越来越多渴望追求和实现自我价值的青年人从乡村走向城市。他们终日与冰冷的机器相伴，夜晚则要面对恶劣的居住条件。由于离开了原先的家庭、社区以及教会，他们感到由衷的孤独与无助。如上种种，使这些心智并未完全成熟的青年人，容易成为社会道德堕落的牺牲品。旨在用宗教思想增益青年人心智的青年会，不但继承了英国社会长期以来的清教传统，还体现出了包容、自由、勤俭、自助、自律、上进的精神，对于解决上述在青年人当中存在的问题颇有帮助。

青年会在成立之初，乔治·威廉和他的伙伴们就开始打破差会的界限，赋予该会"跨宗派"的特色。因为在他们看来，青年会虽不受传统教会和宗教传统的影响，但它并不是教会的对手，而是助手。早在伦敦青年会成立之初，12 名会员就来自不同的差会，如圣公会、卫理会、卫理公会、浸礼会等。② 这不仅令青年会在信仰基督教之青年当中的影响力有所扩大，还为与当时活跃在英国的各教会进行对话创造了条件。

同样的，改善青年人的精神生活也是乔治·威廉创建青年会的目标和诉求："青年会是附属于教会的，是以基督教为基础的，由青年基督徒管理的组织。目的是救助、保护、教育和拯救青年。它号召积极采取每一种合法手段，去实现这一伟大的目标。"③ 最初，会员们聚集在一起，一为

---

① 参见王美秀等《基督教史》，第 232 页。

② 参见 Sherwood Eddy, *A Century with Youth*: *A history of the Y. M. C. A*, from 1844 to 1944, p. 1。

③ 参见 Gern O. Pierrel, *The Executive Role in YMCA Administration*, Association Press, 1951, p. 34。

祷告，二为研究《圣经》。之后，除了宗教活动外，该会还开展了丰富多样的娱乐和教育实践。乔治·威廉等人在初创青年会时，就将租用的会所布置得具有吸引力：阅览室提供了大量供青年人阅读的书报；定期举办主题演讲和开办各种课程；查经班鼓励和引领更多的青年人了解基督教信仰的真谛，从而获得人生启示，提升内在品质。足见，上述举措不仅可以给青年人带来物质方面的某些享受，还能够令基督教摆脱因科学进步和知识增长而受到轻视的窘境，构成教会关注社会的另一驱动力。

正是在乔治·威廉等人的努力下，青年会这个由青年信徒组成、富有基督教灵性的跨宗派基督教团体在英国迅速的成长，并随着工业化的发展以及世界各国之间的交往陆续传播到其他西方国家：

> 迫七年①之后，而苏格兰、哀［爱］尔兰、加拿大、米［美］利坚各大城，莫不有青年会之名目矣。伦敦之母会，继得英国大慈善家富豪沙夫勃礼侯为会正，连任三十载，会务亦隆隆日上。一千八百八十一年，卫良君与同志鸠集三千磅，购得大厦一所，为会中办公之总汇。至今，尚矗立冲衢，为青年会之大纪念。至今，而世界各国，皆有青年会。其事业之盛，出人意外。②

正如赖德烈所言：青年会诞生于伦敦——当时世界上最大的城市，革命性地改变了人类生活状态的经济力量。我们所谓工业革命——正是从此开始，并在下个世纪席卷全球。以下事实恐怕不只是巧合。在青年会还在它的幼年时期，也是在这个城市，基督教信仰刺激着威廉·布斯开始创立救世军，努力使人们消除工业社会的弊端。也是在伦敦，卡尔·马克思正在写作《资本论》，以激烈的笔触描述它所看到的现象，并用历史和哲学的方法对当时的情势予以解释，并提供了一个根本救治的方案。青年会是一群店员在福音运动的激励下，联合起来致力于青年人的自我超越的社会组织和社会运动。③

---

① 这里所指代的是伦敦第一个青年会成立 7 年以后。

② 夕扬生：《青年会之鼻祖》，《青年》第一册，光绪丙午（1906）正月。

③ 参见 Kenneth Scott Latourette：*World Service-A History of the Foreign and World Service of the Y. M. C. A of USA and Canada*，p. 443。

以上评价，恰如其分的总结了青年会在初创时期的社会功能：引导青年忠于基督教信仰，用基督教的教义砥砺青年人的品格，从而改善其生存处境，提高抵御不良社会环境影响的能力。至于青年会是否能够彻底解决19 世纪中后期西方社会所爆发的危机，尚不能完全定论。但可以肯定的是，它的诞生的确在一定程度上减少了因工业化、城市化而带来的问题，缓解了社会矛盾。同时，它也为教会介入社会、实现自我救赎提供了一条可能的路径。这为青年会超越其发源地——英国，向其他国家和地区扩展提供了动力。

二　美国：青年会的勃兴地

青年会虽然发源于西欧，但是它的发展和兴盛却同美国有着密不可分的联系。1851 年，伦敦举办了第一次世界博览会。一批来自美国的青年人赴英国伦敦参加世界博览会。会上，恰逢伦敦青年会的成员到此宣传。于是，他们在伦敦青年会成员的引领下参观了该会的会所，被青年会的理念和精神所吸引。回到美国后，这些青年人立即着手组建青年会。1853 年，纽约、华盛顿等地也相继出现了青年会。到了 20 世纪初，美国青年会"房地产业，共值六千二百万银元，每年进款八百万银元。其半为购地造房之用。青年会所有之俱乐部，屋宇约五百所。可容人不下三十余万。周年之中，每五日就有一青年会公所成立"。①

青年会之所以能在美国获得长足发展，主要是因为：美国在开启工业化进程的时候也遇到了同英国相似的问题：贫富分化、道德失范等。同时，"在 19 世纪后半叶，美国也经历了一次前所未有的城市革命，随着工矿企业的大量出现，城市在它周围发展起来"②。在这个社会动荡乃至巨变的时代，基督教在社会生活中的重要性得到了提升："除美国之外，全世界任何国家都不可能找到基督教对人们灵魂产生更多影响的地方。"③这无疑为青年会在美国的扩展提供了可能性。因为它提出的"提高青年人精神、道德、智慧和体魄的目标"，颇为适合于注重扩张、重视实际效

①　夕扬生：《青年会之鼻祖》，《青年》第一册，光绪丙午（1906）正月。

②　参见 George Brown Tindall，*America：A Narrative History*，Norton，1996，p. 631。

③　参见 Alexis de Tocqueville，*Democracy in America*，New York：1959，p. 314。

应和正在变化的美国社会。①

　　同样的，青年会在美国的实践，也有着十分鲜明的特色：一是对英国青年会发展形态的传承；二是与当地社会环境的有机结合。如此一来，致使一直致力于透过灵魂的救赎更新社会的青年会获得了长足的发展：

　　首先，与英国和西欧青年会有所不同的是，美国青年会所争取的对象是青年学生而非产业工人。青年会自进入美国之后，不少美国大学都出现了学生青年会。在美国，最初的两个学生青年会于 1858 年在密歇根大学和弗吉尼亚大学成立。至美国内战结束之后，美国各重要大学都设有青年会组织②。

　　其次，美国各地的青年会不再租用会所，而是建立了固定会所。纽约青年会的会所建立于 1869 年，地址位于第 23 大街。一层是接待大厅。其他各层分设阅览室、会议室、礼堂、宿舍、教室等。各个空间既分立又统一，将青年会的宗教思想和精神理念充分融入。此后，纽约青年会的会所不仅被美国青年会的各分会所仿效，更在日后成为世界各国家和地区的青年会会所借鉴的榜样。至 20 世纪 40 年代，全球共建有 1000 多个青年会会所，各会所拥有之资产，高达 2.5 亿美金。③

　　再次，青年会的宗教思想也被美国青年会加以创造性地解读。在这个过程中，青年会的宗旨以及社会服务事业的大致方向逐步确立——坚持基督教信仰，通过倡行德、智、体、群四育，让青年人养成如耶稣基督一般的完善人格。1866 年，纽约青年会曾明确宣布：

　　　　青年会之内容，为德育、智育、体育、群育诸部。盖以为所求完人之幸福，使身、心、灵俱臻理想之发达也。④

　　其中，德育即基督教信仰，是青年人身心健康的源头；智育的目标是完善青年人的知识结构，进而使之具备服务社会的能力；体育是令青年人

---

　　① 参见［美］邢军《革命之火的洗礼：美国社会福音和中国基督教青年会》，第 14 页。

　　② 参见 Sherwood Eddy, *A Century with Youth: A history of the Y. M. C. A*, from 1844 to 1944, p. 14。

　　③ Ibid., pp. 28—40.

　　④ 谢扶雅：《基督教青年会的原理》，青年协会书局 1923 年版，第 7 页。

养成健全的身体，继而达到精神的健全；群育则是使青年人养成群体意识，在社会造成团结向上的氛围。"德、智、体、群"四育的理念，无疑进一步明确了青年会会员的角色意识和社会责任。

如此一来，从英国传往美国的青年会，经过几十年的发展，不仅成功的扎根，还将美国文化融入其中。赖德烈尝言：青年会是为青年人服务的社会团体，致力于运用基督教思想提升其内在品质，进而推动社会的变革。它的主要服务对象是接受良好教育和宗教思想熏陶的青年人。它是超越教派限制的，是平信徒的组织。它在经济上依赖于 19 世纪的社会经济秩序中获益的团体和个人。①

这不仅是青年会在美国立足的原因，也是其与不同地域实现交流和互通的基础："人之所以为人，有三焉，体也、智也、德也。德者得于天而永远不昧，为一身之主宰。智者感于性灵，而愈究愈进。体者受之父母，而形气所成，为性灵之安宅，即肉身是也。三者缺一不可。"② 此后，青年会开始超越时空界限，向世界各国家和地区扩展。从某种意义上说，它也具有了"全球化"的属性。

三 青年会的全球化进程

讨论和分析青年会的全球化，离不开以下几个关键性的历史进程：

首先，北美协会的建立是青年会全球化的起点。1854 年 6 月，来自美国和加拿大 19 个青年会的 37 位代表，在美国的布法罗集会，成立了"美国和英属省份的青年会联盟"，后来更名为"美国和加拿大基督教青年会国际委员会"，即"北美协会"。中央委员会由 13 人组成，总部设在华盛顿，兰登任总干事。③ 北美协会在成立之初，主要的工作是统筹、联络北美各地青年会的发展，使之既呈现出整体联动的一面，又将不同的地域文化纳入其中。这也成为青年会向世界各国家和地区传播与扩展的基本思路。

其次，1855 年"巴黎本旨"的确立，是青年会全球扩展的开始。是

---

① 参见 Kenneth Scott Latourette：*World Service-A History of the Foreign and World Service of the Y. M. C. A of USA and Canada*，p. 26。

② 金贞真：《青年会答问》，《青年会报》（第三册），光绪三十一年（1905）三月。

③ Hopkins，*History of the Y. M. C. A in North America*，New York：1951，p. 17。

年，来自9个欧美国家，38个青年会、近100名青年会代表，齐聚法国首都巴黎，见证了"基督教青年会世界协会"的诞生。"基督教青年会世界协会"的宗旨是，团结所有奉耶稣基督为上帝和救主，愿意按照《圣经》教义做他的门徒，并积极扩张上帝国的青年，是为"巴黎本旨"。[①]这为青年会突破西方世界的藩篱，进入世界其他国家和地区，奠定了坚实的基础。据学者统计，自1858—1978年，世界各地青年会的数量迅速增长，从343个增长到了2043个。[②]

最后，北美协会的世界服务以及由北美部分地区之学校青年会发起的"学生海外志愿传教运动"为其向世界不同国家和地区的传播提供了动力。怀揣着"使世界基督化"的梦想和愿景，从1886—1945年，北美地区共有大约2.05万名志愿者赴世界各地传教布道，其中大部分为青年会成员。有统计数字表明，1900年，美国人占基督新教在华传教士人数的35%；到1917年则上升为50%；这一比例一直保持至20世纪40年代末传教士被中国驱逐为止。[③]

同时，北美协会也设立了"对外工作部"，专门开展海外服务。为了取得所到国家和地区的支持和认可，北美协会确立了海外服务的要义和准则：既保持了北美协会在思想理念和精神主旨上的统治地位，又与海外的教会实现了密切的合作：

> 没有所在差会的邀请，青年会是不能派遣干事到任何一个国家的。北美协会海外工作的政策初步定为在海外传教区域建立或植入一个拯救和发展年轻人的工作。这一工作附属于北美协会，并按照北美大陆上青年会的工作路线开展，保持它与新教教会强大而恭敬的联系。[④]

在此，北美协会的成员们不仅希望全球各国家和地区的青年会在发展

---

① Sherwood Eddy, *A Century with Youth: A history of the Y. M. C. A, from 1844 to 1944*, p. 30.

② Gern O. Pierrel, *The Executive Role in YMCA Administration*, 143.

③ 徐以骅：《美国新教海外传教运动史述评》，载《美国宗教与社会》第一辑，时事出版社2004年版，第330页。

④ E. D. Wishard, *The Young Men's Christian Association in China*, Nov. 1890.

过程中打上"北美模式"的烙印，更试图明白无误地告知那些同样致力于全球传播的教会：青年会并不是一个新的教派，也无意取代这些教会，只是想成为它们的臂膀和补充。这样一来，在从事海外服务的同时，北美协会也昭示出与其他教会共存的决心。

尤为重要的是，北美协会在参与海外服务的过程中，也致力于令青年会与世界各国家和地区的文化特色与社会发展方式相结合。1891 年召开的堪萨斯会议上，对此作出了明确规定：

> 经由北美协会负责派出的任何美国人到国外的首要目标，是按照青年会的工作原则和方法，去训练和培养本土的年轻基督徒，并且使青年会在异国的土地上扎根并成为本土的、自立的基督教团体。①

可见，北美协会及其成员对向世界各国家和地区推广青年会的态度比较理性。为了向不同国家、地域的青年发起"进攻"，他们也试图在文化的鸿沟中搭建桥梁，营造出一种"相互了解""互通共融"的氛围，进而以基督教信仰为纽带，促进不同文明之间的交流。

上述要义和准则既有效地推进了青年会全球化的进程，又增强了青年会对不同国家、地域文化的适应性。从青年会日后在世界各国家和地区传播的情况和效果来看，它们在实践中也取得了一定的成功。自 19 世纪末以来，青年会北美协会共计向 6 个国家派出了干事。它们分别是：日本、印度、锡兰②、巴西、墨西哥、中国。1903 年，梁启超在《新民丛报》中曾载："又今基督教最有力之团体，为美国之基督教青年会，其会员之数，三十万人，其资产六千万元云。"③ 进入 20 世纪的第一个 10 年，各国家和地区的青年会成员总数更是呈现出激增的态势，参见表 1 - 1。

---

① Kenneth Scott Latourette: *World Service-A History of the Foreign and World Service of the Y. M. C. A of USA and Canada*，p. 50.

② 今斯里兰卡。

③ 梁启超：《世界各教之人数》，《新民丛报》第 32 号，1903 年 5 月。

表 1 - 1   **1906 年各国家和地区青年会成员数量统计表**

地区	数量（单位：人）
北美洲（美、加等地）	400000
英国	125000
德国	100000
法国	54000
印度、日本、中国	14000
非洲	4000
澳洲（大洋洲）	5000
南美洲	2000
总计	704000

资料来源：《青年》第一期，光绪丙午（1906）正月。

到 1923 年，建立青年会的国家的数量从 6 个增加到 23 个。其中，中国、日本、印度、土耳其等国家还创建了全国协会，自行负担资金支出、完善组织机构、拟定发展策略。至 20 世纪 40 年代，青年会在全球各大洲"人口最多，最具战略意义和机遇"的 32 个国家皆有独立的组织和分支机构。青年会全球化的进展速度，由此可见一斑。

第二节　青年会在中国：全球化与地方化的互动

值得注意的是，中国在青年会全球化进程中始终占据突出地位。这是由其在地理位置和战略地位上的重要性所决定的。据统计，到 20 世纪 20 年代，北美协会总计外派干事 230 人，其中有近 50% 是前往中国服务。[1]为向非基督教国家推广青年会，北美协会曾经制定过募捐 108 万美元的计划。这笔钱主要是用于在远东和拉丁美洲的 10 个国家建设 49 座会所大楼。其中 8 所是建在中国，约占总数的 16%。[2]

---

[1]   Kenneth Scott Latourette：*World Service-A History of the Foreign and World Service of the Y. M. C. A of USA and Canada*, p. 292.

[2]   江文汉：《基督教青年会在中国》，载中国人民政治协商会议全国委员会文史资料研究委员会编《文史资料选辑》第 19 辑，中国文史出版社 1961 年版，第 10 页。

另外，青年会在中国传播、扩展的过程中，亦自觉或不自觉地卷入了全球化与地域化交织的进程中，成为"全球地域化"特色鲜明的宗教团体①。一方面，随着时间的推移，青年会在中国的空间分布不断扩大。这在一定程度上展现出青年会全球扩张的潜能。另一方面，中国的青年会一直致力于在制度模式和信仰、文化认同建构等方面融入中国特色。如此一来，它也成为在中国本土影响至深且远的社会团体。

一　中国在青年会全球化进程中的重要地位

继在西方国家扎根、立足之后，青年会的缔造者及其成员也将目光聚焦到了中国等非西方国家。学者们通常认为，1885 年前后，青年会最先在中国的教会学校中建立。其依据是来会理的回忆录。据来会理称，青年会最早在中国学生中进行试验的有两个地方：一为福州的英华书院，二为通州的潞河书院。"这两个学生青年会，哪一个成立最早，哪一个配称为在华最早成立的青年会，这一个问题，如果要给它最后的解答，就非做进一步的研究不可。"②

实际上，青年会在近代中国落户的时间，并非晚至 19 世纪 80 年代。据现有的资料披露，早在 19 世纪六七十年代的上海租界内和香港，就已经出现了青年会。这种说法在时人记述和学者研究中都可以得到佐证。他们多倾向于认为，香港青年会成立的时间不详。有据可查的是，中国最早的城市青年会成立于上海。弗雷明在《基督教青年会国际调查报告书》中认为，青年会最早传入中国是 1876 年，当时在上海成立了第一个青年会。③ 邢军考证了青年会登陆中国的具体时间。他指出："作为基督教面向青年的组织，早在 19 世纪 70 年代，即在上海租界里出现为外国人组织的青年会。"④

---

① 参见卓新平《"全球地域化"与中国基督宗教学术研讨会欢迎辞》，载卓新平等编《"全球地域化"与中国基督宗教学术研讨会论文集》，宗教文化出版社 2004 年版，第 3 页。

② ［美］来会理：《中国青年会早期史实之回忆》，载《近代史资料》总第 109 号，第 110 页。

③ 参见［美］弗雷明《基督教青年会国际调查报告书》，转引自顾长声《传教士与近代中国（增补本）》，第 301 页。

④ ［美］邢军：《革命之火的洗礼：美国社会福音与中国基督教青年会》，第 37 页。

　　青年会在中国建立的时间之所以如此之早，源于以下几个因素：

　　首先，中国具有得天独厚的地理位置和区域特色。曾几何时，中国是世界四大文明古国之一。在亚洲的区域秩序中，它一直占据着重要位置。条件是朝贡贸易体系的建立。滨下武志认为，亚洲区域秩序的建构基础是基于册封朝贡关系。整个亚洲特别是东北亚、东南亚地区依靠册封朝贡关系形成了网络化的地域结构。中国在这一网络化地域结构中居于主导的地位："早在欧洲的行政贸易组织在该地区扮演起重要角色之前，东亚地区的边界——包括东北亚、内陆地区和东南亚地区，就已经被当地以中国为中心的国际体系确定下来。"① 近代以后，虽然由于多次蒙受外国侵略势力的战争打击，但中国是"亚洲区域秩序的重要主宰者"的事实，直至19世纪后半叶也未能发生改变。在这一时间段内，中国中心的统合理念一直能够得到扩大和巩固，并被亚洲其他国家和地区所接受。②

　　其次，进入19世纪后，基督教在中国开始了第四次传播。这一时期，中国及其周边国家和地区的社会秩序发生着深刻的变化。以条约口岸③之间的联系为纽带的新型地缘政治秩序开始在这一地域范围内广泛建立。一方面，西方国家在该区域内的政治、经济、军事、外交事务中发挥主导作用。另一方面，中国及其周边国家、地区之间的关系也开始模仿它们与西方国家的关系。这为基督教在中国的发展提供了某种契机。但是，基督教登陆中国之初，发展道路却并不平坦。据学者统计，从1907年马礼逊④来华直至1842年，进入中国的传教士约有63人，受洗入教者却仅有20

---

　　① ［美］乔万尼·阿里吉、［日］滨下武志、［美］马克·赛尔登：《东亚的复兴：以500年、150年、50年为视角》，社会科学文献出版社2006年版，第7页。

　　② ［日］滨下武志：《中国、东亚与全球经济：区域和历史的视角》，王玉茹、赵海松、张玮译，社会科学文献出版社2009年版，第26页。

　　③ 此处的条约口岸是指西方国家通过条约将海洋亚洲各国的沿海城市开辟为通商口岸。［日］滨下武志：《中国、东亚与全球经济：区域和历史的视角》，第110页。

　　④ 马礼逊，西方派到中国大陆的第一位基督教传教士，在华25年，在许多方面都有首创之功。他首次把《圣经》全译为中文并予以出版；编纂第一部《华英字典》，成为以后汉英字典编撰之圭臬；他创办《察世俗每月统纪传》，为第一份中文月刊；他开办英华书院，开传教士创办教会学校之先河；和东印度公司医生在澳门开设眼科医馆，首创医疗传教的方式。如上种种，使其成为开创近代中西文化交流的先驱。

人左右①。

　　然而，19 世纪中叶，中国在对外战争中的失败，迫使其与西方签订了一系列旨在重构国际关系的不平等条约。这改写了基督教在中国的命运。在下列条约中，都有允许基督教自由传播的条款。1844 年中法《黄埔条约》就明确规定："凡佛［法］兰西人按照第二款至五口地方居住，无论人数多寡，听其租赁房屋及行栈贮货，或租地自行建屋、建行。佛［法］兰西人亦一体可以建造礼拜堂。"② 1858 年，《天津条约》再次强调基督教"原为劝人行善，凡欲人施诸己者亦如是施于人。嗣后所有安分传教习教之人，当一体矜恤保护，不可欺侮凌虐。凡有遵照教规安分传习者，他人毋得骚扰"。③ 基督教在华传播的政治和外交障碍已经消除，它在中国的势力大为扩展。无论是来华传教士人数，还是中国信徒的数量，都显著增长（参见表 1 – 2）。

表 1 – 2　　　　　　　　基督教在华发展的状况（1842—1889）

年代	来华差会（个）	传教士人数（人）
1842—1858	20	200
1889	41	1296

　　资料来源：赵天恩：《从华人教会发展史看教会增长》，载《世界华人教会增长研讨会汇报》，香港世界华人福音事工联络中心，1978 年，第 78—79 页。

　　最后，19 世纪末，部分中国人对基督教的态度也发生了改变。这一点，主要是从信徒人数的增加上反映出来：1853 年，全国共有基督徒 351 人，到了 1889 年，这一数字则增至 37287 人，扩大了 100 倍以上④。另据《中华归主》的编者们统计，19 世纪 70 年代以后，《圣经》在中国部分地区的平均年销量十分可观（见表 1 – 3）。

---

　　① 参见李志刚《基督教早期在华传教史》，商务印书馆 1984 年版，第 269 页。

　　② 中法《黄埔条约》，载中国第一历史档案馆编《鸦片战争档案史料》第七册，天津古籍出版社 1992 年版，第 518 页。

　　③ 中法《天津条约》，载王铁崖编《中外旧约章汇编》第 1 册，生活・读书・新知三联书店 1957 年版，第 107 页。

　　④ 同上书，第 79 页。

表 1 - 3　　　　　19 世纪末《圣经》在中国部分地区的平均年销量

地区	厦门	广州	福州	海南	宁波	汕头	台州	温州
数字	62323	15350	16895	4900	16310	13424	8914	2400

资料来源：中华续行委办会调查特委会编：《中国基督教调查资料》上，第 22 页。

　　这些统计数字说明，19 世纪后半叶的中国，正面临着"三千年未有之大变局"。因而，某些参与中外交往、处于时代变革之中的中国人（特别是知识分子阶层）格外希望令"西方的知识和权力成为自己的筹码"，通过学习西方获得变革中国的力量，"并在这个不稳定且高度含混的间隙中，找寻'帝国主义'的弱点和死穴"。① 正是基于这种微妙的态度，透过《圣经》接触基督教开始成为中国知识分子了解西方文化的一个重要的途径。虽然他们在肯定基督教对再造民族的积极作用之余，也看到了对中国文化的潜在威胁，但是其中的一些人更渴望以脱胎换骨的方式认识、了解乃至传播基督教，以期实现对中华民族的改造。

　　这既为青年会在中国的传播和扩展奠定了广泛的社会基础，也使中国早期青年会的创建者对实现"令中国人经由青年会皈依基督教"的目标充满信心。青年会在中国的传播进程由此开启。

二　青年会在中国的空间区域分布

　　值得注意的是，从 19 世纪末到 20 世纪上半叶，青年会在中国的空间区域分布一直在扩展。这说明，青年会在中国的传播既是"一个有延续性、有历史感的活动"，又是一场全球化、普世化的运动②。另外，这种区域分布的扩展还同海洋、同沿海地区发生着密不可分的联系。因为，19 世纪中叶以后，西方列强通过签订不平等条约迫使中国开放了一系列沿海城市。这些沿海城市于是便成为中国传统文化与世界现代文明对话的重要场域。青年会正是随着这些沿海城市的开放顺序，自南向北不断延伸。上述特点，在青年会登陆中国之初，就已经显现了出来（参见表1 -4）。

---

　　① 关瑞文：《后殖民抵抗：以后殖民批判为视角重读本土化神学工作者之人格》，该文发表于 2012 年 11 月在汕头大学举办之"基督教与文明人格的培育"学术研讨会。

　　② 吴梓明：《边际的共融：全球地域化视角下的中国城市基督教研究》，第 61 页。

表 1 - 4   1895 年以前中国青年会的地域分布状况

地点①	成立时间	服务对象
上海	1860 年前后	外国人
上海南部	1894 年	中国人
香港	不详	外国人
香港	1891 年	中国人
福州（英华书院）	1885 年	中国人
杭州（长老会中学）	1886 年	中国人
通州（潞河书院）	1887 年	中国人
通州	1889 年	中国人
汉口	1894 年	外国人

资料来源：*D. W Lyon's Report of Second Quarter.* 1896，载陈肃等编《美国明尼苏达大学图书馆藏基督教男青年会档案：中国年度报告（1896—1949）》2，第 9 页。

通过考察 1895 之前青年会在中国的地域分布状况，笔者发现：沿海地区始终是青年会早期来华发展的重点，青年会组织的数量达到 5 个，占总数的 50% 以上。因为自 1842 年《南京条约》签署后，两种区域性秩序的竞争在香港、福州、上海等沿海城市体现得尤为明显。一种是中国等级政治传统的历史秩序；另一种是以欧美国家为蓝本的新型双边外交关系。② 这在上述地区推动了文明之间的碰撞、对话，为青年会在中国的落脚扎根提供了有利条件。

尽管如此，下列事实同样不容否认：虽然海陆交通的发达以及条约的签订使得像上海、香港、福州这样的沿海城市建立了日益紧密的联系，但是由于缺乏物质条件的支持，缺少人员的往来，这些地方的青年会尚处于孤立发展的状态。这种状况，直至 1895 年北美协会外派干事来华后，方有所改观。

1895 年前后，怀揣着"这一代使中国基督化"的远大理想，为青年会在近代中国的发展做出突出贡献的来会理、格林、巴乐满、路义思、艾

---

① 此处所标识的地点，是上述地方的早期青年会组织所在位置。这些青年会组织在此时尚未有城市青年会之名。

② ［日］滨下武志：《中国、东亚与全球经济：区域和历史的视角》，社会科学文献出版社 2009 年版，第 112 页。

迪等人相继来到中国。此后，他们也为中国青年会事业的推动制定了新的方案：通过促进中国不同地区青年会之间的交往，扩大青年会在中国的区域分布范围。

这一方案的实施，则需要转变中国青年会的发展模式，条件是城市青年会的建立。其意义，正如来会理所言"方青年会之来华也，自信对于学生界，负特别使命，至 1901 年之冬，乃觉欲为学生界造福，须采较新之方法。否则青年会工夫，势仅限于教会学堂之内。此外中国各地极有势力之学生团体，将无以兼顾之"。① 足见，城市青年会的存在价值不仅是为了巩固青年会在中国发展的社会基础，还是出于展拓青年会在中国的区域分布空间之需。为了达到上述目的，城市青年会的选址显得十分重要。这一点，在中国最早出现的 3 个城市青年会的地域分布上，便可见端倪（参见表 1 - 5）。

表 1 - 5 中国早期城市青年会的地域分布

建立时间	城市	创建者
1895 年	天津	来会理
1900 年	上海	路义思
1901 年	香港	苏森

资料来源：《基督教男青年会国际干事小传（1895—1950）》，《中华基督教青年会会所小史》，载陈胜等编《美国明尼苏达大学图书馆藏基督教男青年会档案：中国年度报告（1896—1949）》1，第 135—242 页。

近代中国最早出现的 3 个城市青年会分别设在天津、上海和香港。作为中国较早对外开放的口岸城市，它们在青年会发展进程中的重要性自是不言而喻。1840 年以后，基督教势力在上述城市的扩展，更坚定了城市青年会缔造者们的信心。1842 年，英国通过《南京条约》割占香港后，各教会竞相将香港作为新的传教基地。五口通商后，中国通过条约开放的沿海城市又成为各基督教会异常活跃的区域，上海也是其中之一。19 世纪 50 年代以后，它甚至在某种程度上取代香港的位置，成为新的传教中心。天津虽在 1860 年前后才开埠，但是凭借着靠近统治中心北京以及经济、文化、教育发达等优势，更成为城市青年会在中国率先"落脚"的

① 《青年大会聚于上海记》，《青年会报》第 3 册，1902 年 9 月。

地点。

值得注意的是，天津、上海、香港等城市青年会建立以后，它们的发展并不是孤立的，而是形成了互联、互通的密切联系。这种关系的建立不仅得益于沿海城市在近代中国社会发展中所特有的外向性，更有赖于北美协会的干事在上述城市之间的流动和往来。仅以穆德①为例：早在1896年，作为北美协会总干事、世界基督教学生同盟发起人的他就在天津青年会缔造者来会理的陪同下前往上海、福建等地考察了青年会的发展状况。同年，穆德在上海主持、召开了中国青年会的第一次全国大会。1902年，他还曾前往香港，与当地青年会商讨发展计划。其中，他对天津、上海两地城市青年会发展经验的传授颇具启发性。这令在香港服务的青年会外籍干事备受鼓舞。②

正是凭借这种以沿海城市为纽带的人员往来和经验输出，城市青年会不仅顺利地立足于天津、上海和香港，还扩展到了中国其他地区。详见表1-6。

表1-6　　　　　　　　1912年以前部分城市青年会的地域分布

分布地域	所在城市
西方国家的海上殖民地	香港
中国的沿海开放城市	华南：广州 东南：福州、厦门 华东：上海 华北：天津、烟台 东北：大连
内陆城市	京畿：北京、保定 长江流域：南京、汉口、成都 黄河流域：开封
周边国家的重要城市	东京、汉城

资料来源：《中华基督教青年会会所小史》，载陈肃等编《美国明尼苏达大学图书馆藏基督教男青年会档案：中国年度报告（1896—1949）》1，第135—242页。

由表1-6可见，城市青年会在中国的分布特色十分鲜明：首先，它

---

① 穆德（1865—1955）：20世纪的基督教全球传教运动活动家、北美协会的领导人、国际宣教协会和世界基督教教会联合会的创立者，同时还是中国青年会、基督教学生运动的提倡者。

② Report of Walter J. Southan，载陈肃等编《美国明尼苏达大学图书馆藏基督教男青年会档案：中国年度报告（1896—1949）》2，第95页。

们沿着海岸线在香港、广州、福州、厦门、上海、天津、烟台、大连等地陆续扎根。作为延伸和拓展的节点，自南向北贯穿一线。其次，沿海地区的城市青年会，除彼此发生紧密联系外，又与周边的内陆城市建立了新的往来。无论是位于京畿地区的北京、保定，还是部分沿江、沿河的重要城市，譬如长江流域的南京、汉口、成都，以及黄河流域的开封等，都陆续建有城市青年会。另外，在中国立足之余，城市青年会还沿海洋向周边国家扩展。20世纪初，汉城青年会及东京的中华基督教留日青年会相继建立。鉴于上述情况，北美协会在协调中国和亚洲青年会事务时，也力图促进沿海和内地，中国和周边国家间的交往。1907年，中韩港青年会的建立，就是其中证明。至此，城市青年会在中国及周边国家的区域分布范围日益扩大。

1912年，中华民国建立。基督教在中国的生存状况有了进一步的改善。自《中华民国临时约法》颁布以来，信教自由成为每个中国公民享有的法律权益。1900—1920年，华人基督徒人数从8万人激增至36万，增加了近4.5倍。[①] 在这个背景下，中华基督教青年会全国协会在上海宣告成立。北美协会也增加了对中国各青年会的投入。以隶属于中华基督教青年会全国协会学生部的"中华基督教学生立志传道团"为例：该组织自成立以来，便得到了北美协会的鼎力协助。仅资金拨款一项，每年便高达2000美元，约占其经费支出的30%—50%。[②] 至20世纪20年代末，青年会已经遍布中国很多地区，会员8万余人，经费高达510万美元。[③]

城市青年会的地域分布网络，以中华基督教青年会全国协会所在地上海为中心，以中国各主要沿海城市为起点，陆续向内陆地区扩展，参见图1-1。

截至1920年1月，中国境内总计有29个城市青年会，分别是：东北地区的大连、沈阳、吉林、锦州、哈尔滨；华北地区的天津、北京、太原、保定、烟台、青岛、济南；西北地区的西安；华东地区的上海、南

---

① 参见［美］费正清等《剑桥中华民国史》（上卷），第179—181页。

② 《中华基督教青年会全国协会报告第九次全国大会书》，1921年，上海档案馆藏，资料号：U120-0-5。

③ Dr David. Z. T Yui Dies at 54, *Noted Chinese Peace Worker*, *Head of the "Y" in China Co-Founder of institute of Pacific Belations*, By Association, New York Herald Tribune, January 23. 1936.

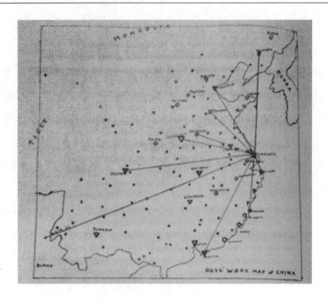

图1－1　中国各城市青年会的地域分布

资料来源：陈肃等编：《美国明尼苏达大学图书馆藏基督教男青年会档案：

中国年度报告（1896—1949）》16，第196页。

京、苏州、宁波、杭州；东南地区的福州、厦门等；中南地区的武昌、汉口、南昌、长沙等；华南地区的广州、香港；西南地区的成都、重庆。学校青年会也形成类似的网络化地域结构，由沿海向内陆逐步推进。数量达到了174个。至于会员总数，城市青年会有32330人，学校青年会则有5555人[①]。

总之，青年会在中国各地的发展，既体现出整体联动的一面，又具有强烈的非限定性、可变性和流动性，显现出沿海与内陆、南方与北方的不同特色。

三　青年会在中国的地域化实践

一般来讲，基督教在不同国家、地区传播的时候，都遵循着下列规律。正如韦卓民总结的那样："作为存在于身上的上帝的神圣生命，基督教在中国不是，并且永远不可能是土生的。基督教根源于上帝而起源于巴

---

① 顾子仁：《中华基督教青年会成立二十五周年》，载中华续行委办会编《中华基督教会年鉴》6，1921年，第202页。

勒斯坦，但是作为那种的人类的生命的表达方式而言，基督教又必须是土生的，否则它根本不可能是真实的。从前一种意义来讲，基督教是一元的，既不是犹太的或是非犹太的，也不是希腊的或拉丁的，不是东方的或西方的——而只是一个上帝、一个基督、一种信仰和一个希望。但是从后一种意义上讲，基督教因时间地点不同而不同，因人而异。"①

青年会在传往中国每一个地区时，同样存在着同各地文化调适的问题。一方面，它要履行"让中国基督化"的使命，传播基督教文明的普世价值。另一方面，它也要找寻同中国不同地域的社会发展与人文环境适应、沟通的办法，为当地的社会和人民所接受，否则就无法立足与扎根。足见，青年会在中国的扩展，除彰显出"全球化"的特质之余，也避免不了地域化的实践命运。二者之间形成了有效的互动关系。

全球化的基督教如何在中国实现地域化？历来也有以下三种路径：

第一种是普世原则下的地域化，宣称"基督教与汉语文化可以融洽共处，因为所有真理都同出一源，故汉语文化也有其价值和正确的地方"；但是"作为基督徒，信仰不能离经叛道"。第二种是融合的路线，地域化"不是复古的效法传统的风俗习惯，也不是拒绝与西方合作的盲目排外与仇外主义，也不是简单的抛弃西方基督教悠长的属灵传统，勉强地把基督教和汉语文化结合在一起，图谋建立起一种非驴非马的新宗教信仰"；而是"持批判的态度认许汉语文化，迎合中国社会的现状，同时又审慎的接纳基督教"。第三种，是主张完全的地域化，提出"作为中国人，不可须臾忘记本国的文化传统"。②

这三种路径则标识着不同的历史时期，中国青年会地域化实践的基本走向：

19世纪后半叶到20世纪初，是中国青年会地域化的初始阶段。是时，青年会来华外籍干事的重要使命就是履行"让中国基督化"的使命，令中国人建立起对青年会乃至基督教文明的认同感。为此，19世纪90年代"学生海外志愿传教运动"的发起者——北美协会曾对前往中国服务的外籍干事们发出了这样的呼吁："你们手中掌握着永生的道德种子，借

---

① 韦卓民：《试论基督教在中国的本土化》，载高新民编《韦卓民学术论著选》，华中师范大学出版社1997年版，第394—395页。

② 吴梓明：《边际的共融：全球化视角下的中国城市基督教研究》，第12页。

助你们的力量，腐朽的世人能够得到永生，得以与耶稣基督同为上帝之子……不论你恩赐了什么；不论你能力的高低；不论你学识的多寡，中国皆有难题等待着你的挑战……对我们严肃的呼吁，对上帝的呼召，对几亿中国人无声的啜泣，你们岂能无动于衷？奉基督之名奋起吧，你们且前去宣扬天国的福音。"来会理之所以在天津创办中国最早的城市青年会，动因正是为了践履"学生海外志愿传教运动"的誓言和口号："如果上帝允许的话，我的目标是称为一名外国传教士。"①

　　虽然这一切为青年会在中国各地的立足奠定了基础，但是在一般中国人眼里，青年会依旧是异质文化的代表，难以在文明冲突中置身事外。所以，青年会要想打开局面，实在是困难重重。故在 20 世纪的前 20 年，中国青年会的缔造者们需要为其地域化实践寻求更为有效的路径。首当其冲的，就是进行与"中国知识分子接近的试验"。在他们看来，中国社会一向具有"崇尚斯文"的传统，中国知识分子是社会精英的主体，具有至高无上的地位。如果他们经由青年会的引领皈依基督教，整个中国都会跟随其后。

　　然而，争取中国的知识分子并非一件轻而易举之事。首先，在清末年间，不管是官学还是私学都以儒家教化为宗旨，青年会是无法进入的。其次，中国的知识分子居住分散，又基本缺乏合群集会的传统，难以接触。"他们并不像美国的学生那样集中在学校而是每个人自己在家单独学习，这一事实增加了对他们施加影响这一问题的复杂性。"② 更重要的是，中国的基督徒多处于社会下层。知识分子难免对基督教嗤之以鼻，他们从来不屑于聆听"洋教"的福音："傲慢的中国官吏、绅士和学者，对于礼拜堂向来是过门不入的，也不愿失却自己的'面子'，站在街上听'洋鬼子'的说教。在一世纪以内，他们是快然自足，不受他教的感动的。"③

　　是故，为了令中国青年会的地域化进程有所进展，来华外籍干事首当其冲的，就是要根据中国知识分子的需要，找到适合他们需要的社会服务项目，吸引其参与和支持青年会的会务。事实证明，举办演讲、教授西学等方式，是行之有效的。巴乐满曾于 1898 年到达南京。通过与当地的知

---

　　① 魏外扬：《宣教事业与近代中国》，第 151—152 页。

　　② *Brockman to Mott*, Aug. 20, 1902, Correspondence and Reports, Box 23.

　　③ ［美］艾迪：《艾迪博士自述》，第 78 页。

识分子和社会精英的接触，他发现，他们对西方的科学技术产生了浓厚的兴趣。因此，他恳请穆德派遣一位专业人士来华进行科学讲演。北美协会马上派遣在普渡大学任教的饶伯森来华实施这一计划。"讲演引起了轰动，在整个中国历史上不曾有听讲演的习惯，但现在却蜂拥而来，聆听西方科学给人类生活带来的益处"①。据统计，在 1912 年以前，有超过 20 万的中国知识分子去各地青年会的会所聆听饶伯森的科学讲演。像袁世凯这样的政治人物也在其列，在聆听完科学讲演后，他深受启发，每年都要以个人名义，为青年会捐款 2000 银元。②

另外，1905 年以后，随着科举制的废除，中国知识分子的阵营有所扩大，将大量接受新式教育的学生甚至留学生纳入其中。日俄战争结束后，日本战胜俄国的事实极大地鼓舞了中国的青年学子。于是，赴日留学的热潮在中国的青年当中广泛兴起。有鉴于此，1906 年中华基督教留日青年会在东京成立。随着时间的推移，中华基督教留日青年会成为革命与启蒙思想的传播地以及反清活动的策源地。辛亥革命的成功，使部分在东京加入青年会的留日学生跻身社会精英之列。他们相继回国进入政府部门任职，对各地青年会的发展给予了慷慨支持③。

可见，他们的认可，使中国青年会地域化实践的推进速度大为加快。由此，中国各地的青年会也透过吸纳其进入管理层，实现了管理模式的自我更新。在 20 世纪初，颜惠庆、宋耀如、张振声等人在上海青年会的建设中发挥了重要作用。1912 年青年会全国协会建立以后，各地青年会的机构进一步完善，除总干事、副总干事外，还设有董事部、成人部、智育科、学校部、体育部、童子部、编辑科、庶务会计科等不同职能部门。这些职能部门的委员均由颇具社会声望的中国知识分子与社会精英担任。一方面，凭借青年会所提供的平台，他们的公众影响力有所提高。这在无形中令青年会在信仰、文化认同的建构中发挥了更为重要的作用。另一方面，借助由这些人所组成的社会网络，青年会也培育出具有本地特色的发

---

① Joel E. Nystrom to Dear Friends, May 16rh 1960, *Biographical Records*, Box 171。

② 参见 J. W. Esterline, *the Work of C. H. Robertson: Some New Invention and Discoveries in the Art of Informing, Inspiring, and Transforming*, Privately Printed, 1926, Biographical Records, Box 171。

③ 参见赵怀英《基督教青年会的起源与北美协会的世界服务》，《美国研究》2010 年第 2 期。

展形态，更好地实现了同当地社会、文化与民众的沟通。

随着时间的推移，这种由中国知识分子和社会精英主导青年会事务的制度模式开始被越来越多的采纳。中华基督教青年会全国协会和各地青年会还相继成立董事会，成员多为具有基督徒身份的政、商、学界要人。至1922年，全国的青年会共有华人董事、干事550人，较之1913年的95人，增长了近5倍。① 这些人在掌握各地青年会的权力后，也彰显出强烈的自主性和民族自决。如此一来，使青年会在中国社会的发展根基日益深厚。

除吸纳知识分子外，青年会始终调整工作的方向和重点，为解决当时众多的社会问题提供了切实可行的方法。在这个过程中，青年会在中国的各项会务，都有了突飞猛进的成就。中华基督教青年会全国协会的报告书中声称，到1922年，"各地青年会会所几成为公众意见之发表场所，而青年会之大礼堂亦几成为服务事业之设计地点。是年有若干市会曾举行大规模之卫生运动、民众教育、道德运动等，其事业程序共达十余种之多，其中包括义务学校、教育影片及德育教育等"。这不仅令青年会在近代中国社会的发展和变革中发挥了更为突出的作用，也使中国青年会的地域化实践取得了初步成功②。

然而，在20世纪20年代后，青年会在中国的地域化实践却遭遇了挫折。其中，非基督教运动成为重要的影响因素。1922年，"世界基督教学生同盟"第十一届大会在清华大学召开。为配合此次会议，中国的基督教会完成并出版了一份基督教在华发展的调查报告，宣称要"中华归主"。此举引发了中国知识分子的不满。于是，在会议即将召开之际，非基督教运动爆发并持续到了1928年。

学者们公认，非基督教运动与以往的民教冲突有着截然不同的特色：这场运动的发起者是知识分子，高举科学与民主旗帜的他们在否定中国儒学传统的时候，也不可能对自启蒙以来在西方已受到怀疑与批判的基督教网开一面。同时，他们对基督教文明以及教会的质疑和批判也不再流于意

---

① Dr David. Z. T Yui Dies at 54, *Noted Chinese Peace Worker*, *Head of the "Y" in China Co-Founder of institute of Pacific Belations*, By Association, New York Herald Tribune, January 23. 1936.

② 梁小初：《中国基督教青年会50周年简史》，中华基督教青年会全国协会编：《中华基督教青年会五十周年纪念册》，青年协会书局1945年版，第89页。

气之争，而是体现在了学理层面。另外，这场运动发展到了后期，已经从早先具有的"新文化"色彩的运动演变为民族主义的政治运动。这使中国的基督徒也不得不在"基督徒"与"中国人"的身份认同上作出艰难抉择①。

在非基督教运动进行的过程中，青年会也饱受争议和非难，集中在以下方面：青年会用各种方式引诱青年信仰基督教，而基督教正是帝国主义侵华的先锋；青年会是为美国资本主义事业培养学徒，它所设立的学校和开办的慈善事业是别有用心的；青年会宣扬中美亲善，是帝国主义在中国作宣传。② 如上种种，无疑使该会在中国的生存压力陡增。

为摆脱上述困境，青年会在中国的地域化实践有了新的目标，即实现"完全"的地域化。在这个前提下，中国各地的青年会都进行了机构改组，董事、干事完全由本地人士担任。同时，它们还鼓励中国人用自身的实践经验诠释青年会的宗教思想。"人格救国"论的提出成为重要的标志。它意在解决因中外战争、社会畸形发展，农村加速衰落，社会动乱持续发生而加剧的社会矛盾，重塑青年会在中国的自我形象。余日章曾经提出："中国积弱的根本原因，在于国民道德的退化。若非从提倡道德、改革人心着手，则一切救国的主张皆等于空谈……欲挽救人心，必依赖耶稣基督，奉他为教主，方能得胜一切。"③ 是为"人格救国"论的目标和主旨。

自此之后，"人格救国"论的影响力在近代中国持续升温。1923 年起，设在上海的中华基督教青年会全国协会机关刊物《青年进步》发表了多篇系统阐释"人格救国"论的文章。当年召开的青年会第九次全国大会也是以"人格救国"为主题。1925 年，在青年会第十次全国大会上，余日章在大会报告首页上题写了"人格立国"四字。随着时间的推移，它还受到了知名政要的肯定。孙中山就是其中之一。他晚年在广州建立革命政权的时候，相继发表了以《国民要以人格救国》《勉中国基督教青年

---

① 杨天宏：《基督教与民国知识分子：1922—1927 年中国的非基督教运动研究》，人民出版社 2005 年版，第 16 页。

② Jessie G Luiz, *Chinese Politic and Christian Missions：The Anti-Christian Movement of* 1920—28, Cross Culture Publication, 1988, p. 55.

③ 袁访赉：《余日章传》，青年协会书局 1948 年版，第 67—68、72 页。

书》《改造中国之第一步》等为题的演讲。在演讲中，他反复强调尽管人格属于道德性的范畴，救国属于政治性的范畴，但二者应当有机结合。基督教青年会要努力培养青年的健全人格以便为国家服务，并提出"国家也好像一个大青年会，必须要全国的人民都要有体育、智育、德育的人格才好"。① 这一切，无疑使"人格救国"论以及提出这一思想主张的青年会超越了宗教、阶层乃至地域、时空的界限，获得了更为广泛的社会认同。

另外，在亡国灭种的压力面前，中国各地的青年会还直接涉足对帝国主义列强的抗争。这在 20 世纪 30 年代中日民族矛盾日益激化的背景下表现得尤为突出。1936 年，面对国破家亡的危机，中华基督教青年会全国协会在借鉴和吸纳青年会在一战期间的军人服务经验之基础上，在济南成立了"全国基督教青年会军人服务部"。该会自成立后，就发展出以军人服务、学生救济、难民救助为主的工作形式，对中华民族的抗日战争予以实际支援。从 1936 年对百灵庙之战的慰劳到 1943 年为中国远征军的服务，"全国基督教青年会军人服务部"始终以服务抗战的需要为己任，以服务官兵、安慰民心为目标。据学者统计，在其发展的全盛时期，共有 50 个支部和 5 个游行工作队。② 可见，通过这种目标明确又切合战时中国社会发展需要的社会服务形式，青年会在扩大影响之余，又有效地介入了近代中国的政治生活。

这一切，对中国青年会地域化目标的实现发挥了积极作用。正如费正清所说，从 1895 年第一任外籍干事来会理来中国，直到 20 世纪中叶，青年会一直是中国社会改革的推动力。在世界上任何国家和地区都找不到同样的例子。③ 由此，在中国落地生根的青年会也由此完成了社会身份和历史定位的转型：从一个来自异邦的基督教团体转变为对近代中国影响至深的社会团体。

---

① 孙中山：《改良人格来救国》，载叶匡政编《孙中山在说》，东方出版社 2005 年版，第 205 页。

② 赵晓阳：《抗日战争时期中国基督教青年会军人服务部研究》，《抗日战争研究》2011 年第 2 期。

③ John King Fairbank, *China: A New History*, Harvard University Press, 1992, p. 262.

本 章 小 结

总之，考察青年会的诞生、发展以及向中国传播的历史，需要兼具"全球化的视野"和"地方化的关怀"。

在此，笔者不仅要将青年会视为英美文化的产物，更要关注其在传播和扩展的时候，怎样融汇中国文化，介入中国社会。首先，在探讨青年会诞生原因的时候，应当充分考虑 19 世纪中叶的西方世界特别是英美国家的宗教、社会、文化特点，追溯青年会的社会文化源头。其次，什么因素促成青年会超越西方世界开启全球化进程，青年会在全球范围内传播和扩展的情况究竟是怎样的，青年会在传播、扩展的过程中是否有意识地融入各地的社会文化等问题，都是值得深思的。这也说明，青年会的全球化进程始终与"地域化"相伴而生的。二者既有区别，又有联系，还可以成为统一的整体，形成紧密的互动关系。

青年会在中国的传播与扩展，便彰显出了上述特质。一方面，特殊的地理条件以及基督教的初步发展令中国在青年会全球化进程中占据着突出的地位。青年会在登陆中国的短短几十年间，区域分布范围迅速扩展。这从一个侧面展现出青年会全球扩张的能力和潜力。另一方面，青年会传往中国各地的过程实际上也是其地域化实践逐步推演的过程。在不同的历史阶段，青年会都致力于进行自我调适，力求与中国文化以及近代中国的社会环境相适应、衔接。在这个过程中，它也实现了主体身份的转变：成为在中国影响至深的社会团体。

值得注意的是，中国幅员辽阔，不同地区的政治、经济、文化状况差异较大。所以，解答"'全球化'与'地域化'的互构如何在中国青年会的历史发展中得到凸显"这一问题，需要聚焦青年会在华发展中的重要区域个案，解剖麻雀。因而，在之后的章节中，笔者希望以中国第一个城市青年会——天津青年会为个案，加以具体阐释。

第二章

全球化进程中的地域典范：初创
时期的天津青年会

讨论青年会在中国传播、扩展的历史，离不开"全球地域化"视域。探讨其中之宗教互动模式，十分必要。然而，这个过程需要充分尊重中国不同地区的差异，找到具有代表性的地域个案。因为，它们是青年会全球化进程的范例，可以由此深入讨论青年会与近代中国社会的调和与共融、矛盾与冲突。在此，不仅要探究具有地域特色的青年会如何履行"基督化"与"中国化"的双重使命①，更要将其置于全球化的历史情境中。

为此，笔者以天津青年会在初创时期的历史作为研究个案。原因如下，天津青年会是最早的城市青年会，在青年会来华传播、扩展的过程中具有开创意义和典范效应。同时，青年会与天津社会的交融与互通、冲突与角力虽在一定程度和层次上呈现出激烈态势，但这足以全球化的客观要求下，为青年会寻求一种更中国化、更地方化的社会表达形式。

第一节　自西徂东：天津青年会创建的历程

值得注意的是，以"全球地域化"为视域考察天津青年会历史的关键在于理解天津青年会的"全球化"背景，解析天津在地理环境和社会发展等方面的特色。为此，笔者既要明晰青年会乃至基督教文明作为一种"世界文化"的价值，又要关注近代天津社会发展的特殊性。这样不仅能够清晰地再现青年会的历史脉络，而且可以进一步凸显本研究的意义。

一　天津青年会建立的全球化背景

以"全球地域化"为视域考察天津青年会的历史的前提，就是理解

---

① 吴梓明：《全球地域化视角下的中国基督教大学》，第 131 页。

天津青年会的"全球化"背景，提炼天津之于青年会在华历史发展的意义。这样才能探寻青年会的全球化进程与作为该进程回应的"地域化"之间的互动规律。

创设天津青年会的主张是致力于推动青年会全球化进程的北美协会所提出的。这使天津青年会的建立从一开始就可视为一种全球地域化的特殊交往结构。比如在1890年，时任北美协会总干事的魏夏德在一次讲话中，便阐明了其中所蕴含的意义：

> 假如一个或几个中国大城市的传教士感到基督教青年会可以派几个年轻人来，贡献他们的全部时间在对学校或在职青年的特殊工作中与你们合作，从而作出有价值的服务的话。我们将把这看作是从未有过的最大的光荣权利，能够在基督教会面临使中国基督化的伟大事业中，与你们联合。①

可见，作为来自西方国家的基督教团体，青年会及其成员一直具有着强烈的选民意识。他们的目标是让所有的国家都通过接纳青年会，继而接受基督教文明所带有的普世价值。他们之所以选择在中国的城市中建立青年会，动因之一也是在这个占世界人口1/4的国家建立基督教王国。令人感到遗憾的是，到19世纪末，中国的青年会虽然已有将近20余年②的历史，北美协会也为之付出了艰辛和努力，但是其发展状况却不能令人满意。长此以往，势必会阻碍青年会的全球化进程以及"使中国基督化"这一目标的实现。为了解决上述难题，青年会不仅要充分发掘自身在传播、扩展上的潜力，也应为和中华文明、中国社会之间的对话创造机会。充分了解近代中国社会发展的特点，洞悉中国人对基督教的态度，显得格外重要。

因为全球化原本就包括两重内涵：一方面是趋同化，另一方面则是对地方传统的尊重。尽管19世纪末，青年会已经开启了全球化的进程，然而"全球"这一概念并不是空洞的，须由各个具体的地方所承接。换言

---

① 杨肖彭：《北美协会和天津基督教青年会》，载《天津文史资料选辑》第21辑，第125页。

② 笔者认为，青年会进入中国的起点，应当自上海和香港建立为外籍青年服务的青年会开始算起。

之，青年会在中国不同地方扩展的时候，需要与地方社会进行对话并寻求共融。这样才能令中国以及中国的不同地区共同分享青年会的理念和精神。正如斯塔克豪斯所言，身处全球化时代的宗教团体，"必须通过说服才能实现，否则根本无法运作。只有靠道德力量和合理的沟通，由此可以跨越文化、文明和处境的壁垒，召唤人们达成某种共同的信念"。①

有鉴于此，北美协会立即委派人员在中国各地调查教会的发展状况和中国基督徒的基本情况，前后历时4年多。在调查后，他们得出了这样的结论：

> 注意于布道事业繁盛之各大都会，是得与多数西教士与中国基督徒相接触，且能观中国少年之生活状态，既而返美感触极深。确信北美协会应负协助中国各地建设学生青年会之责任。②

此外，北美协会还陆续接到来自天津、北京、上海、福州、南京、烟台、宁波、广州、厦门、汉口等地传教士们的书信、报告，纷纷要求在当地建立青年会。余日章在《中华基督教青年会史略》中曾云，上述城市"赞成基督教青年会之宗旨，并联合商请北美协会选派代表来华，根据美国青年会之经验，提倡同样事业于中国"。③ 可见，虽然青年会在中国的发展尚处于初始阶段，但它已经被在中国各地服务的传教士所注意。他们所呈递的请愿书，在北美协会看来，显得弥足珍贵。北美协会的成员们原本认为："显吾人宜注意者，当时中国教会尚不觉悟青年会之重要，故并未舆于请求之列。"至"北美协会既得此等请愿书"，④ 便立即派出干事前往中国各地考察，为城市青年会选择"落脚"地点。

自1895年至1906年，北美协会共派出约30名干事赴中国及周边地区。担此重任者，本身应当拥有贯通中西的生活经历以及宗教、教育背景。来会理就是这样一人。他出身于一个长老会传教士家庭，出生于中国浙江余姚，童年生活在杭州。1880年，他返回美国接受中等教育和高等

---

① Stackhouse, *God and Globalization*, Harrisburg: Trinity Press International, 2000, p. 7.

② ［美］来会理：《中华基督教青年会二十五年小史》，第2页。

③ 余日章：《中华基督教青年会史略》，第1页。

④ ［美］来会理：《中华基督教青年会二十五年小史》，第3页。

教育。1891 年，在美国俄亥俄州的伍斯特学院获文学学士学位，1894 年获文学硕士学位。大学四年级时，他曾任伍斯特学院青年会的会长，并为学生立志传道运动执行委员会工作。1894—1895 年，来会理开始担任学生立志传道运动智育干事，主编《学生志愿者》月刊①。可见，来会理之所以被北美协会看中，称为中国首个青年会的创始人，实非偶然。

1895 年 9 月，来会理由美国启程，前往中国。一个月后，他到达上海，以求在中国建立城市青年会。当时，北美协会并没有指定来会理在何地建立第一个城市青年会，而是由他根据中国的实际情况自行决定。是故，从 1895 年 10 月 5 日起的 1 个多月间，来会理先后走访过上海、北京、汉口、烟台 4 个城市，与当地传教士们谈话、征询意见。他发现，这些地方的传教士对在青年会在中国的发展规划上产生了分歧：有的主张青年会的工作应该针对那些活跃在各沿海通商城市的外籍青年；有的提出要将教会学校的中国学生作为工作的重点。来会理则力主应当将第一个城市青年会建立在一座中西文化汇通、新式学堂云集的城市。

至于其中原因，他在给北美协会的信函中有所透露。在他看来，在中国创办青年会的目的是用耶稣基督的精神"感化中国的思想界"。为了在这一政局动荡、人心思变的环境中履行"让中国基督化"的使命，就应当在接受欧风美雨洗礼且"洋学堂"集中的城市建立青年会，以便使之开端良好，成为青年会在中国落地、生根的典范。于是，他便将中国第一个城市青年会选在了天津。②

二　近代天津的文化、宗教与西学

那么，为什么天津会成为中国第一个城市青年会的所在地？近代天津在城市发展具有哪些特点？这些特点是否足以为青年会在此扎根、生存提供适宜土壤？

首先，作为一个沿海城市，天津在中国政治、经济地理版图中的地位绝非无足轻重。自古以来，天津一直占据着"水陆要冲，九河下梢"的优越地理位置。自元、明、清以后，中国的政治中心东移至北京，与之比

---

① 《基督教男青年会国际干事小传》，载陈肃编《美国明尼苏达大学图书馆藏男青年会档案：中国年度报告（1896—1949）》1，第 181 页。

② ［美］来会理：《中华基督教青年会二十五年小史》，第 3 页。

邻的天津在军事战略上的重要性日益突出。1404 年，天津正式建卫筑城。这一建置上的变化，赋予了天津城市的身份。虽然军事功能塑造了天津的基本定位，但是水陆交通的便利以及市场规模的扩大，使之吸引了日益增多的商人和移民，扩大了这座城市在华北乃至全国的影响力。至此，天津作为中国北方粮仓、航运枢纽和信贷中心的地位逐渐形成：

> 天津郡城位于北平①东南，相距二百四十里，为海外轮舶入旧京之门户……天津为一大平原，数里内不见丘山，当九河之尾闾，扼六路之中心。外通洋海，为满、蒙、冀、豫、热、察、绥、晋、陕、甘等地物产之总出纳地，世界货物之一大贸易场。自元、明、清三代以来，或为漕运之总汇，或为国防之要塞，其地位均极重要。②

特殊的历史命运型塑了独特的文化形态。《津门杂记》中曾收录了一首题为"初到津门"的诗，内容大致如下：

> 璐卫交流入海平，丁沽风物久闻名。京南花月无双地，蓟北繁华第一城。
> 柳外楼台明雨后，水边鱼蟹逐潮轻。分明小幅吴江画，我欲移家过此生③。

在诗中，作者指出，天津文化的特色在于交汇与互通。这在某种意义上使之成为"京南花月无双地，蓟北繁华第一城"。虽然作者身为江苏人，但是这个"五方杂处"的城市并没有使他产生格格不入的感觉。相反，他在此找到了一种与家乡相近的熟悉感。这种感受，恰好是由天津的文化氛围所带来的。因为天津文化既"不同于历史上与农村自然经济有着渊源关系，并建立在这种农业自然经济基础上的古老城邑，也不同于那

---

① 北京曾于南京国民政府建立之后改称为北平，中华人民共和国成立之后仍沿用"北京"之称。

② 宋蕴璞辑：《天津志略》，成文出版社 1969 年版，第 12—13 页。

③ 武进朱岷导江：《初到津门》，载张焘辑《津门杂记》，天津古籍出版社 1986 年版，第 31 页。

些历史上一度作为一方政治中心而形成的以官俸、食利阶层为主体的政治都会"。它"不是凝结在一方土地之上，或依附于一定的权力基础之上的，而是在交汇、流动的社会环境中形成的，是社会物质、文化交流的历史产物"。①

近代以后，天津"五方杂处"的多元文化特色，则因外来势力的介入而更加突出。早在 1860 年《天津条约》签订之后，就有英、法、美三国在此建立租界。随之而来的边界、政策的多样性和华洋之间的互动，体现了近代中国社会的独特经历："并非殖民地，但却存在着多样的殖民主义"。这便是所谓的"半殖民主义情境"②。正因如此，自开埠之后，天津一直处于不同帝国主义列强的注视甚至控制下，成为中外之间的"混杂交叉口"和"帝国主义列强的展示橱窗"。独特的历史境遇，给予天津社会各界人士一个"观察多种不同城市现代性模式和殖民地意识形态"的特殊视角。如此众多的租界紧密相连，也"影响了外国列强的行为和自我表述"。建筑的设计、意识形态的建构以及针对华人的不同政策都是它们在地方社会确立主体身份的有效途径③。如此看来，天津的社会发展和文化氛围又不免带有强烈的国际化特色。

值得注意的是，自西方各国政府与中国签订一系列不平等条约以来，基督教在华传播的"合法化"趋势，已然难以阻挡。1842 年中英《南京条约》曾规定：清朝政府除赔款外，还须开放中国东南部的五个沿海港口城市：广州、宁波、厦门、福州、上海。其中虽未有专条论及传教，但是包括传教士在内的外国人在五口皆享有安全保障和自由居住的权利，这为传教士在上述地区传教，打开方便之门。1858 年，《天津条约》正式允准传教士自由进入中国内地传教，使之有了公开传教的凭据和保护。自此，身为通商大埠的天津再次顺理成章地成为中国北方最大的传教中心。

---

① 刘泽华等编：《天津文化概况》，天津社会科学院出版社 1990 年版，第 2 页。

② 所谓半殖民情境，正如史书美所言，是指一些国家和地区在殖民结构多样的、分层的、扩展的和不完整的性质，参见 Shu-mei Shih, *The Lure of the Modern*: *Writing Modernism in Semicolonial in China*, 1917—1937, Berkeley: University of California Press, p. 34. 转引自［美］罗芙芸《卫生的现代性：中国通商口岸卫生与疾病的含义》，向磊译，江苏人民出版社 2009 年版，第 3 页。

③ 同上书，第 13 页。

　　自 1860—1895 年，天主教、基督教各教会在天津的命运皆发生了明显的改变。民国时期出版的《天津志略》就追溯了这一历史过程："天主教（环球称公教），当明清之交，盛行于北平。其传入津门，仅百余年。其时，风气闭塞，教务不甚发达。迨至咸、同间，稍有起色。……耶苏[稣]教①传入天津，约在 1825 年，距今约百余年。始设教会于马家口②，一面传道，一面办理教育，施行医事。光绪六年（1881），经直隶总督李鸿章热心赞助，教务乃大进步……至于各会内部组织，则美以美会采监督制，所设职员为主教、连环师、牧师、会吏四种。其他各会系采民主制，所设职员，为牧师与执行部二种。"③

　　这些天主教、基督教教会融入天津社会的速度虽然不快，但是也不容小觑。其间，不同教会也采取了相异的传教策略，以便吸引天津社会各界人士，聆听传教士们讲经传道，参与相关的宗教活动。自开埠后，天津中外教牧人员的数量，特别是信教人数不断增加。据《教会新报》④统计：1866 年，在天津的基督教传教士总计 11 人，基督徒人数 29 人，教堂和布道所各 3 座⑤。而到 1895 年前后，教牧人员的数量增长至 32 人，基督徒的数量更是高达 1500 人左右。⑥

　　可见，天津文化的多元性和开放性乃至近代天津社会的国际化，不仅是基督教在天津初步发展的原因，也为青年会在此生存提供了适合的基础。⑦

　　其次，文化和教育上的发达，是青年会选址、落户于天津的又一个重要的理由。自建卫以后，天津历来文教昌盛。到同、光年间，有总塾 5 处，散塾 20 余处。这些教育机构的兴起，不仅是天津城市文化繁荣的表现，也为新式教育的广泛建立创造了条件。与此同时，它们也培养和造就了一大批时代俊彦，切实提高了天津的人口素质："密迩孔子，雅化一

---

① 此处是指基督新教。
② 即现在法租界的马大夫医院。
③ 宋蕴璞辑：《天津志略》，第 70、75 页。
④ 是为《万国公报》的前身。
⑤ 《教会新报》第 1 卷第 1 期，1868 年 9 月 5 日。
⑥ 刘泽华等编：《天津文化概况》，第 391 页。
⑦ [美] 来会理：《中华基督教青年会二十五年小史》，第 3—4 页。

代，文教系焉。其成才范士，得益于书院者多。"①

开埠之后，天津历经了更为猛烈的中西文化冲突，不仅成为西方文明传入的窗口，而且还是新式教育的试验场。天津新式学堂大多是随着洋务运动的兴起而建立的，目的是培养服务洋务事业的军事和技术人才。1880年，北洋电报学堂在李鸿章的提议下建立。该校曾聘请丹麦教习讲授电学与发报技术。1881年，严复担任总教习的北洋水师学堂成立。在北洋水师学堂中，学生被授以天文、地理、几何、代数、驾驶、御风、测量等不同课程。在中国最早的官费赴美留学生中，也有9人出自北洋水师学堂。同年，北洋医学堂建立。李鸿章从省军防务经费中拨款以供该学堂使用。教学人员皆为中外医生，课程设置仿照了西方的医学教育。1885年，北洋武备学堂正式建立，担任总教习的是德国军官。进入该校学习的学生既要修习天文、舆地、格致等西方经世之学，还要兼习经、史。②

这些伴随着洋务运动而产生的新式学堂，具有一定的开创性。主要体现在，它们培养了一批掌握西方现代科学技术的人才。这在全国起到了"开风气之先"的作用。除了因洋务运动而兴办的新式学校外，外国传教士在天津也有创办新式教育之举。其中的典型代表即是美国公理会传教士丁家立③于1886年开办的中西书院。他不仅招收数十名官僚和买办子弟入学，教授西学，而且在课程设置和新式人才培养上，有一定的心得。

1894—1895年，一场改变近代中国的历史命运和国际地位的战争在中、日两国之间爆发了。甲午战争中国败于日本这一事实，令朝野人士大为震惊，使清朝政府不得不加快社会改革的速度，并从教育、军事、经济、法律和社会风俗等多个方面加以推进。其中，教育的改革尤其受到了

---

① 高凌雯纂：《天津县新志》卷10，《中国地方志集成·天津府县志辑》3，上海书店出版社2004年版，第145页。

② 刘泽华等编：《天津文化概况》，第3—4页。

③ 丁家立（1857—1930），美国公理会教士、外交官，出生于波士顿，先后毕业于达特茅斯学院、欧柏林神学院。1882年来华，在山西太谷传教。他曾力劝当地富绅捐资兴学，但收效不大。失望之际，又值其妻罹病赴天津医治，遂于1886年辞去教会职务，赴天津就任李鸿章的家庭英文教师。同时，在天津设立中西书院，自任院长，直到1895年。同时，丁家立还曾兼任美国驻天津领事馆副领事，受聘任天津中西学堂总教习。时伍廷芳任该学堂头等学堂总办，蔡绍基为二等学堂总办。1903年，该学堂易名为北洋大学（今天津大学），丁家立仍就任总教习。

重视，理由是："东西洋各国富强之效，亦无不本于学校。"① 在上述背景下，中国初创高等教育的实践又在天津展开。

1895 年由天津海关道盛宣怀经直隶总督王文韶转奏，建立了中国第一所高等学府——北洋大学，旨在培养和造就"铁路、机器、开矿、治军"等方面的人才。曾在天津创办中西书院，并具有办学经验的丁家立成为该校总教习。该校内设头等学堂（相当于大学本科）和二等学堂（相当于大学预科）。头等学堂与二等学堂的学制同为四年。二者除设有讲读经史和《圣谕广训》等课程之外，还分别授以不同课程。其中，二等学堂授以英国语言文学和普通课程；头等学堂则分为法律学、土木工学、采矿工学、机器工学等不同的专业。② 在办学的过程中，丁家立等人在课程设置和人才培养方向上效仿美国哈佛、耶鲁等大学。学生毕业以后，就有机会赴美深造。北洋大学建立初期，曾培养出了一大批优秀的毕业生。他们从天津起步，进而成为在近代中国社会发展中不可或缺的人才。代表人物有外交家王正廷③、法学家王宠惠④、矿冶学家王宠佑⑤等。

鉴于上述情况，渴望在中国建立城市青年会的来会理得到了这样的启示：

> 已乃研究各地请愿书，就所述之情形相加比较，何处为最有希望。乃在十一月内决定先在天津驻足。以其时，天津教授西学之学校，组织颇有系统也。天津官立之大学高等学校共有五处，学生五百余人。均系由各省所选之聪俊之士。著者（来会理）因此在此五百人中，组织一青年会。⑥

---

① 沈桐生辑：《光绪政要》第 27 册卷三十一，江苏广陵古籍刻印社 1991 年版，第 57 页。

② 《盛宣怀请奏本校章程禀》，载北洋大学—天津大学校史编辑室编《北洋大学—天津大学校史资料选编》，天津大学出版社 1991 年版，第 4 页。

③ 王正廷（1882—1961）：民国时期外交高级官员，字儒堂，浙江奉化人。1896 年考入天津北洋西学堂；1905 年赴日本为留学生建立青年会，后又赴美留学。回国后，成为中华民国知名外交官，曾任中华基督教青年会全国协会总干事。

④ 王宠惠（1881—1958），字亮畴，广东东莞人，生于香港。民国政治家、外交家、法学家。

⑤ 王宠佑（1879—1958），著名矿冶学家，被誉为"中国矿藏之父"。

⑥ ［美］来会理：《中华基督教青年会二十五年小史》，第 3 页。

虽然对于天津新式教育发展的程度以及人才培养的状况，来会理等人的估计难免有不够准确之处，但是他们已经敏锐地觉察到了这一事实：如果能在这般学生中，提倡青年会的工作，就是对"新中国未来的伟人"做感化工作，一定会"发生重大的影响"。[①] 正如穆德所言，"统治异域文明的办法就是用基督教影响青年一代人的思想、实践、品格以及关系"，使这些人"受基督化而与基督教发生友谊的关系，实在是目前最重要的工作"。[②] 正是带着这样的目的和期许，中国第一个城市青年会于 1895 年 12 月 8 日在天津建立了。

三　青年会与天津社会的初遇

在天津青年会建立的过程中，一些重要的人物和典型的事件值得关注。通过分析相关史料，笔者发现，青年会之所以能够于 1895 年在天津成功创建，不仅依靠来会理等来华干事，同样离不开服务于天津之外国传教士的支持。这本身就是"全球化的宗教行动"与"地域化的发展策略"的结合。[③] 一方面，青年会进入天津，足以为基督教在当地的传播补充新生的力量；另一方面，当来会理从遥远的美国来到一个陌生的中国城市，他也需要借助固有的人脉资源和差会背景壮大自身。

来会理在创建天津青年会之初，就得到了公理会传教士的支持与协助。公理会正是来会理所在的教会。据他调查，1895 年前后，天津的新式学堂内有大量公理会传教士任职。在他们的引领下，已经有了少数掌握和熟悉外国语言文字（此处主要指的是英文）的学生皈依了基督教：

> 在天津的医学堂[④]和北洋大学内部有少数基督徒学生。特别是医学堂内的基督徒学生又引领一些学生入教。而医学堂教授安德培博士已经取得学生信任，组成了一个可以作为青年会前驱的"文学社"。

---

① 杨肖彭：《北美协会和天津基督教青年会》，载中国人民政治协商会议天津市委员会文史资料研究委员会编《天津文史资料选辑》第 21 辑，第 127 页。

② 马泰士：《穆德传》，张仕章译，青年协会书局 1935 年版，第 364 页。

③ 吴梓明等：《边际的共融：全球地域化视角下的中国城市基督教研究》，第 14 页。

④ 此处是指北洋医学堂。

会友开会都说英语，有利于开展工作。①

这位服务于北洋医学堂的公理会传教士安德培不仅在学堂内建立了学生组织②，还借鉴了青年会在西方社会的某些发展模式，取得一定成效。另外，由于拥有共同的差会背景，安德培也与时任北洋大学堂总教习的丁家立保持着紧密的联系，为来会理在天津的新式学堂中开展活动、建立青年会组织创造了有利条件。有鉴于此，初来天津建立城市青年会的来会理渴望获得安德培的帮助。他在写给北美协会的报告中这样写道：

> 当决定在天津发起青年会的时候，我迫切的希望召开以天津新式学堂学生为主的集会，并向他们面授机宜。于是，我便找到了在北洋医学堂任职的安德培博士，并希望得到他的帮助……因为，他的服务工作在这些青年人当中十分具有感召力。③

正是由于安德培事先做了安排和准备，因而在来会理来到天津的两个多星期后，也就是 1895 年 12 月 1 日，100 多位就读于天津各大学校、来自天津乃至全国不同地区的学生，参加了为他举行的欢迎会。这场会议，在某种意义上也可看作是天津青年会的筹备会。有关此次会议的议程和具体内容，被刊登于 12 月 7 日的《京津泰晤士报》④：

> 在天津从未举行过一个有意义的会，当推十二月一日（主日）在节制堂召开的一个学生大会了。该会共到能说英语的学生百余人。

---

① 杨肖彭：《北美协会和天津基督教青年会》，载《天津文史资料选辑》第 21 辑，天津人民出版社 1982 年版，第 128 页。

② 该组织的英文名称叫做 Mutual Improvement Club，中文译作"勉励会"，也有些译者将其译为"文学社"，是从该组织的功能出发的。

③ *Report of D. Willard Lyon First Quarter*，1896，载陈肃编：《美国明尼苏达大学图书馆藏男青年会档案：中国年度报告（1896—1949）》2，第 3 页。

④ 《京津泰晤士报》，英国人在中国天津创办的英文报纸。1894 年 3 月创刊，周刊。1902 年 10 月 1 日改为日刊。裴令汉主编。

他们都是从中国各地而来，在当地四大学校①内肄业。这个大会是勉励会②所召集的，目的是欢迎北美协会代表来会理先生。开会的秩序是先奏乐，后由安德培博士作简单的介绍，末请来会理先生演讲。③

可以说，天津青年会自建立伊始，就经由《京津泰晤士报》的报道，引起了本地乃至国际舆论的关注。作为英国人在天津创办的报纸，创刊于1894年的《京津泰晤士报》直接接受天津英国工部局的资助。自创办之日起，该报的编者群体一直致力于以英文作为有效工具，通过输入西方文化，推动中国社会的变革。自从在天津英租界立足以来，该报便借助自身所建构的宣传网络，为中外信息的传播和舆论空间的拓展提供了助力，以求达到对社会精英人士施加影响的目的。从这个意义上看，出版仅一年的《京津泰晤士报》与在天津创办青年会的来会理在利益和诉求上颇有几分相似性。故来会理在这场欢迎会上的讲话，也被《京津泰晤士报》全文转载。

来会理先将美国大学青年会的祝贺词带给此间的青年，并将青年会的宗旨与事工一一做出解释和说明。借着又告诉到会的学生们："青年会乃青年人的团体，目的是在德、智、体、群四个方面，援助青年、启迪青年。"到会的青年，都是在当地大学④内研究西方科学的学生。他们准备将来担任光荣而肩负重任的职位。正如某某讲员所说的，他们代表新中国，而且在不久的将来，转移一般的舆论⑤。因此，那天召集的大会，实在是含有特别的意义了。⑥

---

① 四大学校是指北洋大学、北洋医学堂、北洋水师学堂等四所建立于天津、驰名于全国的新式学堂。

② 勉励会，系安德培在北洋医学堂内建立的一个以基督徒为主体的学生组织。

③ *Peking and Tientsin Times*, Dec 7th.

④ 作者按：所谓"大学"的说法，实际上不够准确，当时天津新式学堂中的高等学府，仅有北洋大学。

⑤ 此处应该是指变革社会风气，改变中国积贫积弱的面貌。

⑥ *Peking and Tientsin Times*, Dec 7th.

借助《京津泰晤士报》的影响力，天津的社会精英特别是接受新式教育的知识分子，初步了解了青年会的理念精神，及其在西方世界的发展状况。不仅如此，从这篇报道中还可以看到，青年会在天津发展的潜力已经初步显现。众所周知，甲午战败惊醒国人。这一历史惨剧，对于天津究竟意味着什么？由于作为洋务运动重镇的天津承载了太多"自强求富"的梦想，故甲午战争中国惨遭日本重创这一灾难性的结局震惊了天津社会各界人士。于是，一些接受新式教育甚至拥有留学生身份的青年人开始苦寻救亡图存国之道，致力于推动学堂、报刊媒体以及社团的发展，渴望构建独立于政府之外，并带有社会批判性的公共领域①。他们因迫切期待消除社会的积习流弊，所以对来自西方社会的科学、社会科学持欢迎的态度：

> 在年轻的文人中，现在似乎有一种赞成维新的运动……他们在热烈地企求知识上的指导，所以你要感化中国的思想界，现在便是最好的机会。②

更重要的是，随着社会改革的日益推进，这批人还有可能实现政治地位的跃升，提升自身对地方乃至中国社会的影响力。因此，使青年会成为这些人的"同路人"，十分必要。这不仅可以加速青年会在天津的建设进程，更能够创造契机使之在更多的城市立足。

参会青年人的反馈也的确印证了这一点。据来会理说，自他在天津首

---

① 哈贝马斯曾以 18 世纪末以来西欧资本主义国家的经验，论及社会团体在公共领域的构建中所发挥的作用，并总结和归纳了其性质。他指出，这些社会团体皆由成员自愿组成，在其内部"人们平等交往、自由讨论，决策依照多数原则"。后来，部分社会团体也开始承担起过去由政府负责处理的若干公共事务。在其推动之下，社会政治的平等规范得以贯彻和实施。［德］哈贝马斯《公共领域的结构转型》，曹卫东等译，学林出版社 1993 年版，第 3 页。许纪霖在谈到近代中国的公共领域时，也曾经指出，近代中国公共领域的出现，大致是从甲午战争失败到戊戌变法这段时间。其标志是士大夫讨论时政，参与社会的变革。这时公共领域的结构是报纸、学堂、学会的三位一体。许纪霖：《近代中国的公共领域：形态、功能与自我理解——以上海为例》，《史林》2003 年第 2 期。

② ［美］来会理：《中国青年会早期史实之回忆》，《中华基督教青年会五十周年纪念册》，青年协会书局 1945 年版，第 187 页。

次讲演过后，大致有 25 名就读于新式学堂的青年人志愿加入青年会，约占聆听讲演总人数的四分之一。① 在讲演结束之后的第七天，也就是 1895年的 12 月 8 日，天津青年会正式成立。当时的名称为"天津学塾幼徒会"。这一名称，充分体现了天津青年会在诞生之初的身份定位：各校学生青年会的联合组织。该会所争取的对象则是就读于北洋大学、北洋医学堂、北洋水师学堂等新式学校的青年学生。

为达上述目的，来会理在会所的选址上作了精心的筹划。北美协会的活动经验成为他的重要参照。北美协会对青年会会所的选址历来较为谨慎，不但要位于市中心，还应是新式学堂相对比较集中的地方。是故，在为天津青年会会所选址的时候，来会理也坚持了上述原则，最终决定将其建在北洋大学附近。理由是：北洋大学不仅位于天津海河的三岔河口附近，更在天津诸多新式学堂中处于核心和统治的地位。在此建设会所，势必会增强天津青年会在青年学生以及城市青年当中的感召力。②

之后，来会理加快了会所的建设步伐："在 1895 年 12 月的那次集会之后，我就希望在天津建立起永久的青年会组织。于是，会所的建设显得事不宜迟。"③ 在他看来，会所无疑是一个具有象征意义的设施，具有以下作用：标志着天津青年会自建立以后，不仅致力于用基督教文明感化本地的青年学生，更志愿加入青年会全球化的浪潮。

因而，为了筹集建设会所的资金，他先是在就读于新式学堂的学生中发起募捐，募得白银数百两，购得北洋大学附近的一块空地；又通过各种渠道向美国本土求资助。最终，美国克利夫兰市的一位名叫戴乐尔的夫人捐出巨款，作为天津青年会的会所之用。不久，来会理就用这笔巨款，在已购得的空地上建造了天津青年会第一个正式的会所。后来，这个会所也被命名为"戴乐尔纪念大楼"。④ 上述情形说明了两个问题：一方面，

---

① *Report of D. Willard Lyon First Quarter*，1896，载陈肃编《美国明尼苏达大学图书馆藏男青年会档案：中国年度报告（1896—1949）》2，第 3 页。

② 同上。

③ 同上。

④ 杨肖彭：《北美协会和天津基督教青年会》，载《天津文史资料选辑》第 21 辑，第129 页。

美国的某些社会人士对北美协会推动青年会全球化的举措，持有支持和肯定的态度。另一方面，作为青年会在天津的争取对象，部分就读于新式学堂的学生们也对这一带有全球化性质的基督教团体有所期待，希望它能成为推动天津乃至中国社会变革的潜在力量。可见，在青年会的"全球化"与本土化之间，的确存在着些许利益上的共谋。那么，当青年会介入天津社会的时候，二者如何进行互动与对话？是否存在矛盾和冲突？

第二节　对话与冲突：青年会对天津社会的初步介入

固定会所建成后，青年会在天津的活动更为活跃。起初，天津青年会缔造者的目标十分明确，就是建立起一种以基督教思想为基础，"并基于神学的、广义上的普世的社会伦理。这种伦理有意向具有不同特色的社会开放，并能够使之与全球化这一潮流加以对接"①。在上述目标的引领下，天津青年会一方面利用教会的力量，夯实自身的发展基础。另一方面，它也在寻求与天津社会各界人士特别是就读于新式学堂的青年人对话的机会。但是，这些努力在取得一定成效的同时，也面临着诸多困难。这些困难及其成因恰好说明，青年会若要实现在天津的落地生根，需要对其宗教思想和实践形态加以丰富和超越，以求与天津的社会环境相适应。

一　阐释福音、传播西学：青年会争取天津青年人的努力与尝试

自进入天津以来，天津青年会的缔造者们就一直在为其与天津社会的融合创造条件，试图以天津为起点在中国掀起一场关乎社会文化的变革。在此，他们既希望树立基督教信仰的核心地位，凸显其普世价值，又期待进入社会生活的各个层面，对那些渴望在未来成为社会精英的人们（特别是就读于新式学堂的学生们）给予实际的指导。这种指导在本质上既是西方知识的本土化，又是本土价值观和意识形态的国际化。②

为实现这一目标，天津青年会的缔造者们首先要做的，就是巩固该会

---

① Stackhouse, *The fifth Social Gospel and the Global Mission of the Church*，转引自胡志斌《公共神学与全球化斯塔克豪斯的基督教伦理研究》，宗教文化出版社 2008 年版，第 119 页。

② 吴梓明等：《边际的共融：全球地域化视角下的中国地方基督教研究》，第 15 页。

在天津的发展基础。于是，在北美协会未及大量派出干事之时，天津青年会便遵循青年会在西方世界的发展规律组建了董事会。主要成员，详见表2-1。

表 2 - 1　　　　　　　　　　天津青年会早期董事会成员

姓名	国籍	差会背景
赫立德	英国	伦敦会
白雅各（董事长）	美国	美以美会
安德文	美国	公理会
来会理（秘书）	美国	青年会北美协会
安指南	不详	伯拉小礼拜堂①
伍约翰	美国	宣道会

资料来源：杨肖彭：《北美协会和天津基督教青年会》，载《天津文史资料选辑》第 21 辑，第 129 页。

这些董事会成员的群体特征十分明显：他们大多来自英美国家（特别是美国）在天津所建立的教会。这不仅凸显了青年会的跨宗派的特征，也使之成为教会的辅助者。它们在中国服务多年，对教会在非西方国家的运作模式有所了解。对于初到天津的青年会，他们无疑能起到指导和帮助的作用，并能够提供经验和资源上的支持。比如一些人曾供职于天津的新式学堂，同青年学生们有着直接和间接的联系。在青年学生们看来，这些西方传教士还是颇具人格魅力的，拥有"演说家的口才……政治家的风范、组织的天才、令人惊愕的募捐能力"。② 从某种意义上说，他们的加盟也有利于促成青年学生经由青年会皈依基督教。无论是天津的教会，还是天津青年会，它们的目标都是一致的，就是融入地方社会，引领当地人皈依基督教。从这个意义上看，二者也能够起到相互支持的作用，它们在天津的命运也由此紧密相连。

同时，依托于刚刚建成的会所，天津青年会也在着手令当地的青年人特别是青年学生形成对基督教信仰的认同。这在其会所空间的布置上，便可初见端倪：

---

① 当时建在天津北洋医学堂内。

② 马泰士：《穆德传》，第 117 页。

　　青年会第一个会所大概有 50 间房子。这些房子又被划分为不同的空间：有阅览室、游艺室、会客厅以及查经班等。其中，查经班所占据的空间为最大。①

　　上述空间位置的安排，蕴含了较深的用意，体现出来会理等人对青年会的理解和认知：一个经由西方现代文明浸染和熏陶，继而对中国人的心灵重建乃至中国社会的变革产生作用的基督教团体。为了彰显这样的主体身份，来会理每周都会为参与青年会活动的青年人讲授基督教思想的要义。在他看来，使之获得基督徒的身份，是确立其青年会成员资格的必要条件："我们（天津青年会的早期缔造者们）要让他们（天津青年会的成员）知道，应当如何成为一个基督徒……这是我们在天津履行传播基督教之使命的关键。"②

　　面对精深、复杂的基督教思想体系，天津青年会的缔造者们也有所取舍。标准是：对解决社会问题有所帮助，符合中国人接受宗教信仰的习惯。在这个前提下，"社会福音"经由青年会的引介进入了天津。

　　"社会福音"既是一种神学，也是一项运动。它是基督教对西方都市化、工业化社会所产生的问题的积极回应。社会主义理论是"社会福音"的重要思想基础。其中依据，在一些中、外文文献中有所显现："（美国）在 19 世纪最后 25 年爆发的劳资冲突……震撼了一些新教领袖，使之重新考虑与信仰相关的社会问题，并且创立了社会福音神学"③；"基督教不会赞成畸形发展的资本主义，乃是事实。19 世纪以来，各地蓬勃的基督教社会主义运动显然是由于抗议西方资本主义而发生"④。

　　在"社会福音"形成和发展的过程中，它还接受了自由派神学的社会伦理，主张用一种"更为自然的方式诠释《圣经》"，其神学体系是"'福音的'或'以基督为中心'的自由主义"。其特征在于它的现实性，

---

　　① *Report of D. Willard Lyon First Quarter*，1896，载陈肃编《美国明尼苏达大学图书馆藏男青年会档案：中国年度报告（1896—1949）》2，第 1 页。

　　② 同上书，第 4 页。

　　③ Robert T Handy，*The Social Gospel in American*，1870—1920，Oxford University Press，1966，p. 9.

　　④ 谢扶雅：《基督教与现代思想》，青年协会书局 1941 年版，第 206 页。

即对现实社会予以密切关注，"强调上帝、仁慈以及人的价值之内在性"。在接受"唯有信仰上帝方能得救"的基础之上，以"尽我最大努力去宣传具有强大生命力的实用宗教，并借上帝的恩典在不同人群的心灵中加以萌发，保持和增强上帝的生命"为目标①。

所以，"社会福音"自诞生以来，就一直致力于通过自我救赎实现社会的重建。因为，"没有人能够独自救赎和被拯救。如果社会中的个人没有重生，就没有社会的改革和提高"。②而在"社会福音"运动进行的过程中，西方国家的青年会组织同样表现积极。

在1895年北美协会举行的大会上，芝加哥大学神学教授泰勒就以"社会福音"作为演讲的开始："没有礼貌、没有信念、没有教堂，但每个成为宗教的存在本质才是我们的宗教。当你只有穿过一个人的信念进入到他与上帝之间的关系时，你才会发现他的宗教。"③艾迪也曾说："清教徒、中产阶级最致命的缺点就是有太多的个人主义，专注地关心个人得救。随着自由企业的膨胀，它允许特权和失业人群的存在，放任不公平社会秩序的建立，使一些人没有饭吃、没有衣穿、没有房住。"要改正这个缺陷，则需要依靠青年会的努力，前提是"除了爱上帝和人的全部福音外，什么也不能接受"④。

虽然"社会福音"在西方的青年会曾经引发过一些争议："不明白教会为什么督促人们要在'社会服务'上花费越来越多的时间，而在灵魂拯救上花越来越少的时间"⑤，但这却并不妨碍其成为青年会宗教思想的重要组成部分。从某种意义上说，它也成为青年会在天津传播基督教文明的助推力。理由有二：

一方面，青年会传入天津时，恰逢一个"激变"的时代。迭遭外来侵略的局面以及被迫加速的现代化进程，催生了许多在传统社会未及常见

---

① 参见王美秀、段琦《基督教史》，第233页。

② ［美］邢军：《革命之火的洗礼，美国社会福音与中国基督教青年会（1919—1937）》，第22页。

③ ［美］泰勒：《基督教青年会与当今社会经济关系》，转引自［美］邢军《革命之火的洗礼，美国社会福音与中国基督教青年会（1919—1937）》，第26页。

④ 参见 Sherwood Eddy, *A History of YMCA from* 1844—1944, p. 148。

⑤ 同上。

的社会问题，如农民和手工业者的破产、城市的畸形繁荣、贫富悬殊、道德沦丧、恃强凌弱等。"社会福音"虽说是为解决西方国家的社会问题所开具的一剂良方，但是它能够透过社会秩序的基督化，通过基督教对个人生活的介入，解决社会问题的基本思路，多少对天津社会特别是以推动社会变革为己任的部分青年人有着启发和借鉴的作用。

另一方面，中国人的宗教信仰原本就是通过交换关系而发生作用。在此，权力秩序在交换关系之中，被赋予了道德性的象征意义，从而促使宗教信仰通过它而介入人们的生活①。正因如此，他们在接受宗教信仰的时候，关注的并不是宗教的权威性，而是这种交换关系如何产生和发展，继而影响个人以及地方社会的价值观和对世界的感知方式。

由此看来，这种宗教关怀的确与"社会福音"的精神和要义有着几分相似之处。所以，自天津青年会成立之后，它也在积极探索不同方式，宣导"社会福音"的理念。创办查经班就是其中之一。"周二，周三，周四，各两小时查经课"；在查经班的课程中，天津青年会着重阐述的内容有三：耶稣基督及其门徒的完善人格；信仰与社会之间的关联。如何令"社会福音"思想成为青年人成长之必备。②

另外，天津青年会的缔造者们还创设了一种使青年人自主研习"社会福音"的氛围："我们开始将上午的查经班变成系统、深入的研究课，根据沙乐门先生的大纲，选择像'保罗的生活'这样的主题。"③ 目的则是激励他们在生活中践履其中的精神要义。这显现出了青年会与其他教会在宗教传播上的不同之处。正如刘廷芳所概括的那样："无论在教会学校中，或是在教堂中，青年人所受的爱护，是被动的训育，是年长者对年轻人在旧道德、旧观念上所发生出的自然态度。青年会的策略是，打破这'自然'的层面，在爱护上增加尊重，在被动的训育上增加自动的鼓励……青年成为注意的中心。青年得自表的机会，得试验能力的机会，得

---

① 李向平：《信仰、革命与权力秩序：中国宗教社会学研究》，上海人民出版社 2006 年版，第 225 页。

② *Report of R, Gailey to the International commit of Young Men's Christian Association*, December, 1898，载陈肃编《美国明尼苏达大学图书馆藏男青年会档案：中国年度报告（1896—1949）》2，第 55 页。

③ 同上。

错误再试的学习，练紧跟着'训'，'知'与'行'合一。"①

因为青年会自创立后不久，"便开始了向世界各地快速扩展的历程。这样，在意识形态方面，它就不得不采取更为开放的姿态"。后果就是，在中国传播基督教文明的时候，青年会既不以皈依耶稣基督作为交换的条件，也不拘泥于严格限定的"西方基督教传统中心论"以及强烈的"排他性思维倾向"②。美国学者甘利特曾经这样概括："中国青年会的精神是服务而不是皈依……中国的教会往往这样说'入我们的教会吧，让我们成为朋友！'青年会则不然，它说：'来做朋友吧，无论信仰为何！'"③

在争取本地青年人的过程中，天津青年会也承袭了上述特点，不囿于严格的神学意识形态，而是通过培育他们的国际视野，提升该会在其当中的价值。天津青年会的缔造者们发现，有些青年人特别是青年学生由于接受了系统的新式教育，对外部世界具有探究的欲望。无论是青年会还是其他基督教会，对于他们而言，都是了解外部世界、养成国际视野的一个重要窗口。于是，天津青年会在这个过程中完成了自我赋权。方式和途径就是通过语言的教授，满足他们了解西方文化的愿望，使之获得文明与进步的启迪。在讲经传道的同时，天津青年会的缔造者们一并传授英文，令参与活动的青年人进一步了解了英美文化：

> 在夏天④的这几个月间，文学俱乐部成立并开始组织活动。这个团体的功能就是辅助每周日下午的圣经学校。时间安排大致如下：7月9日、8月8日和9月5日。⑤

语言是文化交往的重要工具，而它本身也是文化的组成部分。但有时候，语言的不同，也会为天津青年会与天津社会的沟通形成障碍。为了能

---

① 刘廷芳：《青年会对于中国教会的贡献》，《真理与生命》第九卷第五期，1935 年 10 月。

② 参见黄海波《宗教非营利组织的身份建构：以（上海）基督教青年会为例》，第 70 页。

③ Garrett Shirley. S, *Social Reformers in Urban China：The Chinese YMCA*，（1895—1926），Ph. D. Dissertation, Harvard University, 1970, p.59.

④ 此处指的是 1896 年的夏天。

⑤ *Report of D. Willard Lyon Second Quarter*，1896，载陈肃等编《美国明尼苏达大学图书馆藏男青年会档案：中国年度报告（1896—1949）》2，第 13 页。

与当地青年人顺利交流，天津青年会的缔造者们也在潜心学习中文，消除由于文化差异所带来的不便。来会理在给北美协会的报告中，曾多次强调这一点：

> 来到中国之前，我（来会理）的父亲①和朋友们曾经对我发出了这样的忠告，倘使不重视中文的学习，我将无法在中国完成传播基督教、使青年会造就中国青年人的使命。而我与穆德先生的通信，更加坚定了我的上述想法。②

显然，他已经意识到：重视思想传播和文化推广历来是基督教团体在中国这样的非基督教国家宣教的重要手段。同样的，它也应为青年会在天津的发展服务。在顺应青年会乃至基督教全球化的趋势，令"天津的青年会"和"走向世界的青年会"建立紧密联系的同时，来会理和他的同道中人也与宣教的目标受众达成默契。其中，对中国语言、文化的掌握程度，直接和间接地决定了他们如何使得他们所传播的思想观念呈现出一种带有地方特色的表达形式。这既是青年会这一来自西方的基督教团体在天津立足之关键，更是其在中国推广之动力。

实践证明，上述旨在沟通不同文化的工作的确为天津青年会的发展提供了帮助和支持。据统计，至 1896 年，天津青年会的活跃成员已接近百人。③ 同时，青年会在中国其他地区的传播速度也有所加快。1896 年 8 月，来会理陪同穆德在华游历，就有以下发现："各地重要之教会学校，除已有之青年会五处④之外，更组织成立者凡二十二处。是年，共计学校青年会二十七处。"⑤

另外，它还令天津青年会的典范效应更为突出，为全国性青年会组织

---

① 前文中似已提到：来会理的父亲是长老会传教士，曾在宁波传教。

② *Report of D. Willard Lyon Second Quarter*, 1896，载陈肃等编《美国明尼苏达大学图书馆藏男青年会档案：中国年度报告（1896—1949）》2，第 13 页。

③ *Biennial Report of D. Willard Lyon*, *China*，载陈肃等编《美国明尼苏达大学图书馆藏男青年会档案：中国年度报告（1896—1949）》2，第 37 页。

④ 上文所指之五处青年会，应该是香港服务于西人的青年会、成立于上海租界之青年会、通州潞河书院之青年会、福州英华书院之青年会以及天津青年会。

⑤ ［美］来会理：《中华青年会二十五年小史》，第 4 页。

的建立奠定了基础。参与缔造天津青年会的来会理，正是全国性青年会组织的发起人之一。1896 年 11 月，青年会第一次全国大会在上海召开。其中，来自全国不同地区的青年会成员大约 60 人以及 9 位在中国各新式学堂任职的传教士亲自出席。[①] 在此次会议上，还做出决议：把全国的青年会联合起来，组成"中国学塾基督教幼徒会"[②]，是为中华基督教青年会全国协会的雏形和前身。一手缔造天津青年会的来会理当选为"中国学塾基督教幼徒会"的首任总干事。

在这个过程中，青年会在登陆天津之初所积累的经验，也被全国性的青年会组织所吸收和借鉴。在"中国学塾基督教幼徒会"成立之初，曾意图确立如下工作目标：

> （一）巡视各地新组织之青年会；（二）于适宜之地提倡、组织新青年会；（三）为青年会职员组织会务练习会；（四）预备适用书籍以促进学生之宗教生活。[③]

在上述目标确立和实施的过程中，天津青年会留下的印迹比较明显：如明确的会务责任，以青年人特别是青年学生学生为主要对象的宣教目标等。这显示出天津青年会在全国青年会组织内部的重要性，有了进一步提升。

二　青年会与天津社会之间的冲突与角力

尽管如此，青年会融入天津社会的难度却并没有因此而降低。原因不言自明：青年会与天津社会、文化之间存在着潜在的矛盾与冲突。上述矛盾和冲突在一定时间段内，还难以调适。1898 年，来会理卸任天津青年会总干事。青年会北美协会委派格林[④]来到天津，接替他的工作。来到天

---

① *Report of D. Willard Lyon Third Quarter*, 1896, 载陈肃编《美国明尼苏达大学图书馆藏男青年会档案：中国年度报告（1896—1949）》2，第 17 页。

② 同上。

③ ［美］来会理：《中华青年会二十五年小史》，第 4 页。

④ 格林（R. Gailey）（1869—1950）：生于美国的宾夕法尼亚州，1895 年毕业于拉斐特学院，后就读于普林斯顿大学，获硕士学位。在普林斯顿大学就读期间，格林加入青年会。1898年，他接受北美协会的委派来到天津，担任天津青年会总干事。1909 年，他被任命为北京青年会总干事，1933 年退休。

津后，格林便发现了这样的问题：

> 对于青年会在当地（天津）的发展状况，我感到了些许的失望。登记在册的学生会员当中，只有少数人按时赴圣经学校参加宗教课程的学习。①

格林的一番话，尽管道出了天津青年会在初创时期的艰难处境，然而，这却与当今学者们分析青年会在华历史时所采用的理论预设相去甚远。学者们在研究青年会在近代中国传播、发展的历史时，往往会强调青年会与近代中国社会处境的契合之处。他们通常持有这样一种看法，青年会进入中国，正值晚清社会改革的高潮时期。这为其发展提供了一个难得的良机。但是，事实果真如此吗？

通过检视天津青年会初创时期历史，不难发现，晚清时期，天津社会虽然孕育着变革的风气，但在有些方面，对于青年会的生存而言却并非完全适宜。这个结论首先是由格林等天津青年会的外籍干事得出的。依据是他们对天津青年会争取的主要对象——就读于新式学堂的青年学生们的群体特征的调查。

来到天津之后，格林便发现，虽然这些青年学生渴求新知，希望经由青年会这一渠道培育国际视野，了解西方文化，但是"他们却尚未养成前往会所聆听讲道的习惯"。在语言的掌握上，他们之中的大多数人的英文基础比较薄弱，运用耶稣基督的启示"开启这些不说英语的青年人的智慧，无疑难上加难"。②

和多数来到中国的西方传教士一样，格林也把青年会在天津的发展困局归结于所谓的"外因"，并对就读于青年学生的主观能动性表现出不信任。在他看来，虽然这些人接受了所谓的"新知"，但在获得另一种文化

---

① *Report of R. Gailey to the International commit of Young Men's Christian Association, December,* 1898，载陈肃等编《美国明尼苏达大学图书馆藏男青年会档案：中国年度报告（1896—1949）》2，第55页。

② *Report of R, Gailey to the International commit of Young Men's Christian Association, December* 31，载陈肃等编《美国明尼苏达大学图书馆藏男青年会档案：中国年度报告（1896—1949）》2，第55—56页。

（作为他们自身整体化知识的对立面）认同的时候，还是表现得较为被动。透过这些他们的表现，格林更是加深了这样的认知：非西方国家的人们在自我觉醒、人格独立等方面仍然有所欠缺，亟待来自西方世界的某种力量去唤醒他们。[①] 这样的说法，虽然旨在批判青年学生们的"不作为"，但其背后却隐含着西方人士对中国国民性的某种认知和价值判断。经过长期流传之后，这些认知逐渐变成了一个具有经典性和约束性的"真理"。以至于后来的人们，在归纳这一时期天津青年会发展不利的原因时，都对格林的说法加以援引和重复："其时民智未开，社会对于本会关系尚浅，进行事业不克十分顺利，亦可想见。"[②]

尽管上述观点具有一定的合理依据，然而这并不是天津青年会处境艰难的唯一理由。笔者发现，以下原因同样导致了上述局面的出现：

其一是身份辨识的尴尬。当天津青年会成立时：

> 其性质固无殊于其他基督教之事业，俨然一西方传教机关耳。我国风气初开，率多不明真相，故仅居于被动之地位，而一般人士之心理，遂目青年会为外人之机关。[③]

足见青年会挟"基督教"之名进入天津，因此不会受到天津社会各界人士的欢迎。在天津各界人士的心目中，基督教以及教会最大的"原罪"就是跟随西方列强坚船利炮进入中国。因为他们正在经历着中国在历史命运上的颠覆——由天朝上国、泱泱中华到割地赔款、任人宰割。这种巨大的落差，使他们迫切需要发泄恐惧、苦闷与愤慨的情绪。林立的教堂和众多的教会，就成为其攻击的对象。教案便由此产生。教案的出现，具体原因虽有很多，但大体可从强权政治、经济纠纷和文化差异等三个方面找到答案。

首先，在强权政治的保护下实现的自由传教引起了本地居民较为普遍的敌对情绪。传教士享有治外法权，不仅不受中国法律的约束，还能以庇

---

① ［美］刘禾：《跨语际实践：文学、民族文化与被译介的现代性（中国，1900—1937）》，宋伟杰等译，生活·读书·新知三联书店 2002 年版，第 13 页。

② 《继往开来》，《会务杂志》第 5 期第 25 号，1907 年 12 月 6 日。

③ 陈立廷：《基督教青年会释要》，青年协会书局 1927 年版，第 5 页。

护人的身份令信徒得到保护。其次，传教士获得购置地产的特权后，大肆占地建造宗教机构，因争夺土地资源与当地居民发生纠纷的现象屡见不鲜。最后，基督教与传统中国文化存在着巨大差异。虽有不少传教士和基督徒为弥合二者差异作出努力，但是这两种文化的接触毕竟是在不平等和强制的条件下展开的，自然会产生激烈对抗：一方虽将自己的文化强加给对方，往往难以如愿，甚至招致激烈抵抗。倘若对方是一个文化传统悠久的民族和社群，其抵抗力更大。

　　天津教案就集中体现了民众对"洋教"恐惧与愤慨交织的情绪。1870年，天津以及附近地区爆发了大面积的瘟疫，育婴堂收养的婴儿大量死亡："民间谣言甚多，有谓用药迷拐幼孩者，有谓义冢内幼孩尸骨暴露者，有谓暴露之尸，均系教堂所弃者。"① 民众因此怨愤不已，并与传教士发生了激烈的争执。法国驻天津领事丰大业赶往三口通商大臣崇厚②大发雷霆，拔枪相向，并未击中。他从衙门走出之后，路遇在教堂维持公务的天津县知县刘杰，并打伤其家人。围观民众当众打死了丰大业及其随从人员，放火烧了望海楼教堂、育婴堂以及领事署。鉴于如果不采取行动，就会"严重影响在东方不得不赖以办事的威信和影响"③，法方要求惩处肇事者，处死清朝政府地方官员。清朝政府则派出曾国藩、李鸿章来津与崇厚共同就教案展开调查，并与法国方面交涉。议决：最后处死为首杀人者18人，流放充军25人，并由崇厚出使法国道歉；立即发布《谕天津士民》，对参与教案的天津社会各界人士多方指责。④

　　上述结果不仅招致天津社会各界人士的不满，还加剧了他们对天主教、基督教及其传教士的不信任。在这样的背景下，基督教会很难被天津社会所认同和接纳，似乎是一种较为普遍的现象。作为外来文化象征的他

---

① 朱金甫等编：《中国近代史资料丛刊续编·清末教案》第一册，中华书局1996年版，第670页。

② 崇厚（1826—1893年），姓完颜，字地山，号子谦，又号鹤槎，内务府镶黄旗人，道光年间举人。1861年充三口通商大臣，办洋务，署直隶总督。1870年天津教案后，出使法国谢罪。1878年出使俄国，因擅自与俄签订《里瓦几亚条约》，被弹劾入狱，后降职获释。

③ ［美］费正清等编：《剑桥中国晚清史》上卷，中国社会科学出版社2006年版，第555页。

④ 吕实强等编：《教务教案档》第二辑（一）同治六年至同治九年，台湾"中研院"近代史研究所，1974年，第256—385页。

们，落户在这种文化氛围之中，势必会存在巨大的矛盾、冲突和隐患。其中，当地人对传统的坚守以及对"洋教"的仇恨，无时无刻不挑战和考验其社会交往以及跨文化传播的能力。

虽然天津青年会的建立距离天津教案已有20余年，但是它所面临的挑战仍然存在。社会各界人士甚至包括青年会的成员们都不愿正视青年会存在的合理性，并忽视其理念和精神所包含的价值。来会理在叙述青年会在初创时期的发展状况时，曾有这样的慨叹："此时期（1895—1901）以严格而言之，可称为探险时代……除少数之中国基督徒外，青年会三字绝少知者。青年会处此时代，正如在颓暗中摸索，企得光明也。"① 身为天津青年会董事部重要成员，并署理总干事数月的北洋大学毕业生陈芝琴②，在叙述他与天津青年会的渊源时，也曾坦言：

> 余初之加入青年会，实为打网球也。津会只巴黎道会所，因陋就简，无多设备，会员到会，只翻阅书报而已。③

这种说法，在天津青年会成员中具有一定的代表性。尽管天津社会的国际化程度日益提高，天津的青年人特别是处于社会中上层的青年人对西方文明有一定的好感，但这并不意味着他们渴望经由青年会接近基督教文明。相反的，他们参与青年会的活动，更多的是为了享受青年会会所内丰富的娱乐设施和舒适的阅读氛围，以便树立现代文明人的形象。如上种种，使他们对天津青年会的认同感有所缺失，加大了青年会在天津生存与发展的难度。

其二是缺乏当地传教士们的支持。格林在给北美协会的报告中指出，个别传教士没有做出任何协调，从事不同的青年工作，造成当地教会与青年会的竞争局面。而青年会董事部的成员均是来自不同基督教差会的传教士，任何与这些基督教差会存在竞争关系的政策都不能够在青年会顺利推

① ［美］来会理：《中国青年会二十五年小史》，第3页。

② 陈芝琴在早年曾加入天津青年会，在张伯苓的引领下信奉基督教。1928年春，他曾署理天津青年会总干事达3个月，后由郝瑞满接任。此间，他一直是天津青年会的董事部成员。

③ 陈芝琴：《题赠天津青年会四十周年纪念》，载《天津青年会四十周年纪念册》，天津中华基督教青年会，1935年，第52页。

行。因为在这些传教士看来，青年会在天津众多基督教团体中，只是一个微不足道的"配角"，充当着"辅助者"的角色：

> 天津青年工作面临的严重问题是缺乏当地传教士的支持，传教士们独自开展各自的青年工作，互不相干，设法吸引青年到自己家中集会，结果致使我们经常见到同一帮青年四处奔波，参加各处集会，而青年会唯一的周日宗教会上，或拥挤不堪，或部分会员因参加别处机会迟到，这样的结果令人不可容忍。这里的看法是，我们仅仅是带有辅助性质的团体。意思是我们的活动只能占用教会①活动以外的时间和人员。

由此，格林等人也对青年会在天津乃至中国的发展前途产生了疑问："我们可否在这些限制下生存和发展成为一个运动？"②

其三是战争等外力因素的干扰和破坏。这里所指的战争，主要是爆发于1900年的八国联军侵华战争。是年，英、法、德、美、日、俄、意、奥（匈帝国）悍然发动了对中国的侵略战争。天津正是此次战争的主战场之一。

八国联军侵华战争对天津社会秩序的破坏是不言而喻的。这一点，在时人相关记述中，早已证实。如《天津一月记》中就记载：

> 六月初九日初更，忽传道署探马回报，洋人今晚出大队联络十余里，将与我军决战。生死存亡系于今夜，城中人心惶惶，不能安枕。又传言制军饬各军分路堵截，并令城中各军齐出……初十日以后，城中枪、炮弹纵横飞击，伤亡极多，居民作避地计者，咸弃家而去。③

在八国联军侵华战争爆发期间，义和团运动在北京、天津的发展也进

---

① 此处所指代的是除青年会外的其他基督教团体。

② Report of R, Gailey to the International commit of Young Men's Christian Association, September 1902, 载陈肃等编《美国明尼苏达大学图书馆藏男青年会档案：中国年度报告（1896—1949）》2, 第127页。

③ 佚名：《天津一月记》，载杨家骆编《义和团文献汇编》二，鼎文书局1973年版，第153—155页。

入了新的阶段。天津的义和团曾经发表了这样的揭帖，流露出了"逢洋必反"的情绪：

> 男练义和团，女练红灯照。砍倒电线杆，扒了火车道。烧了毛子楼，灭了耶稣教（基督教），杀了东洋鬼，再跟大清闹。①

可见，这场旷日持久的战争给诞生数载的天津青年会造成了更大的困难。一方面，作为来自西方的基督教团体，天津青年会要承受天津社会各界人士的敌视和指责；另一方面，天津青年会也须在战争所造成的动荡环境下，在辗转奔波中寻求生存空间。

八国联军进入天津后，天津青年会建在北洋大学附近的会所就被德、日侵略军征用。同时，北洋大学也迁到了相对偏远的西沽。这样一来，天津青年会用基督教思想感化中国思想界的工作被迫停顿："自从战争爆发以来，学生人数就变得寥寥无几了，所以在天津的学生工作并没有什么进展。"② 为了寻求联军势力的庇佑，格林只能将天津青年会的会所以每月500银元的租金租给了德国人。

本 章 小 结

综上所述，探讨青年会在中国的"全球地域化"问题，离不开对中国不同地域特色的把握。这样才能探寻其中宗教、文化互动的规律。为达上述目的，笔者聚焦了青年会在中国发展的典型个案——天津青年会。

一方面，天津是中国北方最重要的对外通商口岸，本土文化与外来文化的交融与互通、矛盾和冲突在这座城市中交替进行。另一方面，通过回顾天津青年会发展初期的历史，不难看出，天津青年会在创建的过程中，一直具有全球化的视野。天津青年会的缔造者们来自一直致力于推动青年

---

① 《天津义和团揭帖》，载荣孟源编《中国近代史资料选辑》，生活·读书·新知三联书店1954年版，第125页。

② *Report of R, Gailey to the International commit of Young Men's Christian Association*, *June 30*, 1902，载陈肃等编《美国明尼苏达大学图书馆藏男青年会档案：中国年度报告（1896—1949）》2，第127页。

会全球化的北美协会。该会在创建之初所树立的目标正是用基督教思想感化中国青年人，继而建立一个"更基督化的中国"。为此，天津青年会的缔造者们遵循青年会在世界各国发展的惯例，在天津新式教育的中心——北洋大学附近建立了会所。

但是，青年会毕竟来自西方，达到"感化青年人，令中国基督化"的目标需要经历一个循序渐进的过程。它不但要在天津寻找适宜的生存土壤，以便立足与发展，也要面对与地方社会及其文化传统之间的摩擦和冲突，适时而适当地进行调适。同时，青年会需要使自身的宗教思想和实践形态与天津社会环境相适应，继而开创融汇多元文化、吸纳地方特色的发展模式。这一切，不仅考验着天津青年会缔造者们的智慧，也直接或间接地决定着全球化的青年会能否成功地在天津立足。

第三章

生存基础的巩固：天津青年会的
制度模式

八国联军侵华战争的结束，标志着天津青年会在初创时期所面临的危机就此解除。由此，天津青年会不仅是"具有全球化意识的社会性运动"，或是一种"国际性的合作活动"，也要创立地方化的制度模式。[①] 这是巩固该会生存基础的重要一步。

第一节　租界与老城并举：天津青年会的发展布局

进入 20 世纪以后，天津城市发展的国际化特色日益明显。为了顺应这样的形势，天津青年会也确立了租界与天津老城共同发展的布局。

一　天津城市发展的国际化特色

1901 年，《辛丑条约》的签订，标志着八国联军侵华战争的结束。次年，清朝政府正式收复了天津，使之恢复了原有的和平状态。在这个过程中，天津的城市空间格局伴随着这场战争，发生了较大变化。天津在城市发展的进程中，日益显现出了"国际化"的特色，主要体现在如下方面：

首当其冲的，就是租界面积的急剧扩大。自天津开埠之后，便有西方国家在此建立租界。相关情况，见于《新天津指南》的记载："自咸丰十年开辟为通商口岸为第一期"，开辟租界的国家有英、法、美三国，主要位于天津城东南紫竹林一带；"甲午之后为第二期……成立者为德国、日本，推广者为英国"；"庚子之后为第三期，成立者为德国、比利时、意大利、奥匈帝国，推广者为法国、日本、英国，归并者为美国[②]。"[③] 八国

---

①　吴梓明：《全球地域化：中国教会大学史研究的新视角》，《历史研究》2007 年第 1 期。

②　天津美租界后归并入英租界。

③　甘眠羊：《新天津指南》，天津绛雪斋书局 1927 年版，第 4—7 页。

联军侵华战争结束后，英国、法国、日本、德国、俄国、奥匈帝国、意大利和比利时等国家为了分享战争胜利的果实，皆新建或是扩展了原有的租界。其中，俄国、德国、奥匈帝国、比利时的租界位于海河北岸。法国、英国、德国、日本的租界则位于海河南岸。至 1902 年，租界的面积已经达到了天津老城的 8 倍①，如图 3-1 所示。

图 3-1　天津租界分布图

资料来源：来新夏：《天津近代史》，南开大学出版社
1987 年版，第 196—197 页。

　　在这个过程中，每个建立租界的西方国家都力图通过建筑设计与空间安排，展示着"具有优越性"的西方文明，并与中国人和其他西方国家所管理的区域发生着紧密的联系。这种城市环境类似于帝莫西·韦彻尔所说的"展览的世界"。在此，带有西洋风貌的建筑不仅是简单的实体，更具有某些象征意义。它是"一块有规划和视觉安排的地方……所有事物都在代表、在回想，犹如一个更大意义的展览"②。

---

① 来新夏：《天津近代史》，南开大学出版社 1987 年版，第 196—197 页。

② Timothy Wichell, *Colonising Egypt*, Cambridge University Press, 1987, p. 12.

如此一来，使置身于其中的人们特别是中国人产生了两种不同的感觉：一方面，他们感受到了在西方列强注视之下的恐慌与焦虑；另一方面，他们对西洋建筑甚至"西化"的社会氛围产生了一种心驰神往之情。因而，在 20 世纪上半叶，政界要人、外地的农民和手工业者甚至外国人都乐于踏足天津租界，以便寻求新的发展机遇，享受西方文明所带来的优越性。据统计，1902—1928 年，天津人口从 30 万上涨到了 96 万以上。人口增长最快的为外国租界，从原先的 5 万增长到了 15 万以上[1]。租界不仅生活着大量外籍侨民，更有中国人。华洋杂处的居民结构就此形成。据统计，到 1929 年，英租界共生活有 3000 名英籍侨民和 36000 名中国人；法租界共有 1000 名法籍侨民和近 50000 名中国人；日租界共生活有 6000 名日籍侨民和近 30000 名中国人[2]。

同样的，租界的扩张也使天津城市的功能有所延展。英租界成为天津的金融中心，巨商大贾的居所林立其中；法租界则是商业、零售业、娱乐业较为发达的地方，其间聚集着大量流动人口；建筑优美的意租界则吸引着大量的政界以及文化界人士；日租界由于空间狭小、人口众多，存在着巨大的反差：既有前清王公贵族的宅邸，又是娱乐场所的所在地[3]。

此外，与租界的扩展几乎同时，天津老城的面貌也有了一定的变化。当 1902 年，清朝政府从都统衙门手中接管天津时，发现天津老城固有的官署和政府机构已经被焚毁。时任直隶总督的袁世凯[4]选择了位于老城北部的"窑洼"作为新政府的所在地，并以外国租界为模仿对象，建成了宽阔的道路。南北向者名"经"路，东西向者名"纬"路。政府机构的建筑风格，体现出了中、西杂糅的特色。此外，随着 20 世纪初科举制度的废除，新式学堂又在此广泛的建立，渔业学校和直隶女子师范学校的建

---

① 《天津特别市户口统计表》，载天津特别市政府编《市政公报》19，1929 年 2 月。

② 罗澍伟等：《近代天津城市史》，中国社会科学出版社 1993 年版，第 455 页。

③ 孙立民：《天津日租界概况》，载全国人民政治协商会议天津市委员会文史资料研究委员会编《天津文史资料选辑》18，天津人民出版社 1982 年版，第 144—145 页。

④ 袁世凯（1859—1916），河南项城人，字慰亭，号容庵，项城人，中国近代史上著名政治家、军事家，北洋新军的创始人。早年在朝鲜驻军，击败日军，归国后在天津小站督练新军。清末新政期间推动现代化改革。辛亥革命期间，以和平的方式推翻清朝，统一国家，并当选为第一任中华民国大总统。在位期间袁世凯积极发展实业，统一币制，创立近代化司法和教育制度。1916 年建立年号为"洪宪"的中华帝国，未能成功，同年郁郁而终。

成，使之成为天津新式教育的又一个中心。孙学谦在《天津指南》中也将其称为"文人雅集"之地①。

由于天津老城的城墙在八国联军侵华战争中被拆毁，所以它与租界之间的边界逐渐模糊。原因是现代公共交通的发展。20 世纪上半叶以来，电车在天津逐渐普及。经营电车业务的，主要是比利时公司，主要的线路皆贯通了租界和天津老城：白牌：围绕天津老城行驶；红牌：由北大关发车，经北马路、东北角、东浮桥、金汤大马路、意租界，直达东车站为终点站；蓝牌：由北大关发车，经北马路、东马路、日租界旭街、法租界，过万国桥，以东车站为终点站；黄牌：由北大关发车，经北马路、东马路、日租界旭街、法租界天增里、大沽路，直达津海关为终点站；绿牌：全线由法租界天增里到老西开教堂；花牌：经东马路、旭街、天增里，至大沽路为终点站。② 这种交通运输的现代化进程，既加速了天津老城与租界之间的人口流动，又令天津城市发展的国际化特色更加突出。

二　租界与老城并举：天津青年会活动场域的扩展

鉴于城市空间格局以及发展面貌的改变，20 世纪上半叶，天津各基督教会都意在调整自身的发展格局，在租界和天津老城皆有了分布（详情参见表 3 – 1）。

表 3 – 1　　　　　　20 世纪上半叶部分天津基督教会的区域分布

名称	活动地点
中国基督教会	鼓楼东仓门口
中华基督教会（美以美会）	三义庄
伦敦会	
维斯礼堂（美以美会）	海大道
福音堂（美以美会）	老西开
福音堂（伦敦分会）	南关下头
福音堂（美以美分会）	鼓楼西

---

① 孙学谦：《天津指南》，新华书局 1923 年版，第 6 页。

② 肖祝文：《比商电车、电灯公司在天津的掠夺》，载中国人民政治协商会议天津市委员会文史资料研究委员会编《天津文史资料选辑》27，天津人民出版社 1984 年版，第 209 页。

续表

名称	活动地点
公理会	西门里
公理会	西沽
	河北冈纬路

另：在河北仁田西里，河东锦衣卫桥、沈王庄、李公楼，皆分布有自立基督教会；而安息会等教会的具体地点则不详。

资料来源：宋蕴璞辑：《天津志略》，成文出版社1969年版，第145页。

有鉴于此，天津青年会也调整了发展战略，逐步建立起租界与天津老城并举的格局。如前文所述，八国联军侵华战争的爆发令天津身处西方列强的控制之下。天津青年会原先在北洋大学附近之会所，被德、日军队强行征用。是故，天津青年会被迫迁移到了法租界。其间，"因之海大道会址，乃不适用，因出售之，更于法租界巴黎路购置新基，另建会所"。①

值得注意的是，天津青年会之所以将会所选在法租界，不仅是躲避战争的被动之举，也顺应了事业发展的需要。原因如下：此时，法租界的面积在迅速地扩大，范围包括："（1）从中国街到伦敦会堂之巴黎路、海大道、法国码头间之地域。（2）租界之西方，即海大道、英租界土围墙及土围墙起经伦敦教会到白河之地域。"② 自1860年《天津条约》签订以后，它也成为天主教、基督教会密集的地带。将会所选址于此，不仅可以重新协调与在天津各基督教会之间的关系，还能使之以独立的姿态与之并列，一改先前作为"教会事业之辅助"的地位。另外，法租界虽不及身为金融中心的英租界那般富庶，然中外商贾纷纷踏足的局面也为之带来了繁荣。这使法租界的基本面貌，相较先前为之一改："市面繁荣、人烟稠密、布局优良，外观堂皇"，此前却是"遍地是池沼、菜园，水果及蔬菜的暖窖。"③ 上述变化，无疑能够使在此发展的天津青年会获得充足的经济资助。

于是，自1901年起，以法租界巴黎道会所为依托，天津青年会的各

① 宋蕴璞辑：《天津志略》，第367页。

② 孙立民、余志厚：《天津法租界概况》，载中国人民政治协商会议天津市委员会文史资料研究委员会编《天津文史资料选辑》22，天津人民出版社1983年版，第149页。

③ ［英］雷穆森：《天津：插图本史纲》，载《天津历史资料》1964年第2期，第23页。

项事业得到了恢复："他如会员集会、讲演会等亦不时举行之。会员组织则有 Alpha 俱乐部，互相连结，以为交谊之助。"①

除继续巩固在法租界的发展基础之外，天津青年会还积极向天津老城扩展，地点则选在了东门里：

> 早在 1901 年夏天，中华基督教青年会全国协会②总干事巴乐满③来天津作定期访问，在大沽路会所内的网球场上，举行了一场"网球场月光会议"……经过深思和祷告，巴乐满和格林至终得到了这样一个决定，基督教青年会必须前进到天津城厢里边去……直到 1903 年秋天，才在海关道唐绍仪的帮助下，好不容易租到东门里经司胡同十一号。④

上述做法目的是显而易见的，那就是介入天津民众的信仰空间。和中国广大地区一样，多神崇拜的观念对天津民众的信仰生活影响颇深。所以，在天津老城内，庙宇云集：

> 康熙三十六年，在大沽口敕建海神庙……（乾隆）五十四年，在闸口敕建风神庙。此外，则芥园有河神庙，院署西有大王庙，城东南隅则有天后宫……城隍神曰府、曰县，意为县治之主，其庙于城内西北隅建之。关帝庙、文昌庙、火神庙均载在祀典。⑤

天津青年会所在的东门里，正是庙宇分布相对集中的区域。据《津门保甲图说》记载：泰山行宫、药王庙、关帝庙、三义庙、财神庙、土地庙均分布于此（见图 3 - 2）。

---

① 宋蕴璞辑：《天津志略》，第 367 页。

② 作者按：此乃材料作者记述有误，中华基督教青年会全国协会成立的时间应为 1912 年。

③ 巴乐满（Fletch Sims Brakman）（1867—1944），1867 年生于弗吉尼亚州，1897 年来华，1901 年任青年会全国总会的首任总干事，1915 年回国。曾写作《发现东方》一书，记述自己在中国服务的经历。

④ 杨肖彭：《北美协会与天津基督教青年会》，载《天津文史资料选辑》21，第 131 页。

⑤ 高凌雯纂：《天津政俗沿革记》，载《中国地方志集成·天津府县志辑》3，第 356 页。

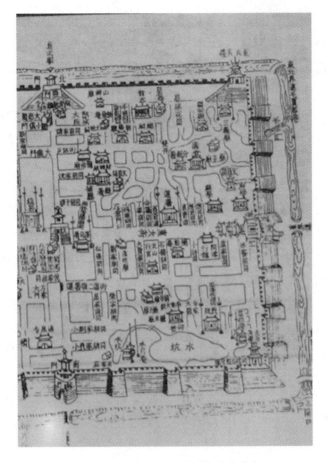

图 3 - 2　天津东门里附近的庙宇分布

资料来源：（道光）《津门保甲图说》，载来新夏等编《天津通志·旧志点校
卷》，南开大学出版社 2001 年版，第 435 页。

　　《津门杂记》中也提到，东门里南北方向共分布有下列庙宇：草厂
庵、水月庵、药王庙、行宫庙、弥勒庵；三义庙、朝阳观、护饷关帝庙、
瓮城关帝庙、财神殿、乡祠、无量庵、白衣庵、福德祠、奎（魁）星阁。
东门外尚有天后宫、玉皇阁、崇仁宫、太虚观、白衣庵、东岳天齐庙。①

　　只不过伴随着战争的洗劫以及本土现代化运动的兴起，上述庙宇或是
被毁坏，或是被改成了学校和政府机构。在这个信仰空间内，出现了
"权力的真空地带"。天津青年会介入此地，并不是为了用基督教的一神

——————————

　① 张焘辑：《津门杂记》，第 18 页。

信仰取代多神信仰，而是令基督教文明成为天津社会各界人士接受信仰文化的新选择。为了实现这一目标，天津青年会还创办了新式学校，在传播基督教思想之外，兼具教授新知、开通风气、进化民德的社会功能："当时，就读于天津官立学堂的青年人们对基督教变革社会、重塑心灵的作用尚存在着疑虑……而办学无疑提供了一个绝佳的机会，不仅能够启迪这些青年人们的智慧，还能够提升天津青年的影响力，从而提高其地域化的程度。"①

从此，租界与天津老城并举的发展格局正式确立。天津青年会在20世纪初也有了两处分会：租界分会和城厢分会。在举办宗教活动、传播西方文明的过程中，二者的重要性几乎等同，然功能却有所分化。

比如自1902年以后，天津青年会曾于每周日举办宗教聚会，在租界分会和城厢分会分别举行两场："一场为不讲英语者举办的以汉语交流的聚会；另一场则是为通英语不懂汉语者举办的以英语交流的聚会。"② 同时，每年秋季，天津青年会还举办年度阐经大会："大会为期三天两夜，其中两夜由租界分会主管，三日由城厢分会承办。"③ 由于上述模式兼顾在津之中外人士的利益和诉求，因而得到了受众的欢迎。据统计，在1905年秋的年度阐经大会上，虽然"很多人还不适应参与这种类型的聚会"，但是出席人数总计1490人。这一数字，在当时看来是十分惊人的④。

第二节　跨国合作：天津青年会的人员结构

在确立租界与天津老城共同发展的格局后，天津青年会还依据20世纪初天津社会发展的特点，着手调整人员结构，确立了跨国合作的原则。

① *Report of Robert Gailey. International Committee for Six Month ending June 30, 1901*，载陈肃等编《美国明尼苏达大学图书馆藏基督教男青年会档案：中国年度报告（1896—1949）》（附国际干事小传及会所小史）2，第79—82页。

② *Report of Robert R Gailey*，载陈肃等编《美国明尼苏达大学图书馆藏男青年会档案：中国年度报告（1896—1949）》2，第352页。

③ 同上。

④ 同上。

在此原则之下，天津青年会不仅接受了北美协会在人力资源上的援助，还积极接纳本地人士。知识分子和社会精英是其重点吸纳的目标。为此，天津青年会以尊重其接纳信仰的习惯为准则，制定了信仰与人互惠的策略，使之介入会务的管理。为该会服务之中、外人士之间的权力分工也就此形成。

一　天津青年会的外籍干事群体

进入 20 世纪以后，天津青年会的人员结构较之初创时期发生了较大变化，不再倚仗天津各基督教会，而是有了独立的干事群体。原因就是外籍干事们的到来。1901 年之后，战争危难的平靖、社会动荡的消除以及华洋杂处的社会氛围，使面向全球的国际青年会组织看到了天津青年会的发展潜力。于是，上述组织也在人力资源上加强了对天津青年会的支持与扶助，派遣了大量外籍干事。大体而言，外籍干事群体来津的高峰时期主要有两个：

从 1903 年到 1908 年，总计有 7 位外籍干事来到天津青年会，加上先前在该会服务的格林，共有 8 位。详细情况参见表 3 - 2。

表 3 - 2　　　　天津青年会外籍干事详情一览（1903—1908 年）

姓名	国籍	原先所属青年会	来津之前在华服务情况	在天津服务的时间	负责工作
格林	美国	普林斯顿大学青年会	直接来到天津	1898—1910 年	天津青年会总干事
贺嘉立	美国	巴克纳尔大学青年会	同上	1903—1916 年	天津青年会副总干事、青年会华北区干事
韩慕儒	美国	雪城大学青年会	同上	1905—1927 年	1911 年起任天津青年会总干事
惠特莫尔	美国	哥伦比亚大学青年会	同上	1905 年	1912—1914 年担任天津青年会副总干事
柯和璧	美国	加拿大麦吉尔大学青年会	在全国总会主管视觉教学部	1906 年	在天津青年会进行短期服务，后成为保定青年会的缔造者
郝瑞满	美国	伍斯特理工学院青年会	直接来到天津	1907—1921 年；1926—1929 年	1907 年天津青年会智育部主任干事；1909 年天津青年会副总干事
饶伯森	美国	普渡大学青年会	1902 年起担任南京青年会干事	1907—1909 年	天津青年会代理总干事、智育部干事

续表

姓名	国籍	原先所属青年会	来津之前在华服务情况	在天津服务的时间	负责工作
海士	美国	普林斯顿大学青年会	直接来到天津	1908—1911 年；1927—1932 年	天津青年会智育部干事、天津青年会总干事

资料来源：*Biographical Sketches of the YMCA Foreign Secretaries Who Served China*：1895—1950，载陈肃等编《美国明尼苏达大学图书馆藏基督教男青年会档案：中国年度报告（1896—1949）》1，第 25—133 页。

仅就表 3 - 2 所提供的信息可见，这一时期，外籍干事的来源主要有以下两种：一是直接接受国际青年会组织的委派。格林、贺嘉立、韩慕儒皆是如此。二是通过中国各城市青年会之间的流动。比如曾任天津青年会代理总干事的饶伯森，最初是在南京青年会服务，1910 年前后，他曾应全国各地的青年会之邀，开展巡回科学演讲。值得注意的是，这些外籍干事的成分相对单一，母会皆为北美协会各分会。这说明，北美协会与天津青年会之间存在着双重互动的关系：既有信仰、文化之间的对话，又有国家、地区之间的交流。因而，凭借北美协会的支持，天津青年会的外籍干事们得以利用业已形成的社会网络，增强凝聚力，并且从相关机构获得资源，扩大了青年会在天津乃至中国社会的影响力。

与此同时，外籍干事们在天津青年会中的地位也是不容小觑。他们一直处于天津青年会权力的中心，对天津青年会的会务拥有决定权和支配权。这是他们之中的部分人在为母国青年会服务时所难以企及的。[1]

由于上述外籍干事在天津服务的年限较长（多数为 10 年以上），所以在此期间，他们对天津青年会的各项会务多有贡献："1905 年格林返美休假，北美协会又派来韩慕儒、郝瑞满、贺嘉立、柯和璧等人。由饶伯森和韩慕儒代理总干事，主持会务"；为了发挥青年会对天津社会的积极作用，争取知识分子和社会精英对天津青年会的理解和支持："饶、韩、郝都到过私立第一中学去教英文、化学、物理、地理等课程。"[2]可见，天津青年会的外籍干事不只履行了传播宗教的义务，更承担着众多社会的、文化的使命。这一切，不但令他们更大限度地认识和了解近

---

[1]　[港] 李榭熙：《圣经与枪炮：基督教与潮汕社会（1860—1900）》，雷春芳译，社会科学文献出版社 2010 年版，第 164 页。

[2]　杨肖彭：《北美协会与天津基督教青年会》，载《天津文史资料选辑》21，第 132 页。

代天津社会，更使之充当了天津青年会与分布相对分散的社会成员之间的沟通桥梁。

在他们的努力下，青年会从天津扩展到了周边地区。由于"北京是中国的首都，它的影响是很大的。凡是从北京出来的事情，表面上似乎多少盖上些威权的印迹"①，所以天津青年会的总干事格林成了北京青年会的缔造者。早在1905年，格林就经常到北京，筹建北京青年会的会所。1907年，他得到了中国政要袁世凯和唐绍仪的资助，以及英国人赫德的资助。他用这笔钱在北京东单和北一处购得一处地产，作为会所的所在地："此地北至东四大街，南至东单牌楼，西临前清那相国邸，入金鱼胡同可达王府井大街。"② 1909年，各项筹备工作基本就绪，格林、艾德敷、张佩之和袁子香正式组建了北京青年会。次年，该会已经具有一个完整的人事班子，格林担任了北京青年会的总干事。

为使青年会在直隶地区的重要城市取得优势，天津青年会的外籍干事们也试图在北京、天津周边的其他城市进行选址。经过考察，他们发现："保定很重要，因为它是直隶省的首府，而且有现代化的学校，其中有大约四千名学生……将近三千名学生来自中学堂和大学堂，其中大多数来自直隶省的各个地区……除了中国教师，这些学校，不包括省立学堂，还聘请了日本教师。省立学堂聘请了两位英国教师和一位美国教师。这些新式学堂的师生们还没有真正受到在本市工作的公理教会和长老会的影响。传教士已经请愿建立一个青年会。"③ 于是，在1908年，天津青年会委派外籍干事柯和璧在保定建立了青年会。

自1912年至1920年，伴随中华基督教青年会全国协会的成立，又有10名外籍干事来到天津，加上先前来天津青年会服务的贺嘉立、郝瑞满、韩慕儒、海士等人，总计有15名。是为外籍干事来津的第二次高潮，详情见表3-3。

---

① 中华基督教青年会全国协会编：《中华基督教青年会五十周年纪念册（1885—1935）》，青年协会书局1935年版，第187页。

② 《北京青年会会史片段》（一），1992年，第7页。

③ *Report of Robert Gailey. International Committee for Six Month ending June* 30，1901，载陈肃等编《美国明尼苏达大学图书馆藏基督教男青年会档案：中国年度报告（1896—1949）》2，第85页。

表 3 - 3　　　　　　　　　1912—1920 年来津外籍干事情况总览

姓名	国籍	原先所属青年会	来津之前在华服务情况	在天津服务的时间	负责工作
谭育普	美国	堪萨斯州立农学院青年会	直接来到天津	1914—1915 年	天津青年会少年部干事
德林克勒			1914 年在南昌青年会短暂工作	1914 年	
宁约翰	美国	沃什伯尔尼学院青年会	1913 年抵达中华基督教青年会全国协会，后被派往南京青年会工作	1915—1920 年	天津青年会学生干事、执行干事、副总干事
蔡乐尔	美国	普林菲尔德青年会学院	1912 年在北京青年会短暂工作	1915—1918 年	天津青年会体育干事
饶斌森	美国	科尔比学院青年会	1913 年来华，任中华基督教青年会全国协会少年部干事	1915—1926 年	天津青年会少年部干事
陶德满	美国	塔科马港市华盛顿青年会	1915 年来华，在北京青年会工作	1916—1927 年	
骆克烈	英国	加拿大温哥华市青年会	1916 年到达中华基督教青年会全国协会	1917—1925 年	天津青年会体育部干事
郝立德	美国	密苏里州春田市青年会	1916 年来华，为北京青年会工作	1918 年	
蓝恩天	美国	希拉姆学院青年会	1918 年来华，在北京青年会学习语言	1920 年	

　　资料来源：*Biographical Sketches of the YMCA Foreign Secretaries Who Served China*：1895—1950，载陈肃等编《美国明尼苏达大学图书馆藏基督教男青年会档案：中国年度报告（1896—1949）》（附国际干事小传及会所小史）1，第 25—133 页。

　　在这一时间段内，天津青年会外籍干事的群体特征在"不变"当中蕴含着"变动"的因素：虽然在全国的各地的青年会中，外籍干事的背景较之原先更为复杂："若以数量而论，美国干事以外，当推加拿大与丹麦的干事为最多了，更有苏格兰、爱尔兰、挪威、瑞典、瑞士等国的青年会。"[①] 然而，这种趋势却并未影响到天津青年会。天津青年会的外籍干事们依旧来自北美协会的各分会。这显然有利于其社会网络的巩固和发展。然而此时，北美协会不再直接派遣外籍干事到天津，而是首先需要他们进入 1912 年新成立的中华基督教青年会全国协会。之后，综合参考派出机构、中华基督教青年会全国协会以及本人之意愿，确定具体的工作地

────────────

　　① ［美］鲍乃德：《青年会与国际合作》，载中华基督教青年会全国协会编《中华基督教青年会五十周年纪念册》，中华基督教青年会全国协会，1935 年，第 68 页。

点。同时，各城市青年会外籍干事之间的人员互换较之先前更为活跃。这一时期来天津青年会工作的部分外籍干事，同样有着在天津周边的城市（主要是北京）青年会服务的经验。这使他们对来华服务所要履行的使命有了更为清醒的认识。

值得注意的是，与之前来华的天津青年会外籍干事们相比，他们的服务时间大为缩短：服务 10 年以上的仅有饶斌森 1 人，其余多则数年，少则 1 年。上述情形的出现则证明，随着青年会在中国传播和扩展的速度加快，外籍干事们在不同地区的调动和迁移也逐渐成为常态。以两度出任天津青年会总干事的海士为例，他自 1908 年来到天津，在天津青年会任智育干事。1911 年调任南京青年会总干事。1914 年调到成都青年会任总干事。1921 年调到青年会全国协会培训部担任执行干事。之后，他又回到天津青年会担任总干事。这样频繁的调动和迁移，使这些外籍干事自觉对于天津青年会的各项会务力不从心，颇感无奈。

是故，在他们看来，争取本地人士，以"跨国合作"为原则调整人员布局，实在是刻不容缓："在许多人看来，当务之急是天津青年会会拥有一批更为训练有素的干部，而非其他种种难题，譬如天津青年会的自给自足，器械设施等等。拯救中国的只能是中国人，这已经显而易见。"①

二 天津青年会对知识分子和社会精英的争取

实现上述意图，需要争取知识分子和社会精英的信任和支持。因为知识分子和社会精英是统治地方社会的特权阶层。这一阶层所承担的职责较为广泛：从意识形态的引导到社会事务的实际管理。从某种意义上说，它们也是本地利益的代言人，不仅将民众的需求向上传递，更涉足慈善救济、纠纷排解以及公共工程的修建等②。是故，争取他们的意义再明确不过：为天津青年会运行和发展提供更加丰富、多元的支持力量，使之扩大社会基础，成为具有较强包容性的基督教团体，进而扩大在地方社会的影响力。

---

① R M Hersey, *General Secretary Tientsin China Annual Report for the Year Ending*, *September* 30，载陈肃等编《美国明尼苏达大学图书馆藏基督教男青年会档案：中国年度报告（1896—1949）》7，第 307 页。

② 张仲礼：《中国绅士研究》，李荣昌译，上海人民出版社 2008 年版，第 8 页。

　　在 20 世纪的前十年，天津社会的确存在着某些发展、变动的因素，为天津青年会对知识分子和社会精英的争取提供了有利的条件。那就是：伴随着现代社团的诞生，"合群"的传统正在他们当中悄然形成。

　　1901 年，清政府推行新政。短短数年间，以知识分子和社会精英为主体的现代社团纷纷建立。① 张玉法在《清季的立宪团体》一书中，曾对 1902—1912 年间所成立的各种现代社团进行了统计。他指出：在这一时期，国内各地以及海外各埠的现代社团总计 668 个，其中仅 1904 年成立的就有 37 个（含美国、日本等地的华侨和留学生以及流亡者的所组成的社团）。② 虽然由于各地信息不畅，以上统计数字未必完整、准确，但是却大致反映出清末以来，现代社团在中国蓬勃兴起的局面，并为具体分析的展开提供了必要的依据。

　　作为清末新政的中心地区，天津现代社团的数量颇为可观："天津之会社，所在多有，其性质虽有不同，然为意趣相同之人士组合一也。"③ 这些社团虽然宗旨各异，目标诉求也不尽相同，但参与其中的知识分子和社会精英却有着相似的动机、意愿和目标，那就是以社团为平台，改变成员彼此之间的交往方式，建立社会网络。具体方式有以下两种：一是令客居天津的外籍人士与本地人士借助团体和组织的形式，联系起来。二是令本地人士相互结合，形成社会力量，以便谋求社会权力，提升社会地位和影响力。这也显现出社会的变动"已将趋新势力的利害一致性反映到他们的主观意图中去，并使之形成了明确的奋斗目标"。④

　　正因如此，知识分子和社会精英对群体的力量和关怀有一种主动渴求。由此，天津青年会也加大了对他们的争取力度。同时，该会也注意到，虽然知识分子和社会精英乐于成立组织或加入社团，但是对于接受一种宗教信仰，他们还是比较谨慎的。

　　有鉴于此，天津青年会也力图谋求信仰与人的互惠。原因是，中国人对信仰的接受和表达有着独到之处，有别于西方基督教国家"以人神之间的绝对服从"为特征的信仰模式，"中国人的神人关系，是一种用信仰

---

① 桑兵：《清末新知识界的社团与活动》，北京师范大学出版社 2014 年版，第 230 页。

② 张玉法：《清季的立宪团体》，北京大学出版社 2011 年版，第 122 页。

③ 宋蕴璞辑：《天津志略》，第 314 页。

④ 桑兵：《清末新知识界的社团与活动》，第 237 页。

表达出来的人际关系……是人际关系的一个富于宗教性的动态表达形式"。① 正因如此，天津青年会在吸纳知识分子和社会精英时，也力图尊重这种宗教习惯，强调信仰与人、信仰与社会之间的相互依存，以求建构一种信仰与人的互惠模式。这种模式大体包含下列三个要点：第一，角色规范的伦理联系，即以社会身份和亲缘关系界定自己与对方的互动关系，使得人与信仰的关系蕴含了角色规范的意义。第二，"在关系角色化的过程格局中，关系是亲密、信任以及责任的依据"，信仰与人、宗教团体与人的关系越亲近，相互之间的亲密、信任以及责任的程度也就越高。第三，"以自我为中心，通过他人而形成的关系网状结构"，有利于拉近人与信仰的距离。② 天津青年会争取下列三种类型的知识分子和社会精英时，亦力求符合上述要点。

首先，由于天津是中国北方新式教育的中心，因此天津青年会的外籍干事们就通过到新式学堂充任教师等方式，与教育界人士结成了业缘关系。在任教的过程中，他们与某些本地的教育家建立了深厚情谊，向一贯提倡救亡图存的他们阐发了"宗教救国"的主张，传播了西方的科学知识。

由此，他们之中的一些人不仅成了基督徒，还在各种场合宣传和推广青年会的宗教思想。张伯苓③正是其中之一。在经由青年会皈依基督教之后，他一直在用个人的生命体验，阐明基督教在完善人格、重建心灵方面所发挥的作用④。在青年会中，他的地位也得到了明显的提升。张伯苓不仅担任了天津青年会的第一任董事，而且还被选为天津青年会的会正。在日常的教育实践中，他不断践行"非以役人，乃役于人"的理念精神，将天津青年会提倡的德、智、体、群四育，也融入南开学校的建设中。⑤

---

① 李向平：《信仰、革命与权力秩序：中国宗教社会学研究》，第 24 页。

② 同上书，第 26 页。

③ 张伯苓（1876—1951），名寿春，出生于天津，在北洋水师学堂毕业，中国现代教育家，南开学校创建人、校长，美国哥伦比亚大学名誉博士。抗战期间，他还是著名西南联合大学的主要缔造者，1951 年逝世。

④ 《张伯苓先生自述信道之理由》，载崔国良编《张伯苓教育论著选》，人民教育出版社 1997 年版，第 3 页。

⑤ 张伯苓：《学生应以德、智、体三事为基础》，载崔国良编《张伯苓教育论著选》，第 205 页。

"通过张伯苓先生的作用，扩大了青年会在'中国文人'中间的影响力，吸引了更多知识分子，参与了天津青年会的活动。"①

其次，天津开埠后，西方势力的渗透和民族工商业的兴起，使这座沿海开放城市的社会经济结构不断调整和改变。在这个背景下，商人群体在天津社会也跻身到了社会精英的行列。故天津青年会也在努力争取他们的支持。至于其中所蕴含的意义，格林在给北美协会的报告中已有阐明："天津存在着相当数量的商人群体，其数字大概有 300（此处统计不甚精确）。目前，商人的人数在天津依旧呈现出急剧增长的态势。他们在未来也有可能成为地方社会秩序的维护者。"② 另据他调查，天津的商人群体分布的行业相当广泛。其中，一些人乐于接受西方文化的影响且思想趋新。这为其接近、参与青年会开展的各项工作，创造了一定条件。③

为了吸引商人群体关注甚至加入天津青年会，格林等人希望在天津青年会的各项事工中，积极推广为商人群体所接受的工作形式。首当其冲的，便是向他们传授经营之道。天津青年会的日校、夜校之所以添加商业、法律和宗教的课程，就是为了帮助商人们适应现代商业竞争的需要。

于是，大量商人成为天津青年会的成员。在加入该会后，他们也自觉将基督教思想与自身的企业文化相结合，以宗教自律的精神培养商业道德、规范经营行为。天津国货售品所的创办人宋则久④早年曾积极参加天津青年会的各项活动，并于 1916 年受洗入教。在经营天津国货售品所时，他制定了体现基督教思想的各项规章制度，注重工作的效率，强调严格管理的重要性。比如在《售品所章程规则》中，他就曾明确指出："本所接受基督教为吾人信仰之宗教，本规章皆准基督教道理而定。"⑤

同样的，为了服务商人群体的经营活动，天津青年会也为其建立人际关系网络提供了便利。原因正如费孝通所说，在中国，人际关系网络的建

---

① 杨肖彭：《北美协会与天津基督教青年会》，载《天津文史资料选辑》21，第 132 页。

② *Report of Robert Gailey. International Committee for Six Month ending June* 30，1901，载陈肃等编《美国明尼苏达大学图书馆藏基督教男青年会档案：中国年度报告（1896—1949）》（附国际干事小传及会所小史）2，第 83 页。

③ 同上书，第 84 页。

④ 宋则久（1867—1956）：又名寿恒，天津国货售品所的创办人，天津青年会的重要成员。

⑤ 中国人民政治协商会议天津市文史资料委员会编：《近代中国十大爱国实业家》，天津人民出版社 1996 年版，第 68 页。

立有赖于"个体共同持有的归属特征"，其中涵盖亲缘、地缘、神缘、业缘等因素。另外，宗教信仰在整合人群的过程中，发挥着异常重要的作用。① 虽然青年会自西方传来，但它依旧是一个具有高度整合性、强调群体活动的基督教团体，有着共同的信条、稳固的组织结构，以及丰富多样的社会服务事业。凡此种种，能够帮助商人群体开展广泛的人际交往，继而有利于其人际关系网络的建立与巩固。

不单是本地商人，就连某些从外地来津的商人也在这一过程之中颇为受益。天津东亚毛呢纺织有限公司的创办者宋棐卿②是山东青州人，来天津之前就已经加入青年会且表现活跃。来津创业后，他也成为天津青年会的成员。随着社会声望的不断提高，他当选为该会董事。在为天津青年会服务期间，宋棐卿以基督教信仰为纽带，精心地编织了人际关系网络，并从中获益颇多。

在天津青年会中，宗棐卿结识了多位天津知名工商界人士，如宋则久、雍剑秋、王更三、资耀华、朱继圣等人。在生产和经营活动中，由于得到了这些工商界人士的大力协助，他和他的东亚毛呢纺织有限公司得以将潜在的商业竞争消解于无形。比如宋则久的国货售品所是东亚毛呢纺织有限公司成立以来的首个代销商；在该公司成立以后，雍剑秋的洋行也不再进口毛线；主持仁立毛纺厂的朱继圣与宋棐卿各自划定了经营范围，有效化解了二者为争夺市场而进行的争斗。③

借助天津青年会这一平台，余日章④、陈锡三、于斌等宗教界人士也同宋棐卿建立了紧密联系。曾任天津青年会总干事的陈锡三还对他的事业有过颇多帮助。不仅如此，宋棐卿还与许多拥有基督徒身份的文化界人士保持联系。南开大学校长张伯苓、天津道济医院院长郭德隆、铃铛阁医院

---

① 费孝通：《乡土中国》，上海人民出版社 2006 年版，第 30 页。

② 宋棐卿（1898—1956），名显忱，山东青州宋王庄人，东亚毛呢纺织有限公司的创办人，天津青年会董事。

③ 宋允璋、王德刚：《他的梦：宋棐卿》，明文出版社有限公司 2006 年版，第 145—148 页。

④ 余日章（1882—1936），原籍蒲圻，生于武昌。1895 年进武昌文华中学，后入上海圣约翰大学。1905 年毕业后，回文华中学任体育教员，创办《文华学界》。1908 年秋赴美，靠美国传教士资助在哈佛大学研究院主修教育科，获硕士学位。1913 年任中华基督教青年会全国协会演讲部主席，之后就任中华基督教青年会全国协会总干事。

院长丁懋英等都是他的挚友。张伯苓、丁懋英还是天津东亚毛呢纺织有限
公司的股东。另外，凭着天津青年会董事的身份，他还结识了一些政要，
如王正廷、孔祥熙①、宋子文②、司徒雷登③等。在国货运动期间，宋子
文将题有"衣被苍生"字样的横幅，赠予宋棐卿和他的东亚毛呢纺织有限
公司，对其经营事业予以充分肯定。④ 可见，这种以天津青年会为纽带的
人际关系网络令宋棐卿实现了宗教信仰与现实功利的双赢，令其创办的东
亚毛呢纺织公司得以在天津立足。

　　正是因为天津青年会具备上述功能，故为得到天津青年会对其事业的
帮助，商人群体不仅在经济上对该会予以支持，也在社会实践中增强了服
务意识，培育了民族情怀。他们之中的一些人也因之成为享誉地方、全国
甚至世界的人物。雍剑秋⑤就是其中之一。他既是军火买办，又是虔诚基
督徒，长期担任天津青年会的董事、会正，并主导了天津青年会的各项活
动，表现出较高的热情。1936 年 1 月 18 日，天津青年会举行基本会员
会，他被推举为中华基督教青年会全国协会的执委。在为天津青年会服务
的时候，雍剑秋甘于奉献、勇于担当的精神，获得了国际宗教界的承认。
在美国旧金山举行的基督教第十届年会上，出版了一本《弗兰克雍涛⑥》
的小册子，以表彰雍剑秋对基督教信仰的虔诚，以及对社会服务事业的
热心。⑦

　　最后，为了赢得更多知识分子和社会精英的青睐，天津青年会还将目
光投注到了留学生群体。20 世纪初，随着清朝政府新政的推行，在天津

---

　　① 孔祥熙（1880—1967），字庸之，号子渊，曾任南京国民政府行政院长兼财政部长，也
是银行家和富商。

　　② 宋子文（1894—1971），民国时期的政治家、外交家、金融家。

　　③ 司徒雷登（1876—1962），美国基督教长老会传教士、外交官、教育家，燕京大学创始
人。1946 年任美国驻华大使。

　　④ 天津东亚毛呢纺织有限公司：《征求实业救国同志运动》，1934 年，天津市档案馆藏，
全宗号J252 - 1 - 002451。

　　⑤ 雍剑秋（1875—1948），又名雍涛，江苏高邮人，1911 年任天津造币总厂副厂长，后任
德商礼和及捷成洋行军火买办。此后，历任江苏会馆、广仁堂、天津青年会、南开中学董事。

　　⑥ 作者按：雍剑秋在教会学校就读时的英文名就是 Frank。

　　⑦ 雍鼎臣：《军火买办雍剑秋的一生》，载《文史资料选辑》53，文史资料出版社 1953 年
版，第 97 页。

乃至全国都掀起了出国留学的热潮。青年会对此也产生了极大的兴趣。1903 年，天津的官商士绅曾经组织游学会，以便在思想趋新的青年人中提倡出国留学。天津青年会也为游学会提供颇多支持，不仅邀请组织者在会所发表演说，还在《大公报》等知名报刊中为之"摇旗呐喊"。①

可见，天津青年会已经意识到，由于近代中国的现代化事业需要知识分子和社会精英具备开阔的国际视野，留学则可以为在天津乃至中国新式学堂中就读的学生提供进身之阶。留学生群体具有这样的潜力，不仅成为天津青年会成员的共识，而且为时人所公认。与青年会关系紧密且有留学美国经历的颜惠庆，不止一次地强调："随着中国社会进一步走向西化，加上科举制度的崩解，社会上对于精通西学的人才需求甚殷。他们凭借对外语的掌握、不同学科或技能的认识，渐次成为社会上得令的人物。"②

有鉴于此，中国的青年会开始着手吸纳留学生群体。在这个过程中，该会特别注意到"留日学生大都出身于书香门第，并且'代表了二十二个行省中每一个重要城市'……他们在国外所受到的影响怎样，对中国的将来，也必有若干的影响"。③ 曾经一手缔造天津青年会，且在青年会全国总会中身居要职的来会理也表示："青年会若能在这时感化这般留日学生，那么当他们回国之后，为国内非基督教学校或大学中多数学生服务时，必能够予以若干良好的影响。"④ 为争取广大留日学生，天津青年会的某些成员也身体力行，勉力为之。王正廷早年曾就读于北洋大学。读书期间，他在天津加入了青年会。1906 年，青年会全国总会派中西干事各一人到东京创办中华基督教留日青年会。第一个外派的华人干事，正是在天津加入青年会的王正廷。

在中华基督教留日青年会服务期间，王正廷对留日学生群体的特色也有了一定了解，并发现：他们由于"教育背景、生活习惯与留学地的社会环境格格不入，加上语言的隔阂"，因而，"具有地缘或业缘性质的会馆、公所等中国传统的社会组织"，甚至 19 世纪末到 20 世纪初所兴起的

① 《纪游学会》，《大公报》1903 年 4 月 3 日。
② 颜惠庆：《颜惠庆自传：一位民国元老的历史记忆》，吴建雍等译，商务印书馆 2003 年版，第 3 页。
③ 杨肖彭：《北美协会与天津基督教青年会》，载《天津文史资料选辑》21，第 134 页。
④ 同上。

现代社团都未必是令他们寻求认同的合适地方。① 有鉴于此，他连续撰文向留日学生群体阐明青年会的思想主张及其价值：

> 洞现世界之症结，创立团体改良社会，有俾于人心风俗超出青年会之上者乎……为今之人，其有立志改良社会者，是亦即基督教青年会之伴侣。吾人所应加意辅助，原不必存固执己见也。虽然纵览全球，团体林立，不下万计。然能合世界百万余之青年，而实行谋社会之幸福，组织完备、宗旨纯正，历百年如一日，合五洲如一家，试问青年会而外，孰可当此乎？②

"合世界百万余之青年，而实行谋社会之幸福"这一认知的得出，充分说明，青年会成员和留日学生的双重身份，使王正廷对留日学生的争取策略颇具针对性：既令他们熟悉青年会的目标和任务，继而具备国际视野，又使之树立服务中国社会的使命感，为其摆脱漂泊他国异乡的孤独感提供支持和帮助。与此同时，青年会西化的社会环境，也成为他们重新投身中国社会的理想场所。是故，青年会在留日学生群体当中颇受欢迎。

在海外期间，不少留日学生通过天津青年会，参与了国内的社会服务工作。比如1917年京畿水灾期间，"日本留学生所捐之八十余元，当时系由青年会转来者"。③ 经由中华基督教留日青年会的引介，他们之中的一些人也充任了天津青年会的干事："天津青年会新聘福建陈敏修君为智育科干事，主任实业、学校教育事宜……嗣在东京华人青年会干事并掌武昌文华大学教育数年，多有阅历。想该会必深资臂助也。"④ 这从侧面证明天津青年会在吸纳留学生群体的工作中，也取得了一定成效。

鉴于知识分子和社会精英对天津青年会的支持，天津青年会的外籍干事们也将自身对会务的部分主导权让渡给了他们。该会在1909年改组了董事会，成员皆为知识分子和社会精英，分别是：张伯苓、刘建侯、王厚

---

① 张志伟：《基督化与世俗化的挣扎：上海基督教青年会研究（1900—1922）》，第151页。

② 王正廷：《论吾国人士辅助青年会之必要》，《青年进步》，1917年5月。

③ 《京畿水灾赈济联合会天津分会三月三十一号下午二时开第九次职员会开会记》，《大公报》，1918年4月14日。

④ 《智育主任》，《大公报》1915年8月24日。

斋、朱荩臣、刘铭泉、张佐庭、夏宗藩、曾恫臣、全绍清。是为华人参与筹划青年会事务之始①。

此外，对于二者之间的权力分工，天津青年会也有了新的安排。其中，"华人应当为天津青年会提供资金和人力的支持；外籍干事则担负指导的责任。二者共同促进天津青年会的社会服务工作"。② 可见，知识分子和社会精英的加入使本地董事、干事与外籍干事之间的权力关系呈现出下列特点：既有主导—从属之分，又是平等而深刻的伙伴。由此，天津青年会各项会务的进行，从早先的单方依赖（借助外籍干事和当地教会的支持展开工作）演变成了多元互动的关系（凭借外籍干事、知识分子和社会精英的合力）③。转变的原因并不难理解：随着天津青年会社会事业的扩大，知识分子和社会精英不断地向外籍干事证明了自己的可靠性和实用性。在这个过程中，外籍干事也对他们的社会服务能力产生了信任④。

到了 1920 年，天津青年会又在原有董事会的基础上设立了董事部。成员由先前的 9 人提高到了 11 人。他们分别是：张伯苓、王晋生、陈芝琴、戴练江、朱季柳、王厚斋、宋则久、王右丞、雍剑秋、陈宝禾、卜俶成。其社会来源和职业结构则呈现出了多元化的倾向，详见表 3 - 4。

表 3 - 4　　　　　　1920 年天津青年会董事职业结构

职业	人数	百分比（%）
新式学堂教员	2	18.2
工商业、金融业从业者以及买办商人	5	45.4
教会牧师	2	18.2
传统文人、官绅	2	18.2

资料来源：罗世龙编：《天津中华基督教青年会与近代文明》，天津人民出版社 2005 年版，第 326 页。

---

① 罗世龙编：《天津中华基督教青年会与近代文明》，第 324 页。

② *Report of Robert Gailey to the International Committee for the Six Month December* 31，1901，载陈肃等编《美国明尼苏达大学图书馆藏基督教男青年会档案：中国年度报告（1896—1949）》（附国际干事小传及会所小史）2，第 88 页。

③ 参见梁元生《晚清上海：一个城市的历史记忆》，广西师范大学出版社 2010 年版，第 140 页。

④ 同上书，第 138 页。

由于具有雄厚的财力和较高的地位，商人群体在天津青年会的跃升速度较快，占据董事会总人数的 45.4%。这也体现出天津作为中国北方重要的对外贸易港口、知名工商业城市这一特色。另外，教会牧师，传统文人、官绅，以及新式学堂教员各占 18.2% 的状况，既显现了社会精英在来源上的多元化，又说明天津青年会渐获社会各界人士的接纳和欢迎。

知识分子和社会精英对天津青年会会务、管理的涉足，为天津青年会和他们自身，皆带来了改变。这种改变的意义是举足轻重的：对于天津青年会而言，知识分子和社会精英的资金和人脉是值得利用的。对于知识分子和社会精英来说，天津青年会也是一个促使他们相互接触和交换各种潜在利益的开放空间，有助于提高其在地方社会的声望。足见，无论是出于对宗教宣导和社会启蒙的诉求，还是源于利用人脉关系进行礼尚往来的需要，知识分子和社会精英对天津青年会的参与，都会增强其在会务上的自主性，继而对巩固青年会在天津的生存基础起到积极作用。

第三节　补充资金、发掘人才：天津青年会征求会员运动

为了令各项会务顺利进行，天津青年会还在东马路购地兴建了会所，并按照中华基督教青年会全国协会的要求改组了职能部门。为了补充资金，扩大服务人员的规模，天津青年会发起了征求会员运动，以解决因新会所的建设和职能部门的增加所带来的资金与人员不足的问题。

一　征求会员运动的缘起

天津青年会的征求会员运动兴起于 20 世纪 10 年代中叶，这场运动的发起，有着深刻的国际、国内背景。

一方面 20 世纪初，一场波澜壮阔的青年会会所建造运动，伴随着北美协会的世界服务席卷各地。1910 年 10 月，"得美洲来信，谓近有人发起在泰东、西十国之中，创立青年会［所］二十五座，拟募美金一百五十万元"①；"他［穆德］拟订了一种新计划，要在亚洲、拉丁美洲重要

---

① 《中国青年同沾雨露》，《会务杂志》第 8 期第 24 号，1910 年 11 月 25 日出版。

的地点，一直从东京、汉城、北京、马尼拉到加尔各答、君士坦丁堡①与开罗，又从墨西哥与哈瓦那到里约热内卢与贝诺斯爱勒②都要建筑青年会的会所"③。

对于青年会而言，会所并不是一座普通的建筑物，而是青年会事业开展的必要条件："青年会为充分发扬德、智、体、美四育，推广会务期间，不能不有宏敞坚固之会所。"④ 是时，无论是北美协会还是全国协会，均设立建筑部专司其事。在天津青年会会所修建的过程中，该会与北美协会、中华基督教青年会全国协会以及各城市青年会的书信、电报往来的频繁，不亚于青年会所推行的各种社会改良运动。在这一风潮的影响下，天津青年会也启动了会所建设。1909 年，天津青年会在东马路购得地皮，着手修建新会所。然而，会所修建的过程中，经费紧张的状态却始终未能摆脱：

> 目前天津方面面临的主要问题是新大楼的建设工作。由于我刚刚抵达上海，所以我还不能对那里工作的诸多细节工作给予汇报，但是情况似乎是这样的：北美协会预期提供的建设资金已经不足以完成大楼的建设工作了。⑤

原因是，虽然大多数 19 世纪来华的基督教团体，从一开始须依靠母国的经费供给；但是青年会却有所不同：北美协会除了支付外籍干事的薪金外，各城市青年会的运行费用皆由其自主承担。一直以来，这都是青年会向世界各国家、地区传播的惯例。谢扶雅在《基督教青年会原理》一书中曾经指出：

---

① 即土耳其最大的城市伊斯坦布尔。

② 即阿根廷的首都布宜诺斯艾利斯。

③ 马泰士：《穆德传》，第 110 页。

④ 中华基督教青年会全国协会编：《中华基督教青年会年报（1924）》，第 56 页。

⑤ Roscue M Hersey, *General Secretary, Tientsin China. Annual Report for the Year Ending September* 30, 1912，载陈肃等编《美国明尼苏达大学图书馆藏基督教男青年会档案：中国年度报告（1896—1949）》（附国际干事小传及会所小史）5，第 241 页。

故凡在一城市中，欲开办青年会，必先自量有无常年之经费，方能着手组织。且某处青年会，既为某处青年及幼童服务，则该会经费，自应由该城本地完全筹出。①

正因如此，中国各城市青年会在迅速发展的同时，也需要应对紧张的财政状况。张志伟在研究上海青年会时，曾发现："自上海青年会创立伊始，常年的经费收入持续增加，在 1901—1907 年短短七年间，常年经费收入已增长近七倍，呈现良好的发展态势；但与此同时，随着会务的进一步发展，常年经费支出亦同步增加。就整体财政状况而言，每年均能达到收支平衡，并有小额盈余：由十多元到二百元不等，一般只占概念经费收入不足百分之一（甚至更低）。可见，上海青年会的早期财政状况并不十分充裕。"② 这一点，和天津青年会财政支出的情况，颇有几分相似之处。

同时，从 1911—1912 年，辛亥革命的爆发结束了清王朝延续 260 余年的统治，建立了中华民国。革命的冲击、社会的动荡，在靠近统治中心的天津表现得尤为明显。天津青年会在这一过程的生存窘境因财政支持的不足而进一步加剧："中国的革命运动阻断了商业的发展，给中国的商人造成了巨大的损失，并且使我们无法得到官方的捐助，也迫使许多院校停课，同时也限制了慈善工作的进程。"③ 正因如此，天津青年会渴望通过征求新会员，扩大经费来源，缓解因财政问题而带来的生存危机："况会员只以千计，会费仅以万计，分八队以征求目的，岂为过奢？各队之数目可达，全体之希望即副，对于各省青年会亦与有荣施。"④

另一方面，在扩充各地青年会会所的同时，北美协会和中华基督教青年会全国协会做出了扩充华人干事队伍的决定。据 1914 年中国青年会年度报告记录，城市青年会的工作应包括：会所建设、教育事业、体育活动、宗教宣传、童子事业、学生工作和干事培训。《中华基督教青年会全

---

① 谢扶雅：《基督教青年会原理》，第 39—40 页。

② 张志伟：《基督化与世俗化的挣扎：上海基督教青年会研究（1900—1922）》，第 226 页。

③ Charles W Harvey, *National Secretary*, *China*, *Annual Report for the Year Ending*, *September* 30, 载陈肃等编《美国明尼苏达大学图书馆藏基督教男青年会档案：中国年度报告（1896—1949）》（附国际干事小传及会所小史）6，第 234 页。

④ 《青年会通函露布》，《大公报》，1915 年 12 月 3 日。

国协会章程》也明确规定：全国协会至少有一个 30 人的委员会组成。委员须有基督徒身份，并在青年会会员当中选举产生，华籍干事与外籍干事享有平等的选举权。另外，为推动青年会的本土化，北美协会还曾规定："外籍干事人数不得过半"①。另外，这一时期，中华基督教青年会全国协会还在职能部门上有所扩充：下设演说部、体育部、道德部、编辑部、学生部、巡视部和庶务部。② 在此基础上，各城市青年会也进行了机构改组。天津青年会概莫能外，该会分设董事部、宗教事业部、成人部、智育科、学校部、体育科、童子部、编辑科、庶务科、经济科等不同的职能部门，以便推动各项会务的发达。机构改组完成之后，本地干事的培养和补充成为了一个重要问题。但是，截至 1910 年，天津青年会的本地干事仅有仲伟仪、沈子实、瑞麟甫和贾次山 4 人，显然难以适应上述需要。

　　同时，结合清末民初天津社会发展的状况，征求会员也并非不可能。中华民国建立以后，天津城市的面貌以及青年人当中所形成的风习，相较传统时代为之一变。改朝换代所带来的弃旧趋新的思潮，使天津青年会的外籍干事们对生活在这座城市里面的青年的认可度有所提高："虽然天津不是革命起义爆发之地，但它对今年的变革还是起到重要的作用。其进步的各种迹象或多或少体现了整个国家的情况。辛亥革命的最早产物之一就是人们开始剪辫子，虽然还不彻底但已趋于普遍。很大程度上由于这个原因西式便帽和礼帽才开始流行。洋鞋和其他洋服穿的人也越来越多。"③

　　然而，经济的积累以及社会的进步，使大量外地青年涌入天津。他们在享受近代城市文明所给予的各种便利之同时，也不免要直面精神涣散、道德堕落等与西方城市青年相似的问题："交通工具和工商业的发展将意味着与西方相似的结果。随着农村的年轻人大量涌向城市，这些队伍将大大膨胀。低俗的游乐场所同样大量出现……这里歌楼酒肆，丛错其间，台球室、保龄球馆、电影院、戏院、动物园、饭庄、江湖艺人及三六九等的

---

① 东吴奚若编：《青年会第一次干事报告》，上海基督教青年会总委办，1912 年，第 8 页。

② 参见谢扶雅《自辫子至电子》，基督教文艺出版社 1992 年版，第 32 页。

③ R. S. Hall, *General Secretary*, *Tientsin China. Annual Report for the Year Ending September* 30, 1912，载陈肃等编《美国明尼苏达大学图书馆藏基督教男青年会档案：中国年度报告（1896—1949）》（附国际干事小传及会所小史）5，第 271 页。

妓院密集，是当时天津最臭名昭著的游乐区。"① 与此同时，"（这两次革命）摧毁了儒教的两大支柱——以儒教为中心的教育方式和以儒教为中心的专制制度。随着这两个支柱的移去，儒教就一蹶不振了。它的没落使青年一代人游移不定，失去了坚强的道德基础和一般人所接受的宇宙观与人生观。"② 以上种种，则增加了天津青年会征求会员的迫切性。

二 征求会员运动的进行

鉴于上述因素，天津青年会于 1914 年开展了征求会员运动。这场运动从一开始便借鉴了国际青年会组织的运行经验，比如 20 世纪初北美协会所发起的"密集式短期募捐"运动的程序。所谓"密集式短期募捐"是指，北美协会下属各城市青年会为了达成某些特定的诉求，发起为期较短但筹款数量较大的募捐运动。比如 1905 年，北美协会干事们曾在 3 个星期内，为华盛顿的青年会会所建设，募集 85000 美元。③

为了筹办好征求会员运动，天津青年会还根据天津的地域特色，有针对性的采取了下列措施：首先，在征集会员时，天津青年会与当地主要报刊媒体密切合作，形成了互动关系。比如享誉全国的《大公报》、《益世报》就对天津青年会的征求会员运动进行了连续的报道。从某种意义上看，这场运动在天津也可称得上是一个"媒体事件"。1914 年，天津青年会征求会员运动发起时，《大公报》曾连篇累牍地登载与该运动有关的报道。仅从 11 月 15 日—12 月 5 日，《大公报》所刊载的相关报道，达 12 篇之多，平均不到两天就有 1 篇。④《益世报》自 1915 年创办之后，也高度关注天津青年会征求会员运动，并给运动的发起人提供版面，刊登

---

① R. S. Hall, *General Secretary*, *Tientsin China. Annual Report for the Year Ending September 30*, 1912，载陈肃等编《美国明尼苏达大学图书馆藏基督教男青年会档案：中国年度报告（1896—1949）》（附国际干事小传及会所小史）5，第 272 页。

② Kenneth Scott Latourette: *World Service-A History of the Foreign and World Service of the Y. M. C. A of USA and Canada*, p. 142.

③ 张志伟：《基督化与世俗化的挣扎：上海基督教青年会研究（1900—1922）》，第 235 页。

④《征求会友》《征求会有进行表》《征求会友进行发表》《征求会友三续》《征求会友四志》《征求会友五续》《征求会友六续》《征求会友七续》《征求会友八续》《征求会友九续》《征求会友十续》《征求会友十一续》《征求会友十二志》，《大公报》，1914 年 11 月 15 日、19日、21 日、22 日、24 日、25 日、26 日、27 日、28 日、29 日、30 日；12 月 2 日、3 日、5 日。

广告：

青年会征友特布

时期：自四月二十日起至五月十五日止。

简章：一、凡品行端正之青年，俱可入会，惟须有二人以上之介绍。二、会员应享之利益，视为何种会员而定，另载详章。三、会员所纳会费不同，酌分数种：（甲）普通会员，成人部每年纳会费六元，学校会员四元，童子部三元。（乙）特别会员，成人部每年纳会费十二元，学校会员八元，童子部六元。（丙）维持会员，每年纳二十五元。（丁）赞成会员，每年捐百元或五十元。[①]

《大公报》《益世报》之所以给予征求会员运动诸多支持，是因为二者与天津青年会具有相似的宗教背景。《大公报》的创办人是天主教徒英敛之[②]。在办报实践中，他一直对天津青年会宗教救国的主张予以首肯。相较《大公报》而言，《益世报》的宗教色彩更为浓厚。创办该报的是曾任天主教天津总本堂神父的比利时人雷鸣远[③]。虽然雷鸣远的身份是外国传教士，但他一贯秉持"欲兴一国之民，必兴一国之宗教"[④] 的理念。为了使天主教在天津社会发挥善政治、正风俗、固人心、起社会、倡学理、扩艺术、全人格[⑤]等功能，他充分利用报刊媒体所创设的公共舆论空间，站在时代的高度，对基督精神加以生动诠释，借以感化民众，树立天主教传播真知、开启民智、无私为人、争取社会公平的形象。

正因如此，《大公报》《益世报》对天津青年会透过征求会员运动所达成的目标颇为赞赏，报人们也不吝笔墨为之摇旗呐喊。借此，笔者也得以窥探这场运动的部分详情：天津青年会对于会员资格之认定较为宽泛，

---

① 《青年会征友特布》，《益世报》1918 年 4 月 14 日。

② 英敛之（1867—1926），名英华，字敛之，以字行，号万松野人，辅仁大学、《大公报》创办人。

③ 雷鸣远（1877 年 8 月 19 日—1940 年 6 月 24 日），字振声，本籍比利时，天主教遣使会神父，也耀汉小兄弟会和德来小姊妹会的创始人。他于 1927 年加入中国国籍，在抗战初期组织救济团队，救治中国各地平民。1940 年 6 月 24 日在重庆去世。

④ 张蔚臣：《编辑宗教传奇意见书》，《广益录》第 28 号，1912 年 8 月 31 日。

⑤ 同上。

不以是否信仰基督教作为取舍的标准；该会所征求的会员具有明显的差异性：按照所交会费之不同，分为普通会员、特别会员、维持会员与赞成会员等。每种会员对天津青年会所负的责任也有所差别。

其次，除了利用报刊媒体不断地鼓吹和提倡外，天津青年会还在征求会员运动中引入了竞争机制。在征求会员运动发起时，天津青年会曾组织数个征友队，每队征求会员和经费的数量都有一定的指标，并被要求在规定的时间内完成，一般在3个星期左右："东马路青年会本年征求会员，每队征集八十八人，会费八百元为足额，以三星期为限满。"①

在这个过程中，各个征友队为了扩大自身的影响力，展现自我形象，纷纷邀集知识分子和社会精英担任队长。像陈芝琴、杨锦魁、卞白眉、张子翔、张务滋这样的本地社会领袖都先后出任过征友队的队长②。这些在社会上得令的人物，不仅具有社会声望和地位，更有雄厚的经济实力和人脉关系。他们之所以为天津青年会的征友活动所倚重，主要是因为该会期望透过他们的社会影响力，发挥征求会员的最大效益。

为了维持征友队成员们长期参与的热情，天津青年会在公布成绩时，更会隆重其事，设置颁奖、名人讲演等环节，增加他们的荣誉感。比如在1927年的征求会员运动中，天津青年会"特为各征友队队长、〔队〕员制备证书一种，由崔市长书题其端，以为纪念。闻月之二十一日星期四晚七时该会有活动电影同乐会。演映《惨哉战祸》影片，请有该会董事王晋生先生演说。二十三日星期六晚七时，有武术表演同乐会，并请有伯乐佛尔先生演讲，檀香山五色幻灯影片及西北实业公司张周新先生演说"。③在这个过程中，各征友队还不时举行宴会，设计宣传策略，以便力争上游，累积竞争的资本："敬启者，敝会本届征友，□承各义务员热心赞助，得著卓效，欣感无似。兹订于本星期六（月之二十八日）下午六点半钟，在本会所食堂举行队长、队员宴会，藉筹进行计画〔划〕。千祈届时赏临，共抒伟见，俾竟全功为祷云云。"④

再次，对于通过征求会员运动所征集的人员，天津青年会实施严格的

① 《青年会征集会员》，《大公报》，1918年12月11日。

② 《大公报》1918年11月17日。

③ 《青年会征友》，《大公报》1927年11月21日。

④ 《青年会宴各征友队员》，《益世报》1927年11月28日。

管理，明确规定了他们应享受的权力和承担的义务。比如会员入会之后，都要填写一张内容翔实的报名表。在该报名表中，新会员要将自己的姓名、籍贯、来津年限、工作地点、通信地址、婚姻状况、宗教信仰、担保人的相关情况，详加告知。① 以便令他们与天津青年会熟知彼此。为了杜绝会员流失的状况，天津青年会的某些部门在新会员入会后，还制定了详细的入会须知，以求在组织纪律上加以约束：

入会须知（学友部）

一、凡品性端正之青年俱可入会，但须有二人以上之介绍。

二、凡填写愿书、交纳会费者，既得享有应有之利益。至得选举为会员，仍俟董事部之认可，始可接受。

三、普通会员惟夜馆学生合格，每年缴纳会费五元，得有减收学费之利益。其他利益与成人部普通会员同。惟地点稍异。

四、特别会员惟日馆学生合格，夜馆合格者亦随便可入。每年缴纳会费十元，其他应享利益包括普通会员，与成人部特别会员同，惟地点稍异。

五、所有会费须按年预缴，凡于十五日前缴纳会费者，则是月一日起算。十五日后交会费者，则自下月一日起算。

本会所在东马路，会员及友人时来参观、取阅详章。自知入会一切利益者。②

这份入会须知包含以下重要信息：天津青年会对会员的资格审查较为严格。申请加入天津青年会者，需经董事会成员考察并同意方成为会员；新会员与天津青年会形成了一种契约式的关系。双方各自履行规定之义务，享受应有之权利：新会员要按期为天津青年会缴纳会费，使其资金来源得到扩充；天津青年会应当为新会员组织相应的活动，并为他们的自我提升提供便利条件。

最后，在征求会员运动结束后，天津青年会也为广大新会员提供了进

---

① 《天津青年会入会报名单》，1916 年，天津市档案馆藏，资料号：J0128－2－002150－009。

② 《入会须知》，1915 年，天津市档案馆藏，资料号：J0128－2－002150－009。

身之阶，满足新会员加入天津青年会的功利性愿望。条件就是成为天津青年会的干事。通常，天津青年会所征集的新会员大多是来自中学、大学以及职业学校的学生，有的甚至直接出自工厂、企业。初来乍到的时候，他们的智识、能力均存在着一定的欠缺，对青年会的干事工作也不甚熟悉。于是，天津青年会就创造契机，对新会员加以悉心培训，使之具备青年会干事的素质。

　　1914 年，天津青年会就在中华基督教青年会全国协会的帮助下建立了干事培训班："该培训包含每周十个小时的讲座和一系列的实用技能。讲座内容包括：规章守则，青年会的组织和历史，青年会的目标与成就，辩惑学，乔治·威廉先生的生平，童子工作，实用社会学概况与心理学。"[1] 此后，天津青年会的干事培训手段更加丰富多样，方式主要有以下三种：（1）参与中华基督教青年会全国协会创办的干事练习学校；（2）前往知名的基督教大学深造；（3）经由天津青年会外籍董、干事推荐，出国短期留学。

　　这种培训方式，使天津青年会新会员中的佼佼者颇为获益。他们也经由天津青年会的培养，具备了成为合格干事的资质。有人甚至在这个过程中，跻身到了社会精英的行列。陈锡三就是其中之一。陈锡三没有接受过系统的学校教育，只是经由会员征集才得以进入天津青年会的夜校学习。后因成绩优秀，留校任教，并担任校长。1930 年，他便经过董事会的考察，成为天津青年会的执行干事。次年，为了提高宗教素养，他又被派往燕京大学进行短期进修。进修结束后，他升任天津青年会的总干事。1936 年夏，在北美协会与中华基督教青年会全国协会的资助下，陈锡三又赴加拿大留学一年。1937 年归国后，他继续担任天津青年会的总干事一职。

　　陈锡三在任天津青年会总干事期间，恰逢 20 世纪 30 年代之后中日民族矛盾日益加剧。于是，他利用职务所带来的便利，主持了一系列支援抗战的工作，如"九·一八"爆发以后，设立基督教救济会，收容难民；在长城抗战中，组织伤病服务团，救济受伤将士；1933 年举办提倡国货大会等。1937 年天津沦陷之后，他继续为天津青年会的各项会务苦心维持，

---

　　[1]　R. S. Hall, *Associate Secretary Tientsin , China , Annual Report for the Year Ending September 30*, 1914, 载陈肃等编《美国明尼苏达大学图书馆藏基督教男青年会档案：中国年度报告（1896—1949）》（附国际干事小传及会所小史）7，第 301 页。

直至 1942 年会所被日军查封。上述工作的开展，使陈锡三切实提高了社会声望。①

三　征求会员运动的成效

总之，天津青年会的征友运动从 1914 年发起，一直持续至 20 世纪 30 年代。它所取得的成效还是较为明显的：首先，征求会员运动为天津青年会的发展补充了人力资源和资金来源。早在 1914 年征求会员运动发起之时，会员和会费的数量就有显著增长，仅 11 月 19—28 日短短 9 天之内，增长速度就十分可观（参见表 3 - 5）。

表 3 - 5　　　　1914 年 11 月 19—28 日天津青年会征求会员运动概况

日　期	会员（人）	会费（元）
11 月 19 日	30	499
11 月 20 日	32	436
11 月 23 日	41	492
11 月 24 日	37	472
11 月 25 日	36	484
11 月 26 日	20	235
11 月 27 日	32	414
11 月 28 日	200	2569
合计	428	5110

资料来源：《大公报》1914 年 11 月 20 日—11 月 28 日。

经统计，1918 年秋季参加天津青年会征友活动的人数已经达到了 120 人，约占当时活跃会员总数的 79%②。由此，不仅能说明天津青年会的会员们对征集会员运动具有积极性，也从一个侧面证实了青年会在天津正处于蓬勃发展的时期。此后，在他们的推动下，天津青年会历次所征集的会员、会费数量不断提高。到 1927 年，各征友队所征集之总人数达 926 人，

---

①　罗世龙编：《天津中华基督教青年会与近代文明》，第 319—320 页。

②　天津青年会会员统计的规律如下：是活跃会员、教会会员和查经班会员人数的相加。1918 年 10 月三者相加之和为 2180 人，其中活跃会员的人数为 157 人。R S Hall, *The Annual Report*, 1919, 载陈肃等编《美国明尼苏达大学图书馆藏基督教男青年会档案：中国年度报告（1896—1949）》15，第 273 页。

会费则多达 10583 元。1932 年，征集会员的人数有 1410 人，会费则达到 13724 元。①

　　其次，征求会员运动的开展也是天津青年会扭转生存危机的关键条件。1929—1933 年，西方世界爆发了前所未有的经济危机。这场经济危机的中心正是北美协会的所在地——美国。有统计数字表明，1929—1933 年，总计有 10500 家银行破产，占全国的 49%；到 1933 年，总计有 1700 万人加入了失业者的行列②。经济上的重创也使美国的基督教事业蒙受巨大的损失："毫无疑问的是，经济危机期间，美国的宗教经历了一次重要转变。三十年代确实是教会和整个社会非常困难的时期。教会人员减少、预算削减、慈善和传教事业不再、牧师被辞、教堂关闭。"③ 北美协会也在这种不利的局面下做出决定，削减预算，号召中国各地青年会实现自主、自立。赖德烈就指出，到 20 世纪 30 年代初，北美协会对中国青年会几乎没有了支援和资助④。

　　1931 年 9 月 18 日，日本悍然发动了"九·一八"事变，将整个东北变成为自己的殖民地。自 1933 年起，日本又紧锣密鼓地实施侵略华北的计划。日军占据热河之后，沿长城向南迫近，不仅北京、天津面临沦陷，整个中华民族都处于危急关头。战争阴影的笼罩，使青年会在中国的生存和发展面临更为严重的威胁和挑战。首当其冲的就是东北沦陷地区的城市青年会："东北各城市的青年会，早在伪满时期一律关闭。"⑤ 在这个过程中，为各城市青年会服务的外籍干事们也陆续回国，以躲避战争所造成的灾难。

　　为了应对上述不利的局面，中国各城市青年会皆通过更新制度模式，维持生存，原因不言自明："当社会遭遇动荡或激烈变迁之时，诸如政治上的改朝换代、经济危机或重心的转移，道德危机的蔓延等。"此时作为

----

① 《青年会征友昨晚结束》，《大公报》1927 年 12 月 7 日；《点滴》，《大公报》1932 年 12 月 4 日。

② 李纯武等：《简明世界通史》，人民教育出版社 1983 年版，第 528 页。

③ 美国平信徒调查团：《宣教事业平议》，商务印书馆 1934 年版，第 1 页。

④ Kenneth Scott Latourette: *World Service-A History of the Foreign and World Service of the Y. M. C. A of USA and Canada*, p. 289.

⑤ 《谢扶雅晚年基督教思想论集》，基督教文艺出版社 1986 年版，第 189 页。

宗教团体成员的"经济利益以及个人的角色和地位皆受到了威胁，其紧张程度急剧增加，面临不得不作出抉择的命运关头"。倘若旧的模式已经无法满足成员们的需要，他们就开始"探寻新的能够减轻紧张的"制度模式。[①]

有鉴于此，天津青年会也迅速着手推进人员布局的调整。董事以及各部委员长皆由本地人士充任。参见表3-6。

表3-6　　　　　1934年天津青年会董事会成员及各部委员长一览

董事部	雍剑秋（会长）、杨锦魁（副会长）、张伯苓、陈芝琴、卞俶成、金伯平、王晋生 候补董事：宋棐卿、张兰格、关颂坚、张周新、黄作霖、林桂生	
各部委员长	会员部：陈芝琴 德育部：雍剑秋 智育部：陈宝泉 体育部：杨锦魁	少年部：阮渭径 财政部：卞俶成 会所：陈芝琴

资料来源：罗世龙编：《天津中华基督教青年会与近代文明》，第329页。

上述调整的过程和结果，皆比较顺利。这在无形中验证着征求会员运动的成效。正是因为这场运动为天津青年会补充了大量的干事人才，所以当外籍干事逐渐淡出管理层后，天津青年会并没有像周边城市的青年会那样出现干事人才青黄不接的情况[②]。相反，本地干事人的大量涌现，使天津青年会在这种困难的局面下，实现了自救、存续和发展。可以说，征求会员运动不仅使天津青年会发展根基得到进一步巩固，同时在应对生存环境变化等方面，也确有几分实际的效应。

本 章 小 结

总而言之，八国联军侵华战争结束后，天津青年会意在构建地方化的制度模式，以求实现生存根基的巩固。前提和基础就是结合20世纪以后天津社会发展的特色。这一时期，随着租界面积的扩大以及租界和天津老

---

① 戴康生等编：《宗教社会学》，第135页。

② 左芙蓉在对北京青年会的研究中曾经指出："非基运动之后，普林斯顿—北京中心逐渐转移到了燕京大学，使得北京青年会一度出现了高层人才的青黄不接。"左芙蓉：《社会福音、社会服务与社会改造：北京青年会历史研究，1919—1949》，第70页。

城之间边界被打破，天津社会国际化特征日益明显，华洋杂处的现象进一步突出。

有鉴于此，天津青年会首先调整了自身的发展布局，以租界与天津老城共同发展为特征。其次，在人员安排方面，天津青年会确立和坚持了"跨国合作"这一原则。一方面，接受北美协会在人力资源上的支持，强化外籍干事们的领导责任。另一方面，吸纳知识分子和社会精英，使之成为天津青年会会务的主导者。最后，出于扩大资金来源和进行人才更新的需要，天津青年会借鉴了北美协会的某些经验，在城市青年中开展了征求会员运动。

以上举动和措施，无疑令天津青年会成了一个具有国际化特征的宗教团体，并能从地方社会和外部世界两方面获取资源、收获支持。同样的，在发展中所遭遇的"变局"面前，上述举措也使天津青年会拥有了回旋的余地。

第四章

活动空间的拓展：天津
青年会的社会交往

在更新制度模式的同时，天津青年会还力求实现与不同主体的社会交往，拓展活动空间。在这个过程中，天津青年会首先对自身的基督教背景加以利用，成为连接基督教会与社会的桥梁。同时，沟通中、西的优势在天津青年会生存发展的过程中得到充分发挥，这促进了天津各界人士与外籍人士的对话，为本土文化在海外的传播作出了贡献。另外由于天津在近代中国的政治地理版图中具有特殊性，天津青年会还充当了官、民之间联络的纽带，实现了国家—基督教团体—地方社会之间的互动。

第一节　与本地基督教会的对话

自进入中国以来，青年会一直在确立自我身份认同。[①] 其中，"宗教团体"是它的基本属性。

为了明晰这样的身份认同，中国的青年会与基督教会一直保持着较为密切的往来。对此，北美协会与中国的青年会都持有相近的看法。北美协会认为，如果青年会要牢固地植根于东方前进化的基督教运动，它就必须取得传教士的同意与合作，使自己得到栽种与培育[②]。中华基督教青年会全国协会规定，"青年会为教会之产物，故应为教会事业之一部分。凡经当地教会之请求，始得开办青年会"。作为在中华基督教青年会全国协会中任职时间最长的总干事，余日章也在《青年会第一次干事报告会》中指出："青年会非教会之替代，亦非与教会竞争，惟为教会作公仆而已，

---

①　顾子仁：《中华基督教青年会二十五周年》，载中华基督教协进会编《中华基督教会年鉴》6，1921年，第202页。

②　American YMCA National Archives, *International Division*, *China*, *The Young Men's Christian in China*.

其行政、立法之权，皆操之于教友。"①

随着工作的开展，天津青年会也确立了类似的身份定位。在与各基督教会进行联络的基础上，天津青年会也为其与社会大众的沟通创造了条件。在这个过程中，它充分借鉴本地社团在运作上的经验，为之开辟了广阔空间。然而，20 世纪 30 年代以后，随着中、日民族矛盾的激化，带有殖民性质的基督教会进入天津，并同天津青年会形成了竞争的关系。在这个前提下，天津青年会与本地基督教会之间的联系更为紧密，加强了彼此之间的凝聚力，从整体上提高了基督教会在天津的社会地位。

一　促进教会与社会大众之间的沟通

众所周知，天津青年会是应在津各基督教会及其成员之要求创办的："一八九五年（清光绪己未年），北美青年会应本埠各西教士之要求，派委来会理君来华，调查青年情形，相机创建青年会事业。"② 但是，该会在创建时，由于对天津社会的状况一无所知，无法像那些在此已经成立多年的基督教会那样，依靠过去的业绩以及直接传教的方式在社会上立足。因此，它需要通过与本地及周边地区基督教会合作获得生存与发展所需要的资源和条件。方式就是为基督教会与社会大众的沟通创造条件。

为此，天津青年会时常邀集基督教会和教会学校的代表到会所讲演，并在报刊媒体中为其宣传造势：

> 法界青年会定于本月二十四、五日聚会演说。是二日午后三点半钟，又晚八点，分期聚集。演说者为通州书院总教习卫楼谢君、本埠新学书院总教习立德赫［赫立德］君。又瑞君、路君等闻已预定章程，于官商学生办公时刻均无妨碍，并备有肴馔茶点款客云③。

在讲演环节的设置上，天津青年会也有一番精细的考量：

---

① 顾子仁：《中华基督教青年会二十五周年》，中华基督教协进会编：《中华基督教会年鉴》6，1921 年，第 196 页。

② 曷民：《何谓基督教青年会》，《青年进步》（第四十一册），1921 年 3 月。

③ 《青年会期》，《大公报》1902 年 10 月 23 日。

顷闻法界青年会定于今明晚开特别谈经演说大会，该会由京、通、保定延及中西大演说家至会，发明经中之要道，并射照电影以助余兴。想届时赴会者，必济济盈座云①。

其中，"发明经中之要道"一句的内涵十分明显，就是阐述宗教思想的现实意义，扫除其进入社会大众视野的障碍。毕竟，崇尚实用理性，在中国民众的宗教意识中还是占据着较为突出的地位。人们之所以乐于参与宗教活动，与宗教团体进行接触，目的是满足趋利避害的心理需要，保障日常生活的平安与顺遂。从这个意义上看，各基督教会及其代表的讲演，虽然需要阐明的是基督教思想的要义，更需同时代的主题紧密相连，表明各自存在的价值和未来在天津乃至中国的发展前景，方能解除身处都市社会高压的人们在现实生活中的迷茫和焦虑。

然而，长期以来，它们主要是通过著书立说、在教堂内讲经传道等方式，向基督徒群体以及社会大众阐释《圣经》中所倡导的观念、精神。这在无形中造成了彼此之间的隔阂。天津青年会就力图打破这种隔阂，为各基督教会的宗教思想传播提供宽广的空间：将传统意义上颇为"神秘"的基督教思想，转变成为易于被社会大众所理解的公共知识。在讲演的形式上，天津青年会也进行了创新和尝试，借鉴了电影等视觉文化手段，使之具有引人入胜的效果。自此，借天津青年会之力，基督教会得以从现实社会中汲取养分，与社会大众的沟通也变得顺畅。

同时，为了密切天津青年会与各基督教会之间的互动往来，天津青年会还积极介入它们的活动场域，向社会大众公开宣传、推广它们的精神理念。1910 年 11 月 20 日，位于仓门口教堂的中国基督教会成立。《天津青年会报》对成立大会的盛况，进行了深入、细致的报道，据记者描述：

堂装潢如式，上悬匾额一方，大书中国基督教会，并华人自立字样，外表内容皆有可观，各会中西男女教友联翩踵至，堂为之满。②

对于中国基督教会所提倡的宗教救国理念，天津青年会大为赞赏，并

---

① 《谈经有期》，《大公报》1906 年 7 月 26 日。
② 《天津青年会报》第 9 卷第 27 册。

在《天津青年会报》上广为宣传："本会之立，爰以广播真理、道义，成国民之资格，以为立宪前途之津梁"；"察各国教育，神学至为高尚之科，倘真实，宗教蕴蓄人心，诸务必皆整饬，是宜人人研究，以得真理教育，作新国民之精神"。① 之所以如此，不仅是由于天津青年会认可中国基督教会的宗教思想，更因二者在人员方面存在着交流与互通。中国基督教会的董事会成员，多为天津青年会的董事和干事。张伯苓、王厚斋、刘善庭、曾洞忱、张葛孙、仲子凤、宋愚溪就是其中代表。是故，对于中国基督教会，天津青年会也显现出支持与扶助之意，并希望借助《天津青年会报》，使二者形成合力，共同提高在社会大众中的影响力。

除此之外，天津青年会还乐于以团体和成员个人的身份，参与由各基督教会及其成员组织的松散联盟。上述方针之所以可行，基于天津青年会与各基督教会在目标归属上具有一致性。它们创办的目的，始于向社会大众传播基督教的需要。这无疑为彼此之间的联合奠定了基础。同时，"基督教团体"这一身份也能够对合作起到激励和导向的作用。在进行交流、互通的过程中，天津青年会和各基督教会能够在某种程度上放弃基于神学原则的高张力关系，并具有较高程度的开放性与独立性。这使它们在处理同地方社会的关系时，能够摆脱片面的对教派归属的限制，从广义上贯彻基督教的爱与公义。

1917 年夏秋之际，华北地区遭遇特大洪水的侵袭。从 7 月 20 日起，受夏季台风的影响，海河流域连续数日普降大到暴雨，直隶境内各主要河流因降水过多而纷纷暴涨，雨量惊人。据不完全统计，海河流域的 70 条河流先后决口，所有 600 年来所筑堤坝全被冲毁。② 有鉴于此，天津各基督教团体组织了天津基督教水灾赈济会：

> 　　基督教七公教会联合会为天津水灾难民甚多，亟宜拯救，于昨日下午四钟假东马路青年会开会，组织天津水灾赈济会，筹备赈抚。当经公推王厚斋为会正，公推青年会总干事郝瑞满为英文书记，公推南开教员徐汇川为汉文书记。③

---

① 《天津青年会报》第 9 卷第 28 册。

② 刘宏：《外国人对 1917 年天津水灾的救援》，《民国春秋》2001 年第 6 期。

③ 《基督教筹赈水灾》，《大公报》1917 年 10 月 17 日。

天津基督教水灾赈济会不仅将天津青年会的会所作为活动举办地，更将总事务所设在这里，以便组织和领导赈灾的各项事宜。天津基督教水灾赈济会中的许多成员和领导者更是来自天津青年会，如会正王厚斋，中、英文书记徐汇川、郝瑞满等。在天津水灾赈济会运行的过程中，天津青年会与本地其他基督教团体增进了相互的信任，实现了紧密的联合，取得了多方共赢的效应。经历了这场水灾赈济，天津青年会和本地其他基督教团体共同树立了惠及社会大众的形象。

二 合作形式的创新：基于性别分工的对话

随着时间的推移，天津青年会也在探索不同的形式，与各基督教会进行深度对话。在这个过程中，它借鉴了部分本地社团的发展模式。20 世纪 10 年代末、20 年代初，是现代社团在天津发展的一个高峰期。据学者统计，天津的"进步社团多达几十个，进步的学生社团也有十几个"。[①]天津学生联合会、天津女界爱国同志会、天津学生报界联合会、觉悟社、天津女星社都是当时活跃在天津的重要社团。本着"'革心'、'革新'的精神，以'自觉'、'自决'为宗旨"[②] 的觉悟社，就是其中代表。觉悟社在组建之初，基于男女平等精神的合作就展开了。在该社社员当中，男女比例为 1：1。10 名男社员中有 7 人是南开中学或南开大学的学生，包括周恩来、马骏、李震瀛、潘世纶、薛撼岳等，另外 3 人分别是高等工业学校的谌志笃、第一师范的关锡斌和北洋大学的谌小岑。10 位女社员皆来自直隶第一女子师范学校，有李毅韬、郭隆真、邓颖超、张若名、郑岩、张嗣婧等人。

由于这种合作促成了性别之间的对话，对于改善社会歧视女性的风气、挑战不平等的社会性别制度有所助益，加之该社与天津青年会存在着某种特殊渊源（关锡斌原本就是天津青年会的干事），因而天津青年会在处理与各基督教会间的关系时也有针对性地借鉴了上述形式。天津青年会与天津中华基督教女青年会（以下简称天津女青年会）之间的联合就体现了这一点。

---

① 作者按：此结论是通过查阅《大公报》、《益世报》、《民国日报》、《晨报》等知名报刊统计得出。

② 《"觉悟"的宣言》，《觉悟》第 1 期，1920 年 1 月 10 日。

　　天津女青年会成立于 1913 年。自成立以来，该会建立了完整的组织机构，以便推广各项事业：董事部全盘负责各项会务，下设执行部和各部委办，主要有宿舍部、服务部、少女部、职工部、会员部、经济部、教育部、宗教部、学生部等①。随着组织结构的日益完善，天津女青年会为满足事业拓展的需要，也力图同天津青年会进行联络和交往：

　　　　男女青年会的合作成绩颇为可观。在那大部分由男青年会所发起的儿童幸福运动家庭救济事业，拒毒卫生运动、禁酒运动、模范村运动以及齐家运动的工作，两会的合作成绩，尤为令人满意。②

　　对于这一切，天津青年会虽未专门出台政策予以回应，但依旧用实际行动接纳女青年会：不仅传授某些经验，而且还在社会资源等方面加以辅助。这一点，首先是基于基督教伦理中的性别关怀。虽然针对不同时期的社会性别观念、性别制度、性别文化，"无论是基督还是早期的基督徒都没有倡导过彻底的革命"；但是基督教在传播的过程中"一直赋予妇女以尊严、自由以及权利"③。同时，天津青年会和天津女青年会成员之间的社会网络也在发挥着重要的作用。翻阅天津女青年会的成员名录便可以发现，该会管理人员主要是由本地妇女领袖和天津青年会成员的家眷组成。前者原本就是天津青年会积极争取的对象，后者则能通过家庭、亲友的关系对天津青年会的社会活动加以支持。

　　有鉴于此，二者之间的相互配合，从某种意义上成为天津青年会成功开展社会服务工作的关键。1927 年，天津青年会与天津女青年会联合举办了节俭运动。该运动发起的目的在于"唤醒社会世人，以挽奢风而励末俗"④：

　　　　每日下午展览室内陈列关于节俭之图书及格言，晚间开演说会，

---

　　① 《本会组织》，《天津基督教女青年会会务季刊》，1930 年 12 月。

　　② 《中华基督教女青年会史》，出版年、出版地不详，第 96 页。

　　③ ［美］阿尔文·J. 施密特著：《基督教对文明的影响》，汪晓丹、赵巍译，上海人民出版社 2013 年版，第 94 页。

　　④ 《青年会之节俭运动》，《大公报》1926 年 3 月 27 日。

并有各种游艺助兴。此外，并印有《节俭特刊》及《节俭》小传单，在演讲时分发。此会共举行七次。到会者四千八百余人。①

在运动中，天津青年会不仅继续对天津女青年会的各项工作加以引导和支持，还鼓励天津女青年会的成员以独立、个人的身份加入宣教的行列，意在彰显天津女青年会的主体性。比如在运动进行期间，天津青年会和天津女青年会的干事们就分别发表了演讲：

> 青年会特请讲演人另将演词编就，印成格言本数千，单片七千散送。此系过去办法，更请同人善筹方法云云。次由女青年会张文忠女士等相继发言讨论，各有见地，旋以时间关系，由宋君分组讨论……结果：演讲股议定三月一日起讲。兹录讲题人名如下：一日，《节俭与品行之关系》，徐大夫。二日，《实行节俭之障碍》，王见心。三日，《时间之经济》，张锡鸿。四日，《婚丧寿事》刘雁宾。五日，《生财与用财之道》张象东。六日，《恶嗜好之损失》杨寿忱。七日，《保寿与储蓄》，施念远。②

由演讲的题目和内容可以看出：天津青年会的成员更倾向于公共知识的输出，确立启蒙者和现代人的双重身份。天津女青年会的成员则希望分享她们对运动的感受，道出其意愿配合运动的决心，和与会人士取得精神和情感上的共鸣。这便显现出因性别差异而造成的权力分工的不同。

尽管如此，天津女青年会的成员对天津青年会的认可度还是有所提高。她们之中的一些人加入了天津青年会，并兼具双重身份。黎元洪之女黎绍芬正是其中之一。黎绍芬毕业于南开大学，1923 年赴美留学。归国后，即加入天津基督教女青年会，并在该会职工部担任委办长。③ 与此同时，她还是天津青年会的活跃成员，并积极参与天津青年会组织的各项活动。1930 年，为了赈济西北灾民，天津青年会成立了西北筹赈会，黎绍

---

① 《一年来青年会之事工》，《大公报》1927 年 2 月 8 日。

② 《纪青年会节俭运动筹备会》，《大公报》1927 年 2 月 26 日。

③ 侯杰、姜海龙：《百年家族：黎元洪》，河北教育出版社 2006 年版，第 294—295 页；《本会组织》，《天津基督教女青年会会务季刊》，1930 年 12 月。

芬担任了该会的监察一职。① 1932 年，为了支援抗日救亡运动，黎绍芬还和张伯苓、雍剑秋、卞白眉等人一道呼吁废止内战，支援抗日军队。②

三　中日民族矛盾背景下的抗争与联合

进入 20 世纪 30 年代，中、日之间的民族矛盾渐渐成为中国社会的主要矛盾。这使青年会以及各基督教会在天津的生存处境有所恶化。"七七"事变以后，"日本基督教原有的教团组织也随着日本的侵略军来到华北，开始是管理侨居的日本教徒，后来日本军国主义者看到英美在中国利用基督教会控制教徒的手法有利于推行其侵略政策，便也想染指中国教会"③。于是，在华北地区建立基督教团体的计划已在日本军国主义者的酝酿之中。此后，日本军国主义者曾一度在北京成立华北基督教团，并在天津成立了该团的两个分会：一为华北基督教团天津分会；一为华北基督教团津海道分会。上述两会在活动的时候，还一度征用天津青年会的会所，为的就是挤压该会在天津的生存空间④。

有鉴于此，天津青年会秉承中华基督教青年会全国协会的意旨，"维持最低限度之人员，并就情形所许，维持必要的事工"⑤，战略性地放弃了东马路会所，将活动中心转移到了法租界。为了维持会务，寻求基督教会的庇护，天津青年会回归了初创时期的人员任命政策，邀请天津基督教会的代表出任该会的重要职务。其中卫理公会的牧师、美国人狄克逊担任了副总干事一职。⑥

以法租界巴黎道的会所为中心，天津青年会发起和参与了一系列救助灾民、难民的活动。这个过程，离不开各基督教会的支持与配合。1938年，京津地区与河北省又遭天灾，身处沦陷区的天津人民饱受天灾人祸的

---

① 《青年会西北筹赈会扩大组织改委员制》，《大公报》1930 年 2 月 13 日。

② 《废战同盟分会昨开常会》，《大公报》1932 年 11 月 3 日。

③ 霍培修：《沦陷时期的华北基督教团》，载中国人民政治协商会议天津市委员会文史资料研究委员会编《天津文史资料选辑》21，第 164 页。

④ 同上书，第 168 页。

⑤ 杨肖彭：《北美协会与天津基督教青年会》，载中国人民政治协商会议天津市委员会文史资料研究委员会编《天津文史资料选辑》21，第 140 页。

⑥ 乔维熊：《我对天津青年会的认识》，载罗世龙编《天津中华基督教青年会与近代文明》，第 336 页。

侵扰，流离失所。为了应对上述紧张的形势，天津青年会、天津女青年会联合天津各基督教会，成立了"中华基督教协进会救灾会天津区分会"。

该会的组织、执行权力，由天津青年会与天津女青年会的骨干成员分享。其中，天津青年会少年部主任杨肖彭任总务组主席，天津女青年会总干事郑汝铨、天津女青年会平民服务部兼会员部干事陈善祥、天津青年会副总干事狄克逊为组员。为了与日本侵略者进行周旋，不让其干扰"中华基督教协进会救灾会天津区分会"正常会务，该会还吸收了当时滞留在津的各基督教会的成员，如公理会牧师霍培修、卫理公会牧师李瑞禾等。

在施赈活动进行的过程当中，天津青年会、女青年会以及各基督教会的分工较为明确。其中，天津市区主要由天津青年会和天津女青年会负责，总计募集善款 15000 元；周边各县由公理会、卫理公会等基督教会负责，共征集款项达 41000 元。在上述基督教团体的共同努力和支持下，"中华基督教协进会救灾会天津区分会"的工作取得了明显的进展。赈济的区域除天津城区之外尚包括天主教天津教区下辖的十余个县，所施放的赈款总计达 56000 元。仅卫理公会就捐赠 5000 元。[①]

在此次赈济活动中，包括天津青年会在内的天津各基督教团体都以行动表达了服务社会、荣神益人的理念。足见，抗战的洗礼，不仅对天津青年会和各基督教会于地方社会重塑自我形象大为有益，更使它们彼此之间增进了解，强化了友谊和信任。

第二节　促进中、西人士的交往

随着天津社会的日益开放，来津西方人数量也持续增多。鉴于上述情况，天津青年会发挥立足本地、面向海外的优势，搭建了沟通中、西人士的桥梁。在这个过程中，天津青年会的干事们对推动青年会全球化的使命，有了更为深刻的理解。他们一方面继续同西方人士特别是青年会国际干事们进行深入交流，以便为会务发展提供支持；另一方面也创造机遇，让会员们涉足国际交往。

---

① 郑汝铨：《体现基督教青年会宗旨的两次赈济工作》，载罗世龙编《天津中华基督教青年会与近代文明》，第 366—370 页。

一　联络来津的中、西人士

众所周知，天津青年会的创建不仅依靠国际青年会组织（北美协会）和本地教会，也离不开在津外籍人士的努力。曾任怡和洋行经理的穆德·卡森斯曾为创建之初的天津青年会提供过颇多支持。正因如此，天津青年会在服务地方社会的过程中，也同来津西方人士建立了联络。邀请在本地生活、工作的西方人士参与活动，就成为天津青年会与之交往的手段之一。

纵览在天津青年会成立之后的相关媒体报道可以发现，它们都反复提及这样的讯息："天津中国青年会拟于西九月三十号晚八点钟聚会，各会员、会友已发帖敦请旅津各中西人士"；"法界中国青年会已于九月二十九号晚大开茶会，莅会者计中国会友及官商与闺媛二百余人，寓津西人、士女数十人"；"天津青年会于昨晚七点半钟假英国工部局戈登堂中举行第八次大年会，帖请中外官绅约五六百位云"。①

中、外人士云集的场面，是天津青年会举办活动时的常态。外籍人士之所以涉足天津青年会的活动，出于以下原因：天津青年会具有沟通中、西的特点，能够帮助这些外籍人士了解世界以及中国发展、变化的趋势，以便作为日后从事社会实践的参考。同样的，他们对天津青年会各项活动的涉足，则为同本地人士相互接触提供空间。在没有地缘和业缘垄断的情况下，从前无法找到门径的西方人士也可以在一个相对中立和公平的平台上，求得自身的利益。

由此，他们愈加乐于出席天津青年会所举办的仪式和活动，并在其中有所贡献："顷闻法界中国青年会定于今晚开第十次秋季盛会，至会演说者为中外著名官绅，所演之题即《近来商学界之进步及立宪之宗旨》。届时，拟请英国军乐队并西乐师独奏风琴以助余兴。想来会听演者，当履舄交错云。"② 天津青年会沟通中、西人士的功能有所显现。

每逢天津青年会举办活动，在华西方人士所创办的报刊媒体，也会对

---

① 《译件》，《大公报》1902 年 9 月 22 日；《译件》，《大公报》1922 年 10 月 14 日；《举行大会》，《大公报》1904 年 4 月 13 日。

② 《秋季盛会》，《大公报》1906 年 9 月 25 日。

之进行报道。清末新政期间，虽然美国监理会传教士林乐知①所创办的《万国公报》远在上海，它依旧派记者深入现场，呈现天津青年会演说的相关情况：

> 况且世运所趋，西人之相逼而来者，非人力所能阻拒，非国法所能把持。铁路、开矿诸利，华人不自取，甘心弃之，又何怪西人之群起而夺其利乎……诸新政者一落西人之手，吾恐我华今日停滞不前之病，无补救之法。②

对于《万国公报》而言，介入天津青年会的活动无疑为之提供了审视中、西文明的双重视角。因为该报的编辑、记者群体同样是中、西人士云集。在媒体实践中，他们早已能够熟练地运用双语，融合两种文化习惯和思维模式。比如该报的创办人林乐知甚至能够自由地游走于中、西文化之间，具有"文化复性"③。

"文化复性"一词，最早由黄宗智所提出，指在中西文化交往中某些处于前沿的人物所具有的属性，即熟练运用双语、穿梭于两种不同文化、拥有两种思考方式和生活习惯的人。他所关注的个案是早期的改良主义者王韬。之后，梁元生将这一概念运用到了对上海华人基督徒群体的研究。由此可见，所谓"文化复性"应当是参与中、外交往之人所共同拥有的。这也凸显出近代中、外文化交流具有双向互动的特色。是故，对于《万国公报》的编辑、记者而言，他们既希望令中国的政治实现鼎旧革新，使之以积极的姿态融入世界；又试图用自身所掌握西方文化成为促进中国社会变革的动力。

这恐怕也是很多社会人士特别西方人介入天津青年会所要达到的目标。具有传教士、教育家和外交家等多重身份的司徒雷登之所以同天津青年会加以联络，动因也在于此。司徒雷登出生于中国，11 岁回到美国。在弗吉尼亚州的哈姆普顿—悉尼学院就读期间，他便加入了青年会组织，

---

① 林乐知（1836—1901）：生于美国佐治亚州，监理会传教士，著名宗教翻译家、教育家。

② 《天津青年会演说》，《万国公报》1902 年总第 160 期。

③ Philip C. C. Huang, "Biculturality in Modern China and in Chinese Studies", *Modern China* 26. no1, pp. 3—31；转引自梁元生《晚清上海：一个城市的历史记忆》，第 136 页。

并曾赴马萨诸塞州参加青年会北美协会举办的暑期《圣经》会议。对于此次会议，司徒雷登曾发表过这样的感想："我感到人们在那些会上对宗教信念所表现出的不屈不挠和为之献身的精神，给我以莫大的触动……耶稣成了青年们崇拜的偶像和理想，而不仅仅被当作是神学的体现者了。"① 正是在这种信念的支撑之下，他在 1904 年通过参加"学生赴海外志愿传教运动"回到中国。1919 年，他参与了燕京大学的创建。

在担任燕京大学校长期间，司徒雷登多次造访天津青年会，并以《基督徒受教育者之使命》为题发表演说②，历数基督教在改造中国、重建中国人心灵中所起到的作用。他所服务的燕京大学也对天津青年会的发展，贡献颇多：自 20 世纪 30 年代以来，燕京大学为天津青年会输送了多位干事人才。1943 年起担任天津青年会总干事的杨肖彭、曾任天津青年会学生部主任的谢纪恩等人，都是燕京大学毕业生。在抗战结束之后的1946 年，时任美国驻华大使的司徒雷登再次造访天津，参加张伯苓的 70寿诞。在此之前，燕京大学天津校友会也在天津青年会为其举办欢迎仪式。在仪式上，司徒雷登对服务于天津青年会的校友们加以高度赞誉，"并对复校、人事及校友组织三事详述愿望"③。

二　密切本地会员与国际干事的往来

值得注意的是，在联络中、西人士的过程中，天津青年会特别重视本地会员与青年会国际干事之间的交往。先决条件就是青年会国际干事的空间移动。因为 19 世纪末 20 世纪初是一个政治、经济、社会、文化大变革的时代，"以西方为中心"的传统观念正在逐步被打破。全球范围内人员与信息的交流也愈加迅捷和便利。"基督教由西方宗教发展为影响遍及全球的世界性宗教。"④ 在这个背景下，青年会的国际干事也通过空间移动，往来于世界各地，将西方青年会的理念、精神以及发展经验加以输出。穆

---

① ［美］司徒雷登：《在华五十年：司徒雷登回忆录》，程宗家译，北京出版社 1982 年版，第 20—21 页。

② 《青年会大会续志》，《大公报》1920 年 4 月 3 日；《青年会消息》，《大公报》1926 年 4月 17 日。

③ 《津沽简讯》，《大公报》1946 年 6 月 3 日。

④ 王美秀、段琦等：《基督教史》，第 320 页。

德就是其中之一。

在天津青年会成立之初，穆德就时常往来于天津，并与天津青年会的会员们结下了深厚的情谊。之所以如此，实因他在世界青年会历史上的地位，足以与青年会的创始人乔治·威廉相比肩。穆德于 1865 年出生于一个农场主之家。大学时代，他就开始参与青年会的各项活动，如主领青年会周会，用基督教精神感化社会不同人群等。同时，他还致力于借助青年会的力量，令基督教传播到世界各国家和地区：不仅担任"学生志愿海外传教运动"执行委员会的首任主席，还进行各种知识储备，以适应宗教传播的需要："第一年，他修读了必要的古典课程：如拉丁语、法语、德语、古代史和英国史"，"除了修读宗教改革和殖民时期的美国历史等课程外，还选修了心理学、教育学以及化学课"。[①]

1895 年，穆德就任"世界基督教学生同盟"的总干事。在此期间，他时常往来于中国和亚洲进行讲演，推动青年会在上述地区的发展。作为中国最早的城市青年会，天津青年会也多次接待前来访问的穆德，以此密切同国际青年会组织特别是北美协会的联络。

大体而言，穆德来津主要意义有三：一是向天津输出青年会在世界各国发展之经验："美国穆德先生由本埠普通学堂校长格林先生介绍演说，昨日下午四点半钟在河北公园开会。穆君演说其身历寰［球］及考察寰球大学堂之事，洋洋洒洒，历数时之久。"[②] 二是见证了天津青年会历史发展的重要时刻。比如在全国青年会第八次大会上，穆德就全程参与并做主题发言。三是对天津青年会的发展提出建设性的意见。1922 年，借"世界基督教学生同盟"在清华大学召开年会之际，穆德造访天津。对青年会在天津的发展状况，他持有乐观的态度："青年会有帮助青年完全人格之能力，使人之身心灵联络互长。昔有意大利人外表似极讲礼仪者，而内容则作恶事，品行不端。此种人类在社会为盗贼，亦即国家之大患也。余初次来华时，天津地方人氏仅有五十万，现在已加增三倍，将来或增至三百万，而全数中以青年居其多数。余望此多数青年均有青年会之帮助，

---

① C. H. Hopkins, *John R. Mott*, Michigan: William B. Eerdmans Publishes Company, 1979, pp. 33, 36.

② 《演说学务会纪事》，《大公报》1907 年 3 月 6 日。

能得胜利。"① 由此足见，天津青年会的本地会员在与穆德的交往中不仅
得到了促进会务发展的宝贵经验，更收获了信心和精神力量。

继穆德之后，天津青年会的会员与负责北美协会亚洲事务的艾迪之间
的交往，同样值得关注。艾迪于 1871 年出生于堪萨斯州，中学毕业后进
入耶鲁大学。大学毕业之后，艾迪便加入纽约青年会成为干事。1896 年，
他作为一名传教士来到印度。1907 年，他曾凭借印度基督教代表的身份
赴日本参加"世界基督教学生同盟"大会，借此结识了一些华人基督徒。
此后，他接受中国各地青年会的邀请，来华演讲。其次数之多、影响之大
是前所未有的：

> 这演讲前后历时 28 年，自 1907 年到 1935 年②。每次听讲的人数
> 自数百人到数千人。演讲和开会的时间，常持续至数小时之久。我们
> 也曾见历任的大总统、各省的当局和著名的军人领袖，如冯玉祥、张
> 学良，与他们作倾心的谈话。③

从 1913 年到 1947 年，他也曾多次应天津青年会之邀，在各种场合发
表演讲。大致情况如表 4 - 1 所示。

表 4 - 1　　　　　　　　　艾迪赴津讲演情况一览

时间	地点	主题
1913 年 2 月 21 日	青年会东马路会所	青年会在世界的发展
1913 年 2 月 22 日	广东会馆	青年会与国家转机之关系
1913 年 2 月 23 日	广东会馆	民国之急务
1914 年 9 月 11 日	青年会东马路会所	中国急迫之现状
1914 年 9 月 12 日	青年会东马路会所	现在中国当求何项目
1914 年 9 月 13 日	青年会东马路会所	中国将来之大盼望
1918 年 5 月 28 日	青年会东马路会所	欧战实况
1922 年 10 月 12 日	青年会东马路会所	教会之□性的旨趣

---

① 《欢迎穆博士志盛》，《大公报》1920 年 4 月 17 日。

② 笔者按：此处之统计数据尚待商榷。抗战结束后，艾迪尚来津做短暂停留，并发表讲
演。

③ ［美］艾迪：《艾迪博士自述》，第 9 页。

续表

时间	地点	主题
1922 年 10 月 13 日	青年会东马路会所	欧美教会之新运动
1922 年 10 月 13 日	天津商会	实业救国
1922 年 10 月 14 日	青年会东马路会所	恶性生活之障碍
1922 年 10 月 14 日	南开中学	世界之大局
1922 年 10 月 16 日	安徽会馆	世界现状与中国之关系
1922 年 10 月 17 日	安徽会馆	中国唯一之希望
1931 年 10 月 7 日	法商学院	世界大势与中国之关系
1931 年 10 月 10 日	青年会东马路会所	中国之危机
1934 年 9 月 19 日	西湖饭店	中国与世界之危机
1948 年 10 月 19 日	滨江道维斯理堂	建设新中国

资料来源：《大公报》1913—1947 年；《益世报》1922 年 10 月 14 日。

　　由表 4－1 可见，艾迪来津的次数总计 7 次，发表演说共达 18 场，议题涉及青年会乃至基督教在世界的发展、宗教救国之策、用宗教培育中国人完善的人格、世界局势及其与中国的关系等多个方面。足见，由于拥有在中国以及亚洲其他国家服务的经验，艾迪向天津青年会以及天津社会各界人士所提出的意见或建议比较贴合近代天津乃至中国社会发展的实际。一直以来，救亡图存都是青年会在华传播、扩展的过程中难以回避的问题。作为北美协会的干事，艾迪也始终怀揣着"用基督教改变中国"的目标。但是，国内外局势的恶化，特别是 20 世纪 30 年代以后日本对中国所带来的战争威胁，使之认识到上述目标的实现不能一蹴而就。

　　故为了增强青年会的理念、精神对天津青年会成员们的说服力，他往往结合国际、国内形势，"以救亡图存的方式重新阐释基督教启示"[①]，并呼吁天津青年会的会员们大胆合作。因为在他看来："在这许多年中，中国各地听众所关心的一个问题是'基督能够救中国吗？'二十年前，我用以引起中国听众之思想的，便是新的五色国旗，以及新的爱国精神了。我以国旗中的五色，来象征新共和国的五种需要，那是我所大声疾呼的，是国家的统一，人民的爱国心，社会服务，道德上的热忱，和宗教的实在等。在民国成立的初年间，中国人中间确有过热忱和新的爱国精神。"[②]

---

　　① ［美］邢军：《革命之火的洗礼：美国社会福音与中国基督教青年会（1919—1937）》，第 50 页。

　　② ［美］艾迪：《艾迪博士自述》，第 86 页。

正是因为艾迪在与天津青年会的交往中表露出了上述态度，所以他每次赴津演讲，都能得到天津青年会会员们的热烈欢迎和积极配合："南开中学于日前约请美国实业家艾迪卜禄博士，假大礼堂讲演，听讲学生约两千余人。由该校校长张伯苓主席，燕阳初①口译。"② 同时，他们还借助公共舆论空间，为艾迪树碑作传。1934 年，时任天津青年会总干事的陈锡三发表于《大公报》上的《介绍艾迪博士》正是其中之一：

> 古代有三个大不朽的事功，就是"立德、立功、立言"。但是这三样往往不能一人兼而有之。具有其中的一种，已是历史上不可多观的人物。然而艾迪博士在立德方面是一个虔诚的改革的新宗教家。他不尚空谈，他有了理想，便躬身实践的做去。这是何等高尚的道德！在立功方面，他一生奔走，服务人类。他没有国界，没有民族界，所以他的踪迹，除西方各国而外，时常来到远东。他在印度自称是印度人，他在中国自称是中国人。他要使全世界达到平等自由和平大同的目的，这又是何等伟大的功业！
>
> 艾迪博士游行全世界，实际上是以世界为家的，与其称艾迪为美国人，毋宁称艾迪为世界的人物。艾迪非政治家而为宗教家，其思想与见地则兼政治家、宗教家之所长。政治家往往采损人利己之手段，宗教家又多抱主观排异之成见。艾迪博士则不用手段，不抱成见，只根据其研究调查，发为言论，见诸文章。故其效力之大，影响之遍，迥非他人所及。③

陈锡三之所以对艾迪服务世界之贡献大加赞颂，不仅彰显了他"天津青年会总干事"这一主体身份，更体现出天津青年会的本地成员们对"服务世界的青年会"与"植根地方的青年会"之关系的认识有了提升和飞跃。首先，正是因为青年会具有服务世界的诚意和决心，所以它才能突破其发源地的藩篱，在天津落地生根。其次，天津青年会服务社会、造福人群的宗旨既源于基督教文明，又发端于中国文化。同时，它还是"服

---

① 即晏阳初。

② 《艾迪博士讲演记》，《益世报》1922 年 10 月 14 日。

③ 陈锡三：《介绍艾迪博士》，《大公报》1934 年 9 月 14 日。

务世界的青年会"与"植根地方的青年会"交流和互动之结果。最后，虽然青年会干事是有国界的，但是青年会是无国界的。因而，无论是天津青年会的成员，还是国际青年会干事，都应当通过熟悉彼此达成默契，使"全世界达到平等自由和平大同的目的"。

这种认识的产生，无疑得益于本地成员同青年会国际干事的交往：一方面，他们的国际视野得到了充分的扩展，在确定发展目标时能够既立足于本土，又放眼世界。另一方面，本地成员对青年会精神意涵的了解也在这一过程中有所深入，促使他们在工作中得以承袭和借鉴国际青年会组织所具有的经验。

三 对西方世界的涉足

是故，在促进本地成员与青年会国际干事交流的同时，天津青年会还创造机遇，踏足西方世界，密切同国际青年会组织的往来。1936 年 8 月 13 日，天津青年会组织赴美旅行团，参观地点包括："美国之西雅图、托口马、美国西北大公园、圣保罗、支加哥、抵托、拉哥拉城、纽约、费城、华盛顿、好莱坞、旧金山、檀香山等三十余处。"[1] 在近距离接触美国文化的同时，该会成员还造访了北美协会各分会。这不仅可以向国际社会展现天津青年会的发展成就，还可以为该会争取来自国际社会的支持。比如在北美协会各分会的努力下，曾任天津青年会总干事的陈锡三、杨肖彭，得以赴加拿大和美国留学。[2]

由于天津青年会部分成员具有留学生的主体身份，他们在促进文明对话的过程中发挥了举足轻重的作用。南开青年会的重要创办者张彭春[3]正是其中代表。首先，留学美国的经历，使之能够跨越传统文化走入西方世界，并成为向本地社会输入西方文明的重要力量。文明新剧在天津乃至中国的传播与发展，就离不开他的努力。1914 年，时任天津青年会会正的

---

① 《青年会赴美旅行团》，《大公报》1936 年 2 月 19 日。

② 杨肖彭：《北美协会与天津基督教青年会》，载《天津文史资料选辑》21，第 136 页。

③ 张彭春（1892—1957），中国教育家、早期话剧（新剧）活动家、导演。字仲述，1892 年生于天津。1908 年毕业于南开学校。1910 年去美国哥伦比亚大学学习教育学、哲学，同时刻苦钻研戏剧理论和编导艺术。1916 年回到天津，协助其兄著名教育家张伯苓主持南开中学，并任南开大学教授，同时兼任南开新剧团副团长。抗日战争期间，从事外交工作。后移居美国。

张伯苓在其所服务的南开学校创立了新剧团，是为中国北方最早的学生新剧团之一。张彭春赴美留学回国后，被推选为南开新剧团第一任副团长。他在协助张伯苓主持南开学校校务的同时，编译众多名剧，并自任导演，使南开新剧团在中国北方的新剧界颇负盛名①。

同时，对于传统文化，张彭春也怀有一定的感情，并力图将其介绍到海外。20 世纪 30 年代，他曾相继担任梅兰芳剧团赴美、苏演出的总导演，向世界弘扬了中国的传统戏剧。在保留传统戏剧精髓的基础上，他采取了改写戏曲剧本、减少纯交代性场次、废除检场等改革措施，使梅兰芳的演出大受欢迎："梅兰芳的戏剧演出和服装展示真是精美优雅，可爱绝伦，美妙得犹如中国古老的花瓶和刺绣的帷幔，这是一次接触，与一种在数世纪中不可思议地圆熟起来的文化相碰撞的接触。"②

此外，凭借对语言的掌握，加之对西方世界的了解，张彭春不仅多次参与官方或民间的外交活动，也力图为中国人争取应有的权益。1921 年，他曾作为中国代表团的成员，同余日章等人共同赴美出席华盛顿会议。其间，他与天津各社会团体及其代表有着密切的联系，并将天津社会各界的呼声反映给了中国代表团③。抗战期间，张彭春接受国民政府之邀，参与外交实践。在美国华盛顿的时候，他组织了"不参加日本侵略委员会"，游说美国国会通过"对日经济制裁"案。此后，他又担任联合国社会经济理事会中国常任代表兼人权委员会副会长，成为参与起草《世界人权宣言》的第一个中国人。

第三节　搭建政治势力与民间对话的平台

除了利用形式多样社会交往，发挥沟通中、西人士的作用外，天津青年会还力图搭建政治势力与民间对话的平台。条件则是基于青年会在主体身份和行动模式上的特殊性：首先，和其他在华的基督教团体一样，青年

---

① 崔国良等编：《南开话剧运动史料（1902—1922）》，南开大学出版社 1993 年版，第 17 页。

② A. C. Scott, *Mei-Lanfang*, *Leader of the Pear Garden*, Hong Kong University Press, 1959, p. 3.

③ 《鲁案运动之昨讯》，《大公报》1921 年 12 月 24 日。

会受到了治外法权的保护，官与民之间的矛盾需要其以中间人的身份加以调和。其次，北方政府甚至南京国民政府的上层人士，出于对自身利益的考虑抑或是特殊的历史渊源，对天津青年会表现出非同寻常的热心。最后，近代以来战乱频仍的局面，为天津青年会服务社会、争取民心提供了机遇。随着政治局势的急剧恶化，天津青年会更倾向于联合革命力量挑战政府的权威。这使 1949 年以后，天津青年会在保障组织与行动独立性的基础上，赢得了新的活动空间。

一　与政治人物的联络：天津青年会的独特生存策略

一直以来，沟通教会与社会、联络本土与西方都是来中国发展的基督教团体所具备的功能。天津青年会也不例外。清末民初以来，该会还制定了独特的生存策略，就是同身处京、津地区的政治人物进行联络、交往。早在格林创办普通中学堂时，就力图求得他们的支持和扶助：

> 这所学校完全是由中方融资建成的。捐款纷至沓来，并且校方的资助人都是中国鼎鼎有名的大人物，他们是：袁世凯，端方，唐绍仪，徐世昌和梁敦彦；他们都是大议员，中国国家大臣，和知名总督，——这些人的名字在中国都是人尽皆知的，他们都对普通中学堂很感兴趣并且欣然同意给予支持与资助。①

之所以如此，实因清末民初天津在地理位置和社会环境上的特殊性。一方面，天津是中国北方最大的港口城市，具有水陆交通便利、经济发达等优势。正因如此，一些在全国颇具声望的政治人物希望寓居于此，享受丰富的物质文化生活。另一方面，由于靠近统治中心北京，天津又为这些政治人物提供了一个躲避政治纷争又不彻底脱离政治的空间。在此，他们迫切渴望得到社会团体的支持，扩大势力，提高声望。故而，天津青年会争取这些政治人物具有实现的可能性。

另外，天津青年会之所以能够获得京、津地区政治人物的青睐，还因其具有下列三大特征：独立于教会的自治性、意识形态的开放性，以及联

---

① *Report of L N Hayes Associate Secretary*，载陈肃等编《美国明尼苏达大学图书馆藏基督教男青年会档案：中国年度报告（1896—1949）》（附国际干事小传及会所小史）4，第 481 页。

盟式的组织整合方式。这也使天津青年会在教会与社会之间构成了一个"中间地带"，并为政治人物涉足其间提供了回旋的余地。

因而，天津青年会在进行社会实践的时候，就得到了身处京、津之政治人物的支持。自 1918 年起，时任直隶省长曹锐就曾多次赴天津青年会的会所，参与相关活动："天津青年会于昨日开二十二周年纪念会，兹将开会秩序录下：（一）奏乐，（二）会正王厚斋致开会词，（三）报告客宾会务，（四）奏乐，（五）曹省长①演说。"②在此期间，他与天津青年会成员之间的关系也日益紧密。

正因如此，天津青年会能够利用舆论对政治人物权力的行使，加以制约，并在一些关键时刻发挥为民请命的作用。1919 年，五四运动在中国如火如荼地开展。作为比邻北京的重要城市，天津的青年学生们也积极参加。然而，由于他们所组织的社会运动难免同直隶省政府的立场有所冲突。身为直隶省政府首脑的曹锐电令警察厅，羁押了参与运动的青年学生周恩来、马骏、郭隆真、张若名等人。有鉴于此，身为天津青年会会正的张伯苓立即将学生在狱中的困顿情形告知曹锐，为实施营救赢得了宝贵的时间③。足见，在这场运动中，天津青年会及其成员也充当了协调政治势力、政治人物与民众利益的"中间人"。

正是因为天津青年会能够扮演这样的角色，一些在天津生活的下野政治人物，也力图借助天津青年会的影响力，为重回政坛创造机遇。黎元洪涉足天津青年会的动因正在于此。

"府院之争"，使黎元洪卸下"总统肩"。离开那曾带给他无限风光和无尽痛楚的政治舞台后，他在天津做了寓公。尽管已经走下中国最高的政治舞台，然而黎元洪依旧希望参与一些根植于地方社会，又对全国产生一定影响的事务，以为重回中国政坛争取某些支持。在这个过程中，他将目光聚焦到了天津青年会。虽然黎元洪本人是佛教徒，与天津青年会的基督教背景看似格格不入，但二者在理念和精神上却具有一致性：那就是服务天津社会，从教育、实业等诸多方面推动城市发展，提升市民素质，改良生活方式。正因如此，晚年寓居津门的黎元洪愈加热衷于参与天津青年会

---

① 即曹锐。

② 《青年会开纪念会》，《益世报》1918 年 5 月 7 日。

③ 《释放被拘代表之近讯》，《益世报》1919 年 4 月 8 日。

的各项活动，展现出了辛亥元老、民国柱石之风范。

由于黎元洪曾经是中国政坛显赫一时的风云人物，因而他对天津青年会各项活动的参与，也被频繁地公布于报端。《大公报》和《益世报》曾多次刊登他参与天津青年会活动之消息，可见两者之间的紧密联系（详见表4-2、表4-3）。

表4-2　　　　《大公报》有关黎元洪与天津中华基督教青年会的部分报道（1917—1921）

时间	题目
1918 年 1 月 12 日	夫人发奖
1918 年 1 月 13 日	发奖开会
1919 年 5 月 3 日	青年会演说
1919 年 5 月 23 日	特别宴会志盛
1920 年 2 月 15 日	青年会召集大会
1920 年 4 月 2 日	青年会开欢迎会
1920 年 4 月 3 日	青年会大会续志
1920 年 4 月 4 日	青年会大会三志
1920 年 5 月 20 日	青年会开发奖大会
1921 年 1 月 4 日	饶伯森演讲盛况
1921 年 10 月 22 日	黄陂赞成学生会

资料来源：《大公报》1917—1921 年。

表4-3　　　　《益世报》有关黎元洪与天津中华基督教青年会的部分报道（1917—1921）

时间	题目
1919 年 5 月 8 日	青年会广告
1920 年 2 月 14 日	青年会筹备全国大会
1920 年 3 月 14 日	青年会全国大会预闻
1920 年 3 月 28 日	青年会全国大会秩序
1920 年 4 月 1 日	全国青年会今日开会
1920 年 4 月 2 日	青年大会开欢迎会纪

资料来源：《益世报》1917—1921 年。

透过《大公报》和《益世报》的报道可见，黎元洪在多数时候是以特邀嘉宾的身份赴天津青年会演说的。在 1919 年 5 月初，天津青年会在

会所召开成立 23 周年纪念大会，报告年内会务，"特请黎前大总统及前
教育总长范静生演说，并有省长公署军乐莅会奏乐，以助雅兴云"①。又
如在 1919 年 5 月 21 日，天津青年会为周年庆举办特别宴会："日昨二十
一号晚刻，天津青年会开特别宴会，政、绅、商、学界数十人，并承全省
警务处张处长派遣军乐队赴会所奏乐，颇极一时之盛。席次，请前教育总
长范静生先生、美国雅礼 [耶鲁] 大学教员荣博士，及黎前大总统相继
演说青年会发达情况。"②

　　1920 年 4 月，中华基督教青年会第八次全国大会在天津举办。黎元
洪则是以名誉主席的身份全程参与。至此，他与天津青年会的关系登上一
个新的台阶。原因如下：一方面，在与天津青年会往来的同时，黎元洪早
已同服务于该会的重要人物结成了较为紧密的社会网络，以便继续传播他
的思想主张，彰显他的人格魅力。另一方面，吸纳像黎元洪这样兼具政治
影响力和社会号召力的名人，也有助于令天津青年会实现本土化之目标，
在全国范围内提升知名度。

　　黎元洪在大会期间的言行的确符合天津青年会的期待。1920 年 4 月 1
日，中华基督教青年会第八次全国大会在天津召开欢迎会："由黎前总统
及严慈约、张伯苓三君致谢辞及希望，并由各省县使员总代表温佩珊君答
谢。"③ 黎元洪在欢迎大会上的讲话简短而有力："先述欢迎各省代表，后
述青年会之成绩及对于将来之希望，并由孙君译为英语。"④ 4 月 3 日，
"即有人当场报告前任大总统黎宋卿在本宅开欢迎会，请诸君全体与会。
至二时半，全体结队直赴黎君邸第，门首有检察员检验会证，遂依次而
入"⑤。面对各地代表，黎元洪再次发表谈话，表示对中国的青年会运动
的支持态度："现在基督教青年会在我中国甚为发达，尤希望青年会日有
进步。鄙人对于会务愿辅助一切进行云云。"⑥

　　可见，透过同天津青年会的接触，黎元洪不仅对该会的历史和现状有

---

① 《青年会演说》，《大公报》1919 年 5 月 3 日。

② 《特别宴会志盛》，《大公报》1919 年 5 月 23 日。

③ 《青年大会开欢迎会纪》，《益世报》1920 年 4 月 2 日。

④ 《青年会开欢迎会》，《大公报》1920 年 4 月 2 日。

⑤ 《青年会大会三志》，《大公报》1920 年 4 月 4 日。

⑥ 同上。

了更为深入的理解，更借助自身的影响力将其理念和精神加以传播。凡此种种，使黎元洪勇于任事、敢于担当的形象镌刻在民间人士的脑海中，令其政治领袖的主体身份获得了广泛认可。这为其在 1922 年重登中国政坛巅峰创造了某种历史机遇和社会舆论。

二　天津青年会与南京国民政府之间的互动

随着时间的推移，天津青年会的社会功能有所拓展。因为在近代天津的现代化进程中，介于政府和民众之间的公共领域一直在扩张和建构中。然而，与西方社会的公共领域有所不同的是，近代天津的公共领域并不是建立在社会团体反抗国家力量的基础之上。由于社会动荡导致国家权力有所削弱，政府既无法实现对社会的严密控制，又无力发挥在传统时代本属政府职责范围之内的某些社会服务职能，因而它需要依靠宗教团体和社会组织的力量，弥补上述缺失。天津青年会社会服务事业的开展，就在一定程度上补充了政府能力之不足，适应了社会转型的需要：一方面，它为近代天津的城市发展提供了诸多公益事业。另一方面，它努力协调不同群体之间的利益关系，在既有别于政府和民众，又在沟通二者的公共领域中发挥重要作用。诚如梁启超所言："青年会出入社会之间，而社会犹欲其良，是真缘木求鱼之类也。"①

是故，虽然 1927 年南京国民政府的成立使天津在中国政治地理版图上的独特位置有所改变，但是天津青年会与政府之间的互动仍然继续。若要继续探析其中深层次动因，恐怕还应追溯基督教、青年会与南京国民政府政要人物之间的特殊渊源。南京国民政府领导者是国民党人。他们之中的部分人还兼具基督徒的身份。在推翻清政府，缔造中华民国的过程中，他们不但表现出强烈的爱国主义情怀，更体现出基督教的深刻影响：诸如福音洁净人心，耶稣的博爱与牺牲精神、上帝对人的爱等。由于这些信念为其社会实践提供了动力和支持，故对于旨在传播社会福音的青年会，他们素有好感。

一手缔造国民党的孙中山便是其中之一。一直以来，他就对基督教信仰、基督教文明产生了浓厚的兴趣，并于早年受洗入教。他的主要活动地

---

① 《梁任公言说迫志》，《大公报》1917 年 1 月 28 日。

点香港、澳门、广州、上海、天津、伦敦、东京、旧金山、纽约等地，均属青年会传播与扩展的地区。因此，孙中山不仅对青年会组织的运作有所了解，同样的，出于登上中国政坛巅峰的迫切需要，他也对中国的青年会产生诸多期待，并与各城市青年会有着密切的联系。至于个中缘由，有学者曾归纳："青年会标举高尚人格、要求全心奉献、讲求权责分明，而又义重于利的透明优质力量，对决心扫除军阀、政客、官僚腐败气息的孙氏而言，实如追求富强康乐必赖的'人才智库'。"①

孙中山与天津青年会的往来，正缘于此。1920 年，借天津青年会成立二十五周年暨青年会第八次全国大会开幕之际，孙中山发表了这样的贺词，称之"以德育、智育、体育为职务，吸收青年有志之士以陶冶之，而造成其完全之人格。此本耶稣教救世之苦心，行孔子己立立人、己达达人之美意，以团体而服务于个人者也"。同时，他也对青年会在中国的发展持乐观态度："是会之设于中国，至今二十有五年，推行几遍中国，发达之速，收效之大，志愿之宏，结合之坚，洵为中国独一无二之团体云。"② 在孙中山看来，青年会是建设现代国家的很好试验者。对青年会倡导培育高尚人格，要求服务社会，讲求社会公义的举措，他也比较赞赏。因此，他在给天津青年会的贺词中彰显这样的精神，也在情理之中。

当国民党成为南京国民政府的执政者后，天津青年会自觉充当起它与民间社会沟通的平台。在共同举办活动的过程中，二者之间的互动较为活跃。这一切，集中体现在对新生活运动的联合推广上。

1934 年，为了配合南京国民政府所发起的新生活运动，由河北省③政府主导的"新生活运动促进会"在天津宣告成立。张伯苓等天津青年会的重要成员皆参与其中，并为新生活运动的向民间的推广献计献策："新生活运动，为近年来最饶兴味之一种运动，因从先之标语口号，均为'责人'的，今则一改而为'责己'，实属至可庆幸之觉悟。"④ 与此同时，天津青年会还在会所内连续举办与新生活运动有关的讲演，并"请

---

①　习贤德：《孙中山先生与基督教》，浸宣出版社 1991 年版，第 21 页。

②　《孙中山致贺青年大会》，《益世报》1920 年 4 月 4 日。

③　即原先的直隶省。河北省是 1928 年之后的改称。

④　《冀省新生活运动促进会昨成立》，《益世报》1934 年 5 月 6 日。

天津市艺曲改良社演唱《新生活运动》及《科学救国》两段"①，向民众广泛传播新生活运动的理念。自 1935 年 1 月起，该会还利用电台这一大众传播媒介，向公众宣传新生活运动的主旨和精神。天津青年会电台不仅通过播放演讲、歌曲等形式阐明新生活运动的意旨和主张，还充分利用八角鼓这一人们较为熟悉的民间曲艺形式②，收到良好效果。为配合推广新生活运动，天津青年会的附属组织联青社也"以改良社会习俗，须首重新生活，兹为推广宣传计，特精印三千册赠送各界人士"③。

　　天津青年会积极向推广新生活运动的举措，为河北省及天津市政府的鼓励民众参与该运动创造了条件。在 1935 年 5 月 3 日天津青年会举办新生活运动周之际，河北省政府主席于学忠、天津市政府秘书长王问山、河北省教育厅厅长郑达如、天津县县长陈涌洛先后到会演讲，表彰了天津青年会在新生活运动中的贡献。④

　　足见，通过共同提倡新生活运动，天津青年会与南京国民政府的关系日益密切。1935 年，当天津青年会迎来 40 周年庆典之时，一些南京国民政府的重要人物也纷纷致辞，表示祝贺。孔祥熙在贺词中，就高度称赞积极推广新生活运动的天津青年会：

　　　　总理遗训于恢复旧道德言之其详，盖以事变之繁，物情之杂，故应吸收新道德以顺应世界潮流，而保全旧道德以维持国家之元气，则尊崇德性，更辅之以丰富之学识，坚强之体力，夫然后始得与其他民族竞生存与兹世也。社会之组织由于人群，人群之进化由于互助，盖必有交勉交励之精神，而后收共存共荣之效果。人人既涵濡于德化，社会自日进于高明，使俗尚趋醇厚之途，奠国家于磐石之固。⑤

　　在贺词中，他对天津青年会激励民众、促进人群之进化的使命与成就

---

①　《青年会今晚举行特别演讲》，《大公报》1935 年 2 月 2 日。

②　《今日节目：青年会电台》，《大公报》1935 年 1 月 8 日；《今日节目：青年会电台》，《大公报》1935 年 2 月 2 日。

③　《励〔联〕青社》，《大公报》1935 年 5 月 11 日。

④　参见《大公报》1935 年 5 月 4—11 日。

⑤　天津基督教青年会编：《天津青年会四十周年纪念册》，第 41 页。

大加称赞，目的是密切双方的往来，延续良性互动的关系。

三　战争时期的特殊对话

然而，1937 年 7 月 7 日，日本发动全面侵华战争，却将这一局面打破。不久之后，天津沦陷，国民政府因此撤出。此后，青年会与日本侵华势力之间的冲突也不可避免，甚至连东马路青年会会所的大楼也遭受了一定的损失：日本侵略者进去搜查，并捣毁了一些设备。有鉴于此，常驻北平的青年会外籍干事艾德敷搭车赶往天津，借助美国领事馆的力量要求日方赔偿。为了应对时局的变化，由内地返津的郝瑞满留在天津与日方展开周旋。另外，开封青年会的美国干事师渡尔过津赴美。在天津停留期间，他也参加了对日交涉。但是，由于社会动荡的加剧，青年会外籍干事自身尚处于居无定所的状态。对于利用西方人的身份，代表天津青年会和天津人民进行对日交涉，他们之中的一些人显然缺乏兴趣。[1] 在此情形之下，天津青年会为民谋利、为地方社会争取权益的目标，难以实现。

随着日本侵华战争的扩大，北美协会对天津等身处沦陷区的青年会也作出了新的指示："利用可能的租界、会所、设备以及会员和原有的社会关系，开展一些工作，目的不是发展而是保存实力。"[2] 有鉴于此，天津青年会的多数社会活动都停留在宗教传播和社会教育领域，并不涉足政治。

尽管如此，天津青年会依旧对在战争中流离失所的难民施予力所能及的救助。据 1940 年《同工》杂志记载，天津青年会在法租界开高兰村难民区，并开展了如下工作：（1）施放稀粥；（2）施放开水；（3）开办诊所。"特请大夫、护士每日晨十二时，在该地施诊所为无依无靠之难民诊病，并由各段段长负责调查报告，病势更重者送往法国临时医院。"[3] 为了预防和诊治难民的结核病，燕京大学校医郭德隆还在天津青年会董事卞俶成、陈芝琴，青年会会员倪念先、冯紫墀[4]等人的帮助下，成立了结核

---

[1] 杨肖彭：《北美协会和天津基督教青年会》，载《天津文史资料选辑》第 21 辑，第 137 页。

[2] 同上书，第 138 页。

[3] 《天津青年会在高兰村难民区工作》，《同工》1940 年总第 186 期。

[4] 杨肖彭：《天津结核病院的创建经过》，载《天津文史资料选辑》38，第 171—172 页。

病医院。

为解决儿童和女性群体失去受教育机会的状况，天津青年会还创建了儿童义务学校和妇女识字班。截至 1940 年，儿童义务学校"每日分四组上课，学生达三百十人，颇知努力用功"，妇女识字班学生"达 45 人，每星期一二三四五六日下午二时至三时半授课"①。为了丰富战争时期青年人的娱乐生活，天津青年会还继续开办网球场，以此缓解由战争而造成的紧张氛围。如上种种，在一定程度上弥补了因国民政府的撤出所造成的缺失，医治了广大民众因战争浩劫所留下的创伤。

但是，战局的恶化超出人们的预料。1941 年 12 月，太平洋战争爆发。日、美两国进入交战状态。日军在天津也查封了东马路青年会的会所。在此期间，日本特务机关指使伪市长温世珍，向天津青年会公然宣读了下列决议：

    1. 青年会的礼堂及其他设施，本市遇必要时，得无代价征用；

    2. 青年会应接受本市的监督和指导；

    3. 竭力扫除敌牲余毒。②

彼时，为了巩固统治，日伪政府同样希望介入天津青年会，以便使之代表其利益，同民间对话。虽然对于这一切，天津青年会的成员了若指掌，但是为了索回会所、保存实力，他们还是被迫地接受了这样的条件。通过翻阅 1942—1945 年的中文档案，可以发现：日伪政府有多次征用天津青年会的记录③。在此期间，他们还借用天津青年会的东马路会所，通过举办展览等方式进行殖民宣传④。可见，在日本侵华战争不断扩大的前

---

① 《天津青年会在高兰村难民区工作》，《同工》1940 年总第 186 期。

② 杨肖彭：《北美协会和天津基督教青年会》，载《天津文史资料选辑》第 21 辑，第 141 页。

③ 如《关于召开津市私立小学校长改在青年会举行请到会指导给宣传处的函》，天津市档案馆藏，1943 年，资料号：J0001 - 2 - 000830 - 002；《关于借用基督教青年会给陆军特务机关长雨宫的函》，1943 年，天津市档案馆藏，资料号：J0001 - 2 - 000856 - 005；《为请发市署职员寄宿青年会不应议中华基督教青年会等的批》，1942 年，资料号：天津市档案馆藏，全宗号：J0001 - 3 - 011338 - 010。

④ 杨肖彭：《八十岁回忆录》，天津人民出版社 2001 年版，第 57 页。

提下，天津青年会对会所的使用权乃至独立行使会务的权力，都遭到严重破坏。

　　1945 年，抗战最终以中国的胜利而告结束。同年 10 月，国民政府收复天津。为了巩固统治基础，挽回在民间的社会声望，天津市政府力图恢复同天津青年会的联系，并为其发展提供必要的条件和资源。曾任天津青年会总干事的陈锡三也受市长张廷谔的邀请成为党政接收委员会的委员。因此，青年会得以接收芙蓉街原华北基督教团①的一处房产，作为第二服务部。对于天津市政府的上述举措，天津青年会自是乐见其成。于是，该会特邀时任天津市长的程克和张廷谔出任名誉会长②。

　　然而，国共内战很快打响。在此背景下，天津市政府不断削减教育经费，致使天津各校师生陷入严重的生存危机："破衣两套，旧被一条，窝头三个，咸菜一碟，白菜汤半碗。"③ 在这个背景下，中共地下党学委决定发起助学运动，并希望求得天津青年会的支持。

　　中共之所以作出如此决策，源于早期领导人周恩来与天津青年会的联系。周恩来早年曾就读于天津南开学校，与天津青年会有过一些交往。张伯苓起到了媒介的作用。经由张伯苓的引领，周恩来接触到青年会的某些理念和精神。他在作文中曾经对广大青年连续发问："且生等宜自思应发奋自励以日新乎？抑随波逐流以自弃乎？孜孜矻矻以进三育乎？抑优优游游以消光阴乎？锻炼身心以图强乎？抑饱食终日无所用其心乎？"④ 他在南开学校所创办的敬业乐群会，也借鉴了青年会的某些宗旨。"以智育为主体，而归宿于道德，联同学之感情，补教课之不及"。⑤ 另外，在一些文献资料中，尚存在着周恩来与天津青年会直接交往之证据。在组织学生运动的过程中，他曾利用天津青年会东马路会所的便利条件，印制传单。

---

　　① 华北基督教团是日本侵略者在华北地区所建立的基督教团体，目的是进行殖民宣传，与华北地区的教会争夺民众、资源和信仰空间。

　　② 杨肖彭：《北美协会和天津基督教青年会》，载《天津文史资料选辑》第 21 辑，第142 页。

　　③ 谢纪恩：《回忆天津学生助学运动》，载天津市委党史研究室编《解放战争时期天津学运史料》，天津古籍出版社 1996 年版，第 920 页。

　　④ 周恩来：《本校始业式记》，载刘焱编《周恩来早期文集》（上卷），南开大学出版社1993 年版，第 39 页。

　　⑤ 周恩来：《敬业乐群会简章》，载刘焱编《周恩来早期文集》（上卷），第 5 页。

他还数次选择天津青年会的会所，作为抗争与请愿的出发地①。可见，在身为学生运动领袖的周恩来眼里，天津青年会的会所远不只是宗教活动的场域，更是青年学生的精神支柱、介入政治活动的平台。

正是因为有着这样的渊源，致使中共地下党学委能够放弃信仰与意识形态的差异，将天津青年会列为合作的对象。作为天津青年会的代表，身为学生部主任的谢纪恩，对此次合作的态度也颇为积极：

> 那时我自己刚离开燕京大学不久，深知学生的经济困难，非常同情，考虑到助学运动与青年会的宗旨相吻合，又可以作为一项学生救济工作，于是便一口答应下来。

足见，"实施战争救援，帮助青年学生"体现了二者在目标和理念上的一致性。为帮助中共华北地下党学委推广助学运动，天津青年会制定了周密的计划：首先，邀请天津青年会的代表人物如张伯苓、杨肖彭等人担任助学运动的召集人。其次，由天津青年会主导，在报刊媒体上进行宣传。最后，由天津青年会的干事出面向天津市政府备案。不仅如此，在助学运动期间天津青年会更是贡献出了自己的办公场地，有针对性地开展各项活动。该会不仅创建了新的图书馆为学生使用，还专门出版了以宣传助学运动为主题的刊物，名为《学生圈》。为了保证助学运动的顺利进行，天津基督教青年会做了广泛的社会动员。

但是，上述做法却令天津青年会付出了惨重代价，一些成员甚至遭到了天津市政府的逮捕。谢纪恩就曾于1948年被捕入狱，在狱中曾经赋诗多首，抒发情怀："身陷魔窟斗志坚，自由信念邀云天。学生运动当帮手，正义感情辨忠奸。愿熄内战惩民贼，更盼救星解倒悬。消息难通与世隔，心潮却与海潮连。"② 可见，在国共内战的特殊时期，天津青年会渴望再度充当为天津市民特别是青年学生请命的角色。只不过，其目的已经不是促进二者之间的和平对话，而是借助中共的革命力量，对国民政府的权威实施挑战。理由是：以谢纪恩为代表的天津青年会成员对国民政府不

---

① 杨肖彭：《八十岁回忆录》，载《天津文史资料选辑》第90辑，第63页。

② 任佐、韩进、邹德文：《对借助基督教青年会开展群众文化活动的回忆》，载天津市委党史研究室编《解放战争时期天津学运史料》，天津古籍出版社1996年版，第941页。

顾民众安危，一意孤行地发动内战的行径深感失望。同时，对中共平息内战、关心民众安危的举动，他们也表示了认可，并产生了向其敞开大门的愿望。

同样的，即将成为天津政治"掌舵人"的中共也对天津青年会特别是谢纪恩在助学运动中所展现出来的行动力，大为赞赏："谢氏对人和蔼，服务热心，向为同学所敬爱"①；"相遇青年会、热恋夏令会、成熟助委会……爱护中学生、帮助大学生、共创新人生，学校、社会、家庭，独持众成"。②

正是基于双方在合作中建立的互信，所以当中共成为天津的执政者以后，天津青年会依旧被认定为合法的"人民团体"。③ 1950 年，时任天津青年会总干事的杨肖彭还曾两次受到周恩来的接见。其间，周恩来所提出的宗教信仰自由和"自治"、"自养"、"自传"的三自方针，得到了杨肖彭的拥护。他表示响应中共和人民政府自办教会的号召，带领天津青年会加入了三自爱国宗教运动。④ 这一切，为天津青年会日后的存续与发展开辟了新的空间。

本 章 小 结

天津青年会活动空间的拓展，得益于与不同主体的社会交往。首先，作为一个典型的宗教团体，天津青年会从与本地基督教会的互动中获得了资源和信息支持，创造了条件。其次，青年会拥有立足本地，面向世界的特色。是故，它也成功地联络了来津中、西人士，从中受益良多。最后，随着时间的推移，天津青年会的社会交往范围有所扩大，并同政治人物和不同的政党、团体展开对话。

天津在地理位置上的特殊性以及青年会对天津社会的贡献，为这种对话提供了可能。这使之充当了沟通官方与民间社会的媒介。然而，由

---

① 天津助学运动委员会编：《助学快报》第 6 号，1947 年 8 月 23 日。

② 谢纪恩：《回忆天津学生助学运动》，载天津市委党史研究室编《解放战争时期天津学运史料》，第 931 页。

③ 参见罗世龙编《天津中华基督教青年会与近代天津文明》，第 458 页。

④ 杨肖彭：《八十岁回忆录》，载《天津文史资料选辑》第 90 辑，第 63 页。

于受到战争等因素的影响，天津青年会与政治势力之间冲突不可避免。该会虽然继续穿梭于各个政治势力之间，但却更倾向于支持革命的政治力量。毋庸讳言，这也是 1949 年以后，天津青年会得以存续的重要条件。

第五章

信仰、文化认同的构建：
天津青年会的宗教思想传播

制度模式的更换和社会交往的扩大，无疑使天津青年会介入地方社会的进程更加顺利。为了与当地的民众与社会文化进行顺利对话，该会还需以青年会的宗教思想为基础，参与地方信仰、文化认同的构建。主要是，帮助人们认识基督教信仰的核心与本质，继而强调作为每一个信徒乃至公民的社会责任，使之理解青年会的使命和意义，把握不同时期有关社会政治以及思想文化的变化潮流。为完成上述任务，天津青年会拓展了多种方式，取得了一定效果。其中，该会成员对青年会的宗教思想的创造性诠释颇具价值，回应了不同时期在地方社会乃至全中国的范围内所产生的重大命题。

但是，瞬息万变的社会局势也使青年会的宗教思想在解释力上的局限性有所暴露。作为它的实践者，天津青年会传播宗教思想时，也只能被动适应这种复杂的局面。故对于"青年会的宗教思想是否能够移植到近代天津的社会历史语境当中"，"青年会能否凭借宗教思想的诠释成为建构地方文化资源的一个重要的基础"① 等问题，有待于进一步讨论。

第一节　天津青年会宗教思想的引介、传播与诠释

青年会在天津落地生根的过程中，力图通过基督教信仰地方信仰、文化认同的构建。为此，天津青年会不仅依靠丰富多样的传播手段，扩大其宗教思想的传播范围，还激励本地会员对之进行创造性的诠释，以达到这一目标。

---

① 吴梓明等：《边际的共融：全球地域化视角下的中国城市基督教研究》，第 45 页。

一　多样化的宗教传播手段

天津青年会自成立以后，一直致力于将宗教思想以更为迅捷的速度广泛地传达给当地人，进而演变成可资借鉴的现实经验。但是，青年会毕竟是外来的宗教团体，其宗教思想也发端于西方。若要令当地人了解并对之形成认同感，宣传工作是首要和必不可少的。只不过，与一般教会不同的是，青年会采取的是间接布道的策略，期待在社会中创造可能性空间，以让包括青年在内的社会各界人士在潜移默化的情况下，接受基督教信仰的熏陶，由量变而引起质变，最终皈依成为耶稣基督的门徒。[①]　天津青年会的宗教传播也体现出以上特点。

首先，讲经布道的方式，依旧为天津青年会所沿用。自天津青年会成立以来，一直积极参加中华基督教青年会全国协会组织的布道大会。比如为履行"牖导青年，俾对于耶稣基督，有真实之信仰"的使命，中华基督教青年会全国协会曾于1913—1914年协办北美协会所组织的宗教福音布道大会。天津青年会也派人参加。出席此次会议的总人数多达8024人；在布道大会上提问者约有1020人，报名圣经班的人数有1037人。[②]　虽然这一成绩在全国范围内不算十分突出（北京的出席总人数是14865人，上海的出席总人数是15800人，香港的出席总人数是12230人），但这也证明，青年会的宗教思想在20世纪上半叶的天津初步获得了一些社会人士的认同。

其次，为了提升宗教思想传播的感染力，天津青年会还吸纳了近代天津社团的部分经验，以传播新知、开通风气、进化民德为目标。在此，创办报刊和举行演说都为上述目标的达成创造了有利条件。报刊媒体的创办，意在令那些受教育阶层能够有一个较为容易的渠道接触新知识、新思想[③]。相对于报刊媒体，演说则"能将新思想、新学问输入人群，于上、中、下等社会皆能对病发药……其感动之能力，较之书报尤为神速也"。[④]

---

① 张志伟：《基督化与世俗化的挣扎：上海基督教青年会研究（1900—1920）》，第93页。

② *American YMCA Archives*, *Internal Division*, *China*, Print, Princeton-in-Peking.，Ph. D Dissertato, University in Massachusetts, 1992.

③ 李孝悌：《清末下层社会启蒙运动》，河北教育出版社2001年版，第25页。

④ 《论开民智以演说最为重要》，《申报》1905年4月27日。

正是因为二者具有上述功能，因而天津青年会在传播宗教思想时，也对之加以应用。

早在青年会登陆天津之初，外籍干事们就注意到印刷、出版业在"社会福音"的传播中具有十分特殊的价值：使人们能够有一个较为容易的渠道去接受启示，继而对基督教文明产生好感。故格林等人"每周会分发些油印传单"。但是，由于这些传单的篇幅有限，因而作用并不十分明显。自1902年起，天津青年会开始发行专门的会刊，名为《天津青年会报》，以为查经课程之辅助。该刊在创办之初为英文刊物："小本，内含四页"。为了满足天津青年会的发展需要，《天津青年会报》于当年11月改为中、英双语印刷。为扩大发行数量、提升影响力，天津青年会还制定了"免费发放，或仅象征性的收取费用"等原则①。这样一来，不仅使《天津青年会报》信息传播的深度和广度有所提高，还令其成为连接天津青年会与北美协会的平台。"这个小报到达了我们去不了的地方。它还将我们在天津传播社会福音的工作成效，报告到了远在万里之外的北美协会。"②

随着在中国地位的不断提高，各地青年会愈加希望与知名报纸杂志展开合作，向公众分享自身对青年会宗教思想的认识。为了响应这样的舆论，天津青年会也加强了同天津知名报刊媒体的联合，为宗教思想的阐释提供宽广的空间。1923年，天津青年会部分成员拟筹备祈祷会。得知此情形之后，天津青年会立即与《大公报》联系，将相关的启事公之于众："诸君的真确的信仰，热烈的友情，如吾国今日之光景与同胞之罪恶，拟约全国同道于旧历除夕夜间，向天父作诚恳之请求，冀上感帝心，下救我国，甚为钦佩。"③

为令其宗教思想感化更多民众，天津青年会还在会所内定期举办德育演讲会，逢周日举行，每年共42次④。在举办初期，德育演讲会的主讲人群体具有多元化的特色。除了天津青年会的外籍干事之外，还有天津各

---

① *Report of Robert R Gailey*，载陈肃编《美国明尼苏达大学图书馆藏男青年会档案：中国年度报告（1896—1949）》2，第127页。

② 同上书，第352页。

③ 《青年会近讯二则》，《大公报》1923年3月7日。

④ 宋愚溪：《一年来青年会之事工》，《大公报》1926年2月6日。

基督教团体的代表人物和外来过津之基督教领袖①。如"十七日星期，下午三时德育宣讲，请美以美会牧师刘骏卿先生主讲"②；"东马路青年会定于今日下午二时开特别德育演说会，请北京燕京大学副校长吴雷川氏主讲，题为《儒耶之比较》"③。

随着德育演讲会影响力的扩大，为天津青年会服务的一些本地董事、干事也作为德育演讲会的主持者参与其中，有的甚至受邀成为主讲人，与听众们分享他们对于青年会宗教思想的理解和诠释。如"天津青年会于昨日下午三时，在东马路建筑事务所开宣讲会。由该会干事宋愚溪宣讲德育，各界听者人颇不少"④；"该会又订于本月四日下午三时在该会开德育讲演会，该会业已约定宋则久君为讲员。昨闻该会已函致各会员，届时到会听讲云"。⑤

在演讲的过程中，他们也逐渐完成了主体身份的转换：从中外青年会布道家宗教思想的聆听者转变为对自身宗教信仰的解读者、分享者和传播者。利用演讲这一口语宣传的重要形式，他们将艰深晦涩的教义转化为浅显易懂的认识，恳切而不敷衍地面对各种可能存在的社会问题，并在承认青年会宗教思想权威性的基础上，提出符合时代需要的解决方案。对他们而言，接受与传播耶稣基督的福音，并付诸社会实践是"发自内心的真诚呐喊，不需要外在的指令和驱迫"⑥。故而他们讲演的内容，也是从实践中凝聚而来的真实感受，而不是抽象和空洞的教义和道德之谈。这无疑会对听众产生较强的号召力和感染力。所以，自德育演讲会举办以来，前往天津青年会会所聆听德育演讲的人数逐年增加。到1925年，已经达到了4995人。该数字是先前天津青年会举办之年度阐经大会参加人数的3倍多。

另外，天津青年会还借助"周年庆"等特殊的契机，强化社会成员

①　宋愚溪：《一年来青年会之事工》，《大公报》1926年2月6日。

②　《天津青年会会务通告第二号》，天津市档案馆藏，1916年，资料号：J0128－2－002150－003。

③　《青年会德育讲演》，《大公报》1927年10月2日。

④　《演讲道德》，《大公报》1914年6月22日。

⑤　《青年会近讯汇志》，1923年11月3日。

⑥　李孝悌：《清末下层社会启蒙运动》，第99页。

对青年会宗教思想的认识。1921 年，天津青年会举行 26 周年纪念大会。时任天津青年会会正的张伯苓主持大会，并发表了具有针对性的讲话：

> 因青年会所作之事甚广，社会上一切服务无不能办，故其发达如是之速……当年中国人以个人为主体，现在有世界眼光的皆以社会、国家为主体，青年会确实有助于社会、国家，而随世界潮流之进步，并对于社会不完全之事有所补救，对于青年人之修养，尤为有益。袁世凯时以练兵为要事，殊不知二十世纪非武力时代，乃人人须能作事的时代。青年会就是使人人不作坏事，补助社会的发达，以图国家的强盛。但是各国的青年会全都缺少牺牲，望吾们天津青年会各干事、各会员竭力去作，来年的纪念会成绩要更强于今年，将来为各处青年会的模范。①

显然，张伯苓结合自己为天津青年会服务的经验，以及创办新式教育的具体实践，阐发了对青年会宗教思想意涵的体认。在张伯苓看来，中国国民性中的某些弱点，是导致近代中国积贫积弱的重要原因。这些弱点无外乎是以下五点：愚、弱、贫、散、私。青年会宗教思想对于帮助中国人克服上述弱点大有助益：帮助中国人特别是青年人完成心灵的重建，使青年具备服务社会的能力，而后"补助社会的发达，以图国家的强盛"。这种"个人灵魂的救赎继而实现拯救社会和国家之宏愿"的理念，既体现了青年会宗教思想的核心，又结合了近代天津乃至中国社会的特殊经验，因而颇受欢迎。

同时，天津青年会凭借传媒技术手段的更新，将宗教思想传播的不同手段有机结合。天津青年会电台的创办就体现了这一点。天津青年会电台创办于 1934 年前后，筹建者是 1934 年加入该会的杨肖彭。为了使初创的青年会电台发挥应有的功能和作用，他一方面向社会各界广泛募款，以筹集创建电台所需要的资金。天津青年会成员所创办的企业，如东亚毛呢纺织有限公司、天津国货售品所②等，为他提供了经济援助。另一方面，他也将电台委托给中国无线电公司的工程师进行设计，并安装在东马路会所

---

① 《青年会近讯汇志》，《益世报》1921 年 5 月 23 日。

② 上述两企业为宋棐卿和宋则久创办，二人在不同时期都担任过天津青年会的董事。

的屋顶上进行播音，以解决技术问题。

此后，天津青年会即将创建电台的消息，公布在了《大公报》上：

> 本市东马路青年会近以会务进展……该会以会中礼堂，不能尽量广容各界人士，除招待会员外，常有人满之患，近持筹备装设广播无线电台，以资广播，并间接灌输民众教育。①

由此不难看出，天津青年会电台创办之初的首要任务就是利用传媒技术的革新，扩大青年会宗教思想的社会影响。1935 年初，天津青年会电台有了较为固定的节目，播出时段从午后一直延伸到了夜间。在节目的设计方面，宗教宣传与社会服务的内容相辅相成。同时，它还对天津青年会举办的下列活动起到了推波助澜的作用：如 2 月 23 日—3 月 1 日的父母教育运动大会，3 月 1—8 日的学术演讲周、4 月 4—10 日的儿童周、4 月 20—26 日的卫生运动周以及 5 月 4—10 日的新生活运动周等。天津青年会电台对"宗教生活运动"的推广，尤为引人注意。

1935 年 3 月 23—30 日，天津基督教青年会举办了宗教生活运动，旨在"阐明各教大旨，以唤起对宗教之研究"②。为了扩大宗教生活运动的影响力，天津青年会邀集与该会关系密切之各宗教、社会领袖到会讲演，并通过电台向公众播放，大致情况参见表 5 – 1。

表 5 – 1　　　1935 年天津青年会电台"宗教生活运动演讲"节目单

日期	讲题	讲者
3 月 23 日	宗教与人生	［英］施护华
3 月 25 日	回教教义与人生	王静齐阿訇
3 月 26 日	宗教与世界国家社会家庭个人之关系	靳冀青总理
3 月 29 日	天主教在中国之历史及其教义	牛若望司铎
3 月 30 日	宗教与人生	刘荣笏牧师

资料来源：《大公报》1935 年 3 月 23 日、25 日、26 日、29 日、30 日。

足见，天津青年会为"宗教生活运动"的推广，进行了一系列的创

---

① 《青年会装设无线电台》，《大公报》1934 年 10 月 29 日。
② 《青年会举办宗教生活运动》，《大公报》1935 年 3 月 21 日。

新："宗教团体—报刊媒体—电台"的通力合作，使天津青年会的宗教思想传播摆脱了先前依靠"天津青年会成员—受众"之间单向交流的模式，实现了传播主体的多元化。其中的参与者，既有外籍人士，又有知识分子和社会精英；既有基督徒，又包括天主教徒、伊斯兰教信徒等。尽管这些演讲者背景各异，但其演讲的题目却高度地统一：无一例外地指向了宗教与人生、世界、国家、社会、家庭等方面。这无疑同天津青年会本地成员所接受、传播的宗教思想具有一致性。以上事实，足以证明：天津青年会的宗教思想，得到了天津宗教界甚至社会各界人士的认同。这为全球化的青年会在地方社会的发展赢得了更为广阔的空间。同样的，令本地成员参与宗教思想诠释，使之与近代天津乃至中国的社会变革相结合，不单是青年会的使命，更是各宗教团体的共同任务。

二　本地会员对青年会宗教思想的创造性诠释

天津青年会进行宗教思想传播时，并非受制于既有的形式与内容，而是将地方社会处境以及本地社会发展经验充分融入其中。这体现出基督教思想跨文化传播的大思路。正如柯毅霖所阐释的那样，所谓基督教思想跨文化传播，强调的已经不是传播者和接受者的任何一方，而是双方如何理解和把握"同一"的福音[1]。其中，原本就存在着两个并行的过程：一是西方传教士如何用中国的思想、传统及其文化，对他们的宗教思想加以丰富；二是中国人怎样利用自身经验诠释基督教思想，并有所选择。[2]

从这个角度看，天津青年会本地成员对青年会宗教思想的创造性诠释，的确具有不容低估的价值。因为来自西方、致力于推进全球化进程的青年会与本地成员在文化背景和认知结构等方面存在较大差异，故作为宗教思想的传播者，青年会不仅要从本地成员中尽可能地搜集相关的资讯，进行传播与反馈的综合分析，更应当珍视青年会对其宗教思想的独到阐释，以求对宗教思想的传播策略加以调整。这能够提高青年会传播宗教思想的效率，使之既不会造成意旨与精神的折损，又易于被当地人所接受。同样地，对正在发展和成熟的青年会宗教思想体系，它也具有丰富和完善

---

① ［意］柯毅霖：《福音在中国本地化的神学反思》，《神思》第47辑，第22、27页。
② ［比］钟鸣旦：《杨廷筠：明末天主教儒者》，香港圣神研究中心译，社会科学文献出版社2002年版，第276页。

的作用，使之在保留青年会西方文化背景的基础上，又借鉴、吸收中国特色，以及来自中国不同地区的经验。凡此种种，都是令青年会宗教思想成为建构信仰、文化认同重要资源的关键性因素。

大体而言，本地成员对青年会宗教思想的诠释，符合"社会福音"的基本理念。即耶稣所说的、所做的、所希望的一切，永远是实现社会救赎。基督教正是从一种伟大的社会理想出发的，其本质就是希望看到一种神圣的社会秩序在世界上建立起来。① 它所关心的是通过拯救个人心灵而使整个社会得救的问题。其中，人类社会四大基本单位的再造——家庭、有组织的宗教生活、教育制度，还有国家的政治机构——都需要通过"人"的改造而实现。在他们看来，人是受造者，故而感觉受到诸多限制。人又极其容易被各种欲念所吸引，因而需要时常有所取舍。上述特性决定了人对来自基督教的关怀有一种主动的渴求。

以上也揭示出了进入 20 世纪以后，中国基督徒对于宗教的理解发生了深刻转变：不再一味强调上帝是众生的唯一主宰，而是希望突出人在信仰中的价值。正如雍剑秋在《祸福之门》一书中所谈到的那样：

> 人生在世，自生至死，如逆水行舟一般，挣扎挺进，力争上游，方不致随急湍而俱陷……人生之幸福，惟自强不息者乃可取得之。②

然而，人是受造者，故而感觉受到诸多限制。人又极其容易被各种欲念所吸引，因而需要时常有所取舍。上述特性决定了人对来自基督教的关怀有所渴望。同样的，人格的健全也能够为社会摆脱危机、向上发展创造条件。一个拥有健全人格的人除了自觉获得来自基督教的心灵抚慰之外，也需要通过社会服务提升和完善自我。曾任天津青年会总干事的王化清指出：

> 从前之人，以受人服侍为尊贵。现在之人，则以能服务于人为名誉。从前之人，以施衣施食为慈善。现在之人，则以扶助人之自立为

---

① ［英］利文斯顿：《现代基督教思想》上卷，何光沪译，四川人民出版社 1999 年版，第 522 页。

② 雍涛（剑秋）：《祸福之门》，第 129 页。

慈善。是以今日之人，须当亲爱社会、帮助社会，对于贫苦之人，不宜施以衣食与以钱财，而宜介绍职业，助其习学；于其病也，则介绍其入低廉或不取费之病院；于其未病也，则告以卫生清洁之义，使不致罹于疾病。此社会服务之本意也。①

　　天津青年会的本地成员之所以如此强调自我完善、社会服务的重要性，源于其强烈的民族责任感。因为他们之中的多数人除了拥有基督徒和现代人的双重身份外，还是颇具忧国忧民情怀和社会责任感的知识分子。那个混乱与希望并存的年代，不仅赋予其更多的关乎国家民族前途命运的危难感、焦虑感和使命感，更塑造了他们百折不挠、在绝望中寻求希望的积极态度。② 所以在同青年会宗教思想接触的时候，他们就自我赋权：把"社会福音"的理念和精神与救亡图存、变革社会的实践相结合，使之更加符合时代发展、适应中国社会的需要。譬如 1920 年，天津青年会在承办青年会第八次全国大会时，就将主题定为"明日之中国"。围绕这个中心意旨，参与天津青年会活动，关注中国前途、命运的各界人士都积极献言。张伯苓尝言：

　　　　我中国自有历史以来，国之兴衰史换朝廷大兴大革者几？现在我国虽改中华民国，然无中华民国之国民。守旧者责维新太快，维新者责守旧太钝，维新责守旧，守旧责维新……至今已民国九年，人民仍无民国之思想。吾国四万万人民由专制而改共和，是全球上从来未有。如此之大国一旦改良为共和国者，欲作民国之国民，必先由基督教倡始，而后乃有民国共和之真精神。③

　　在讲话中，身为基督徒的张伯苓也毫不掩饰地坦露了忧国忧民的情感，彰显了独特的宗教关怀。但是，在表述以上主张时，他采取的并不是"高高在上，俯视众生"的姿态，而是有意地去除了一些难解的、抽象的、专业的和孤傲的成分，使之在普通民众当中也获得应有的成效。这便

---

①　《青年会之新事业》，《大公报》1917 年 5 月 14 日。

②　侯杰：《大公报与近代中国社会》，南开大学出版社 2006 年版，第 4 页。

③　《青年会全国大会三志》，《大公报》1920 年 4 月 4 日。

是天津青年会的本地成员在阐述其宗教思想时所惯用的言说策略。通过运用上述言说策略，他们也诠释了自己的宗教理念，演绎了浓厚的家国情怀，凸显了自己的文化身份。

值得注意的是，在阐述宗教思想的时候，天津青年会的成员们往往意在强化东方与西方、先进与落后、信仰基督教的国家和没有基督教信仰的国家之间的差别。这样做的目的，是为了改变民众旧有之民族国家意识，为之输入带有现代性与启蒙性的讯息。比如在批判国人"不合群"之危害时，他们尝言：

> 今试以东四〔西〕洋各国历史上内争与中国的内乱比较而观之，似相差太远。外国内乱少，而中国内乱多。内乱者，乃一国内彼此之争也。换言之，即同种、同族、同乡、同姓相关之谓也。英国自一六四九年克林卫尔〔克伦威尔〕胜后，至今二百余年而无内乱。法国由一七八九年革命之后，南北美由一八八一年之战争，至今国内平和……最近以东邻日本而言，自一八七七年西相如胜西南之战，至今四十七年，国内太平，人民乐业。观以上各国情形，民何以不富，国何以不强乎？从中国历史上而考查之，自黄帝战蚩尤后四千余年，至今争战陆续不断。倘从此不由根本上改造，往后几百年或几千年，而内争未必铲除之。[1]

在这种对比的背后，显现出了一种深层次的文化心理。自基督教在近代第四次传入中国后，它就成为基督徒观察和了解西方文明乃至世界的窗口。通过对比，中国基督徒直接或间接地感受到了来自外国的压力，进一步体会和认识到中国在世界上所处的不利位置。他们眼中的世界不再有依托本地文化所带来的那种熟悉的舒适感，而是通过来自西方的居高临下的审视展开的。这使他们产生了前所未有的迷失和焦虑。[2] 在他们的眼中，中国人的原始、落后、无知是不言自明的。上述观念不但使以传教士为代表的外国人士对中国国民性的批判更加自然、合理，还令其成为一种内化

---

① 《青年会之智育演说会》，《益世报》1924 年 12 月 17 日。

② ［美］胡缨：《翻译的传说：中国新女性的形成（1898—1918）》，尤瑜成、彭姗姗译，江苏人民出版社 2009 年版，第 26 页。

的、具有殖民倾向的话语。

尽管如此，它还是能够孕育出一种兼具历史意识和批判能力的思维范式，进而在信仰、文化认同的构建方面起一定作用。因为在近代中国，信仰、文化认同向来不是一种自发性的存在，其产生需要一定历史条件。当条件成熟后，人们会以一些外部刺激为契机，重新解读人与人、人与社会以及人与国家的关系，把自己提高为社区、地方乃至国家的一分子。[①] 这体现出天津青年会的本地成员对自我和社会各界人士的双重期待：既希望摆脱"洋教徒"的身份，在争取民族权益的过程中敢于担当；又力图给予人们强烈的刺激，使之透过对历史和现实的批判，对人格与国民性的缺陷加以反思。[②] 因而，其确立便成为天津青年会在地方社会构建信仰、文化认同的重要条件。

第二节　天津青年会宗教思想传播的困境

但是，随着时间的推移，天津青年会在向社会各界人士宣导其理念精神的时候，对于基督教思想的依赖性却呈现出了"不升反降"的局面。其原因是多方面的：一是非基督教运动的冲击；二是"社会福音"解释能力的下降；三是青年会在世界范围内的世俗化倾向；四是因八年抗战和国共内战而造成的动荡局面。如上种种，导致天津青年会利用宗教思想构建信仰、文化认同的实践出现困境。

一　原因及表现

虽然自建立之后，天津青年会一直试图透过基督教思想的传播确立其宗教身份，继而成为构建信仰、文化认同之重要资源。但是，某些限制性因素，阻碍了上述实践的顺利进行。

一是非基督教运动的冲击。20 世纪 20 年代，中国爆发了声势浩大的非基督教运动。由于这场运动缘起于 1922 年"世界基督教学生同盟"在

---

① ［日］丸山真男：《日本政治思想史研究》，王中江译，生活·读书·新知三联书店 2000 年版，第 270 页。

② 姚西伊：《唯爱主义与民族主义：吴雷川与徐宝谦社会伦理思想之比较》，载陶飞亚、梁元生编《东亚基督教再诠释》，第 454 页。

清华大学所召开的会议，故在其发生、发展的过程中，青年会及其宗教思想也难免成为"众矢之的"。在"非宗教大同盟"的宣言中，就曾经指出：

> 青年学生原本是很纯洁的，不易煽惑。他们便使用不知怎样得来的金钱，建筑高大华丽的房屋，叫作什么基督教青年会。他们始终对青年学生说，入会的不用信教。其实，既入壳中，一步一步地引人入胜。卒至基督教青年会，就是基督教预备学校，就是基督徒养成所。弹子房呀、体育会呀、电影呀、名人讲演呀、茶会呀、英文呀、年会呀……就是他们施毒的麻醉药、催眠剂。①

足见，非基督教运动对青年会的批判并非仅从文化和学理等层面展开，还同国内外政治势力对这场运动的介入有着较为紧密的关联。1924年，上海"非基督教同盟"青年会乃至基督教传播的抨击，更能说明这一点：

> 近年来，他们的布教方法日益巧妙，由教会到学校、到医院、到青年会……他们来到中国，无论是布教与教育，有意的或无意的，都宣传的是国际资本主义的观念，以破坏中国的民族觉悟与爱国之心（为目标），所以我们在反对一切宗教时应特别反对基督教。②

在非基督教运动的组织者和参与者们的眼里，青年会是基督教向中国渗透的有效武器，其宗教思想传播的目的就是瓦解中国人的民族觉悟与爱国之心。这反映出他们对基督教乃至西方文化的矛盾心理：在这些知识分子看来，要达成救亡图存的目标，就不得不学习西方。但是，在面对内容繁杂的西方文化时，他们的态度则呈现出两面性：一方面热情拥抱科学理性和自由民主的观念；另一方面则反对将这些观念引入中国的基督教。这种心态之所以形成，大体上基于以下三点：一是功利思想支配着他们对西方文化的取舍。虽然此时距离基督教在华合法传播已达半个多世纪，但

---

① 查时杰：《民国基督教史论文集》，第 122 页。
② 彭彼得、朱维之：《基督教思想史：基督教与文学》，上海书店 1989 年版，第 596 页。

中国并未因此摆脱积贫积弱的地位。既然基督教不能立竿见影地对中国带来积极作用，急于求成的中国知识分子自然会弃之如敝屣。二是辛亥革命后，当权者对基督教及其团体所表现出的热心，使他们之中部分人对之怀有戒心。三是传教士所表现出的文化优越感和教会中存在着强权与不平等的问题，刺激了他们的民族主义情绪。

与此同时，国际政治势力的干预也是非基督教运动扩大的重要原因。其中，共产国际对非基督教运动的介入和涉足已经为学界所公认。在1927 年共产国际所做出的决议中，就有"关于基督教青年会以及反基督教运动之任务"一项。内容包括：要公开反对青年会，因为它在民众特别是中国学界中宣传美帝国主义；提倡革命主义，抵制青年会之宗教思想对青年产生的负面影响。对反对帝国主义和攻击青年会之团体，应竭力予以支持。① 到了 1929 年 10 月，国民党中央民众训练部甚至提交议案，认为"各地青年会之组织，全属我民众集团，而其性质则以宗教为名，而行文化侵略之实"，指责其"常以似是而非之宗教理论，曲解附会我总理遗教"②。同年，国民党浙江省执委会宣传部、上海市执委会、山东省执委会也联名要求在中国范围内取缔青年会。在此之后，中国青年会的生存虽然没有受到实质性威胁，但是其各项事工却受到了严重的影响，不易开展。

二是"社会福音"解释能力的下降。原本，对"社会福音"的倡行，是中国青年会进行宗教思想传播和使命陈述的有效手段："青年会使人看见主的福音，是使人得着更为丰富的生命。这更丰富的生命包括一切，连肉体方面也包含在内……事无巨细，都在主的慈爱关怀之内。这一切，便是青年会对教会最重要的贡献。"③ 不过，随着时间的推移，"以社会福音来解释社会服务对基督教的贡献"这一途径越发难以获得青年会会员们的认可。比如刘廷芳虽发现，有些青年会会员认为，青年会所从事的社会服务工作，"非基督教都可以做的，都能做的，不必挂着基督教的招牌去

---

① 王健民：《中国共产党党史》，汉京文化事业有限公司 1988 年版，第 397 页。

② 中国第二历史档案馆编：《中华民国档案资料汇编》第五辑，江苏古籍出版社 1994 年版，第 54 页。

③ 刘廷芳：《青年会对于教会的贡献》，《上海青年》1935 年第 35 期。

做的"①。遗憾的是，他未能对此做出有理、有利、有节的辩护，只是强调青年会对社会的贡献是不容抹杀的。如此一来，进一步表明"社会福音"的思想已经很难说服青年会的会员们。可见，青年会的宗教思想传播难以摆脱这种尴尬的局面。

三是青年会在世界范围内出现了世俗化倾向。随着第一次世界大战和1929年世界性经济危机的爆发，世界各国的青年会正在从以福音传道为诉求的基督教团体，转变为以服务社会为目标的社会团体。"从公开强调对信仰的皈依，转向倡导和推动精神、身体素质以及社会服务能力的发展。"② 有鉴于此，北美协会曾在芝加哥举行了大会，通过了下列议案：削减各地青年会董事中的基督徒比例，允许非基督徒成为青年会董事；取消青年会全国协会委员必须是基督徒的限令。凡此种种，无疑使青年会的宗教性日益淡化。由于中国青年会一向与北美协会关系紧密，因而也受到北美协会世俗化的影响："我们都知道美国青年会素来都是出于全世界青年会的领袖地位。尤其我们东方的青年会几乎都要步步追随着它们的足迹。所以，他们遇到的问题，就是我们的问题，或是我们日后将会遇到的问题。"③ 这的确造成了中国青年会的成员在宗教身份的认知上的某些困惑。

四是因战争造成的困局。这里所指的战争主要是日本侵华战争。"九一八"事变之后，日本侵略中国的野心进一步膨胀。在侵占东北、控制华北之后，仍在继续备战，以便实现其全面侵华的目标。1937年7月7日，日本向中国发动了全面侵华战争，几乎波及中国各主要省份、城市。在这种局面下，中国各地的青年会都遭受了不同程度的损失。在一些身处日本殖民统治下的地区，青年会甚至被迫关闭或停止活动。在沦陷区内幸存下来的青年会的活动也受到了很大干扰。只有在大后方的青年会还能正常地开展工作。在日本侵略者被逐出中国后不久，三年国内战争随之爆发。旧的战争创伤尚未得到医治，新的战争又制造出更大的灾祸，将大量民众逼入绝境。面对战争所带来的巨大压力，中国各地的青年会也被迫调整了自己的工作重点：从宗教思想传播转向了更为实际的战时服务以及慈

---

① 刘廷芳：《青年会对于教会的贡献》，《上海青年》1935年第35期。

② 黄海波：《宗教非营利组织的身份建构：以（上海）基督教青年会为例》，第85页。

③ 罗钟瑞：《读了"青年会还能成为基督教的吗？"之后》，《同工》1934年总第133期。

善救济等方面。

二　天津青年会的应对之策

鉴于上述情形，中华基督教青年会全国协会以及部分城市青年会也调整了宗教思想传播的方向，积极采取应对之策。1923 年 2 月，第四次青年会全国干事大会在南京召开，来自各地的 150 名干事出席了会议。针对非基督教运动愈演愈烈的形势，大会就青年会的宗教思想传播策略以及会员工作等问题展开了讨论。另外，一些身处非基督教运动中心的城市青年会也对之积极回应。比如北京青年会的华籍干事张钦士，就将非基督教运动中的若干重要文献汇编成册，并加以分析，以为借鉴。①

天津虽并非非基督教运动的中心，天津青年会的外籍干事也积极应对非基督教运动给宗教思想传播所造成的困境，并为一些重大问题寻求应对之策。

首先，该会在传播宗教思想时，除聚焦知识分子和社会精英外，也试图关注广大劳动阶级。海士在 1927 年给北美协会的报告中曾经提到：

> 经过和一些关心我们的中国人的对话，开过几次会议，同干事们上过几次学习课之后，我开始感受到，紧接着的青年会工作，或者是在接下来的几年内的青年会工作，大部分应该落脚到那些不幸被称之为"下层民众"的群体上。我们的体育馆，休息室，阅读室和教室迄今为止却被特权阶级占用了。现在很明显，我们应该为这些下层贫苦民众计划获取一些设备。②

上文所提到的"一些关心我们的中国人"实际上正是指非基督教运动的发起者。他们对青年会的指责无外乎还是从下列内容展开：青年会是美帝国主义的代言人，是为中国的特权阶层服务的。身为中国最早的城市青年会，天津青年会虽未以激烈的言辞对这种指责加以回击，却用实际行

---

① 左芙蓉：《社会福音、社会服务与社会改造：北京基督教青年会历史研究，1906—1949》，第 175 页。

② *Annual Report for the Year*, 1927, *Newton Hayes*, 载陈肃编《美国明尼苏达大学图书馆藏男青年会档案：中国年度报告（1896—1949）》19，第 398 页。

动扩大了宗教传播的范围，将广大劳动阶级涵盖在内。由于天津是中国北方的重要工业城市，天津青年会十分注意在产业工人中传播宗教思想。

在 1930 年前后，天津青年会便借鉴了青年会在第一次世界大战时期从事军人服务的经验，在郊区的产业工人中"建立了一系列的棚屋和分支"。为了使基督教思想成为其文化与宗教认同的重要组成部分，该会还在"每周末举行宗教讲座，每周四举行健康，地理，节约或者相似题目的讲座"。① 此外，一些天津青年会成员还在各自创办的工厂中成立了青年会组织，开展相应的宗教思想宣传。身为天津青年会董事之一的宋棐卿就在创办的东亚毛呢纺织有限公司内组建了青年会，并以青年会"非以役人、乃役于人"的会训砥砺职工人格，使企业成为了职工的"生产培育素""精神寄托所""人格管理部"。② 如上种种，无疑为天津青年会的宗教传播开辟了新天地。

其次，在时代变局和生存挑战面前，天津青年会更加希望发挥青年会宗教思想的积极效应。1932 年 4—12 月，天津青年会德育部基于"国难的压迫，由于人格的破坏。人格破坏，则待兴之事不能举，已举之业必失败"等认知，断定"人格完善，国家自不会破裂"③，遂决定发起人格救国运动，并设人格救国运动会作为领导机关。

这样做的目的，主要是应对两重困难：一是青年会的世俗化的倾向。二是 20 世纪 30 年代以后民族危机迫近的社会现实："民国肇造，今逾廿载。变乱频仍，迄无宁岁。而内忧外患之交迸，天灾人祸之相煎，尚未有若今日之甚者也。溯自沈变以还，全国上下，奔走呼号，莫不知大难已临，应谋挽救。"④ 为此，天津青年会为该运动设计了这样的内容，大致如下：每周开会一次，每月开大会一次。约请市内闻人，分期演讲关于人格救国诸问题；将关于建设人格灵性修养诸意义。发为文字。每日分登

---

① *Annual Administrative Report for the Year*, 1930 *Submitted by L Newton Hayes*, *April* 15th, 1931，载陈肃编《美国明尼苏达大学图书馆藏男青年会档案：中国年度报告（1896—1949）》19，第 462 页。

② 参见宋允璋、王德刚《他的梦：宋棐卿》，明文出版社有限公司 2006 年版，第 174—175 页。

③ 《天津青年会人格救国运动会启布》，《大公报》1932 年 4 月 1 日。

④ 陈锡三：《关于人格救国运动之我见》，《同工》1932 年总第 174 期。

各报。①

与此同时，"人格救国"运动的开展，也是对基督教"本色化"思潮的回应。20世纪30年代以来，实现基督教的本色化，成为与青年会有密切关联的华人基督徒之共识。诚静怡曾提出过这样的问题："如何使基督教在东方适合东方人的需要？如何使基督教事业融洽东方之习惯与历史思想，具有深入人心，不可破之数千年结晶文化？"王治心更是对"本色化的教会"作了如下定义："所谓本色教会者，就是改造西洋化的教会为成功适合中华民族性的中国教会……令中国基督徒的宗教生活，合乎中国的民情，而不至于发生什么隔阂。"② 可见，在他们看来，本色化就是要以中国的经验丰富、完善基督教思想，使中国化的基督教思想在近代中国社会广泛传播。

为了扩大人格救国运动的影响力并凸显"本色化"的精神，天津青年会与本地以及全国其他地区的报刊媒体展开了密切合作，借助它们所创设的公共舆论空间，传播了下列理念和主张：个人需要从肉身中表现上天的诸般美德；人格是国家、社会、人类谋进化的动力；若要造就推动社会进步的完美人格，需要以基督教信仰为纲。③ 同时，天津青年会的干事们还向天津乃至全国的"同道中人"发出了这样的邀请："凡愿以人格救国的同志，只要灵魂思想身体不被色迷，不为欲蔽，不为毒伤，皆可得为本会人格救国运动会的会员。"④

显然，天津青年会发起人格救国运动的用意是扩大青年会宗教思想之影响力，使其发挥救人、救时、救世的功能。这一点，在其成员对运动中心意旨的表述中，便可见端倪："国家的强弱，是人们的行为所形成的结果。强的灵魂能使国家富强，弱的灵魂能使国家贫弱。"⑤ 这不仅是对基督教信仰和青年会的会训"非以役人，乃役于人"的重新诠释，更展现

---

① 陈锡三：《关于人格救国运动之我见》，《同工》1932年总第174期。

② 王治心：《中国基督教史纲》，上海古籍出版社2012年版，第223页。

③ 《天津青年会人格救国运动信条》、《天津青年会人格救国运动信条》（续）、天津青年会人格救国运动信条（续），《大公报》1932年4月2日、4月4日、4月5日。

④ 《天津青年会人格救国运动会启布》，《大公报》1932年4月1日。

⑤ 《天津基督教青年会人格救国运动谨布：灵魂！国家已经快到了绝路，千万不能再受欲望的支配了!》，《大公报》1932年4月12日。

了人格救国运动的发起者对读者们的期冀：希望基督徒们应该抛弃传统的
传福音、救灵魂的信仰生活，共同投身于救亡图存的时代浪潮；召唤一切
关注中国前途、命运的人们养成热爱国家、服务社会的品格，践履人格救
国运动的精神。正因如此，这场运动在天津社会各界人士中得到了积极的
响应："每次听众颇极踊跃，成效甚佳，迩来各地人士通函询问，愿加入
为同志者，逾数百人。"①

只不过，虽然发起者用意诚恳，但人格救国运动终究没能得到扩大。
原因如下：一方面，这场运动仍然是天津青年会对宗教思想传播挫折的被
动反应：虽然显现出该会的宗教思想并未受制于单一的诠释结构，但也使
之抵消了作为域外文化的"异质性张力"②。另一方面，自 1932 年以后，
由于华北地区的战争形势日益恶化，一些天津青年会的成员也主张以武力
抵抗日本帝国主义的侵略。人格救国运动难以为继，不足为奇。

1937 年，全面抗战爆发。鉴于战争不能在短期之内结束，中华基督
教青年会全国协会指示各沦陷区的城市青年会要加大宗教活动的比重。在
这种情形之下，身处沦陷区的天津青年会的宗教思想传播策略再度发生变
化：恢复其在创始之初的小规模宗教聚会；德育演讲所使用的语言也从中
文回归到了英文。1940 年全年共组织英文德育讲演 43 次，由伦敦会、通
圣会、循道公会、公理会、卫理会轮流负责，到会聆听讲座的达到千余
人。对于德育演讲的内容，天津青年会也适当做出调整：从提倡"社会
福音"到更多地关心属灵问题，目的是保障生存的安全。③ 但是，这种远
离现实需要的宗教传播策略在实施的过程中，难免遭遇更大的阻力。

在抗战结束之后，中华基督教青年会全国协会始终存在着两种声音。
一方面，提倡成员顺应现实需要，参与政治之声不绝于耳。吴耀宗曾说：
"许多基督徒就怀着一种惧怕，怕被牵入政治漩涡，他们觉得政治是黑暗
的、龌龊的。"④ 另一方面，它也曾公开向各城市青年会发出倡议："在解
决政治问题的时候，我们需尽可能地使基督教的真理成为我们辨别是非的

---

① 陈锡三：《关于人格救国运动之我见》，《同工》1932 年总第 174 期。

② 杨慧林：《"本地化"还是"处境化"：汉语语境中的基督教诠释》，载张志刚等编《基
督教中国化研究》第一辑，第 39 页。

③ 《天津青年会在高兰村难民区工作》，《同工》1940 年总第 186 期。

④ 吴耀宗：《对基督教学生运动的回顾与前瞻》，《天风》1948 年总第 109 期。

准则。我们不能让个人的政治偏见和组织兴趣影响我们的客观判断。我们全能的主是上帝，而不是任何党派或者团体。因而我们必须万事忠于上帝。"①

在此情形下，天津青年会的宗教思想传播出现了进退失据的尴尬状况。其成员越发热衷于参与社会政治运动。宗教思想传播在日常会务中受到挤压，详情参见表5-2。

表5-2　　　　1945—1948年天津青年会部分宗教传播活动一览

时间	活动内容	参与者
1946年4月26日	演说、演奏《圣诞曲》	赵紫宸
1947年10月11日—11月1日	演说《宗教生活》	杜建时
1947年12月13日	周末会演说《基督教与佛教之异同》	吴布音
1947年12月27日	圣诞庆祝会	
1948年10月18—27日	布道演说	艾迪

资料来源：罗世龙编：《天津中华基督教青年会与近代天津文明》，第453—457页。

虽然为实现战后民众的精神重建，天津青年会还是为宗教思想传播预留了空间，天津市政府特别是时任天津市市长的杜建时也积极参与和配合相关活动，但是这却改变不了宗教思想传播在频率和密度上大为降低的事实。更重要的是，天津青年会成员从事宗教思想传播的热情也有所减弱。以艾迪的布道演说为例，在抗战爆发之前，他的讲演曾经屡次在公共舆论空间内引发轰动效应。当1948年艾迪最后一次来华时，相关讯息仅有寥寥数语见于《大公报》中："世界闻名宗教演讲家艾迪博士，应本市基督教青年会之约，以于昨晨抵津，定自今日起在一区滨江道维斯理堂每日晚七时起作公开演讲三天。"② 对于艾迪布道演说之内容，某些天津青年会成员评价不高：

> 尽管华展谟和迪克逊之流，竭尽全力替他鼓吹捧场。杜健时也以
> 市长的身份替他表示欢迎，妄图以此为摇摇欲坠的国民党统治助威，

---

① American YMCA National Archives, International Division, China, Print, Draft Approved Dec 1948 by Executive Board, *National Committee YMCA's of China for Study and Discussion*.

② 《零讯》，《大公报》1948年10月19日。

但也最终挽救不了国民党政府的垮台。①

究其原因,似乎很多:其一,抗战结束后,饱受战乱之苦的天津市民渴望尽快建立统一、民主、自由的国家,青年会的宗教思想难以满足他们的上述需求。其二,党派对天津青年会的介入不可避免。天津青年会部分成员更多关注的是,怎样在国、共两大阵营的争夺中作出选择,以求累积生存资本。因而,对于宗教思想的传播,他们也不再热衷。更重要的是,美国卷入中国内战之后,天津青年会的干事甚至本地社会成员对其印象大为降低。这使由北美协会"舶来"的青年会宗教思想,在天津青年会乃至天津社会无法得到认同。由此,青年会传播基督教的目标因不能适应中国社会多边的处境和目标而未能实现,它距离参与构建信仰、文化认同的目标越来越远。

本 章 小 结

一直以来,青年会都致力于透过宗教思想的传播,参与信仰、文化认同的构建。天津青年会更是积极探索多种传播手段,提高宗教思想传播的深度和广度。本地成员对青年会宗教思想的诠释具有以下双重意义:凸显出青年会宗教体系的开放性;彰显了基督徒、改革者和爱国人士的多重身份。如上种种,在天津青年会构建信仰、文化认同的进程中,发挥了积极作用。

虽然,受到了非基督教运动、青年会世俗化以及 20 世纪 30 年代以来的民族危机之影响,青年会宗教思想的解释力有所减弱。有鉴于此,天津青年会也试图对宗教思想传播的方式和手段加以改变,以便应对更加复杂的生存环境。但是,上述努力最终归于失败。原因如下:它抵消了基督教思想所具备的异质文化张力,使之与产生于本土的救亡图存思想具有趋同性;日益恶化的社会环境,使天津青年会的成员们对其评判不一,甚至出现冷漠与抵制的情绪。这无疑使天津青年会难以达成利用宗教思想,构建信仰、文化认同的使命。

---

① 杨肖彭:《北美协会与天津基督教青年会》,载《天津文史资料选辑》21,第 144 页。

第六章

宗教资源的转化：天津青年会的
社会服务事业

　　然而，近代天津社会所面临的困顿与希望，给予天津青年会新的机遇。由此，它开始从事社会服务，将自身所掌握的宗教资源加以转化。总的来说，天津青年会的社会服务事业主要有两个方向：一是遵循青年会在世界各国运行的规律，以培育青年人为目标，造就引领时代发展的领袖人才；二是有针对性地解决近代天津乃至中国所出现的社会问题。上述做法，使天津青年会得以运用自身所掌握的宗教资源，与地方社会实现有效沟通，建立相互信任的关系。这为其在 1949 年以后的生存，创造了新的条件。

第一节　培育领袖人才

　　天津青年会自建立之后，它的缔造者们就致力于摆脱"宗教团体"的单一身份，有效介入地方社会。重要条件就是，培育适应现代社会发展需要的领袖人才，推动天津城市文明的发展。为此，该会借鉴了青年会在西方世界的工作经验，为青年人设计了一系列可行标准和培训计划，使之在社会转型的过程中掌握一系列知识和技能，帮助其在近代城市扎根与立足。

一　促进知识结构的更新

　　在传播基督教思想的同时，天津青年会也在向"培育和造就新中国的领袖人才"这一目标迈进。在为青年会服务之中、外人士看来，"新中国的领袖"不应像前辈那般皓首穷经，整日埋头于故纸堆，其知识结构应当适应现代社会的发展需要。因此，天津青年会立即投身新式教育事业，帮助广大受教育者实现知识结构的更新。

　　在天津青年会所从事的新式教育事业中，办学占据着比较突出的位置。早在 20 世纪初，天津青年会的干事们就参与了普通中学堂的创建。1903 年，普通中学堂改为官办。清末民初，由于政权的更迭，失去官方资助的普通中学堂面临着难以为继的窘境。天津青年会的干事们因此意识到："该学校已经不再适合作为青年会工作的一部分了，因为迄今为止它的办学路线和理念并不是十分令人满意。"主要有以下四点不利的条件："1. 计分体制导致了学术成就的低水平；2. 太多的汉语课程；3. 与教育委员会的交涉不是很顺畅；4. 庞大的财政负担"。①

为改变这种局面，天津青年会的干事们适时调整了办学的方式和路径。1913 年，艾迪造访天津青年会时，曾给予了他们一些建设性的意见：鼓励天津青年会的本地成员撰文，谋求改进教育事业的方法。结果有 157 名会员所撰写的文章寄给了天津青年会，其中 23 篇文章提到"开办日夜兼任学校"②。于是，在 1914 年新会所建成之后，天津青年会的干事们便将上述建议转化为实践，扩大了原有日、夜校的招生规模。为此，天津青年会智育科刊登了这样的启事：

　　大凡有志之士，对于学识必欲登峰造极，达其高尚之目的，副其无限之期望……否则，终归于失败。审是求能造就完全之人格，解青年之困难，以应青年之需要，而为青年之良友者，惟青年会是也。青年会智育科之宗旨，在陶铸青年有完全之人格，能助幼童及成人使其自助并增长其服务社会之思想，循循善诱以善美之方法，启迪之原有之才能，练达其勤勉之习惯。③

可见，天津青年会办学的目标和规划十分清晰，那就是使广大城市青年具有服务社会之思想意识以及适应时代的知识能力。这是评价现代社会领袖人才的两大标准。所以，为了使在日、夜校就读的青年达到上述标

---

① *Report of R S Hall*，*Associate Secretary*，*Tientsin*，载陈肃等编《美国明尼苏达大学图书馆藏基督教男青年会档案：中国事工报告（1896—1949）》4，第 471 页。

② *R M Hersey*，*General Secretary Tientsin*，*Annual Report for the Year Ending*，*September* 30，1913，载陈肃等编《美国明尼苏达大学图书馆藏基督教男青年会档案：中国事工报告（1896—1949）》6，第 237 页。

③ 《本会智育科春季通告》，天津市档案馆藏，1915 年，资料号：J0128 - 2 - 002150 - 005。

准，天津青年会在课业设计等方面，进行了精心的设计：

青年会夜校春季招生广告

开学：阳历二月八号。

考期：二月七号晚七点钟。

班次：除普通英文七班外，添设速记打字、高等英文、师范英文、高等汉文等班。

时间：普通英文及商务英文等班每星期授课五次，每次二时，余者另见详章。

课程：另见详章。

教员：中西才学兼优硕士。

学费：会员入英文或商学班者全季纳学费七元，速记打字班二十五元。余者载在详章。

程度：稍有英文学识者均可报名。

报名：由一月十八号起至开学日随时可至本会所报名，并取阅详章。凡童子不便入夜校者可入童子晚课补习。

地址：东马路青年会所内。①

在教学效果的检验上，天津青年会虽然没有确立严格的考试制度。但在毕业典礼上，它也安排学员们作"汇报式"的展示：

本埠东马路青年会，其所设立之英文夜校，定于本月二十八日（即星期五）下午七时半，在该会大讲堂举行毕业式。兹觅得其开会秩序志后……（一）夜校学生陈锡年、徐树桐述英文故事《题□择交》；（二）毕业生邵家仁、王宜亭之英文论说《有志者事竟成》；（三）商班生张家麟、罗云藻之英文论说《广告术》；（四）打字竞赛；（五）英文论说《勤勉》；（六）英文论说《敬告同学》；（七）颁发证书。②

---

① 《青年会夜校春季招生广告》，《益世报》1917 年 1 月 10 日。

② 《青年会英文夜校——将举行毕业式》，《益世报》1918 年 12 月 22 日。

这样安排的目的有二方面：第一方面是检验青年会学校所取得的教学成绩。在学员展示的过程中，作为教育、培训的主办者之天津青年会可以发现在以往教学工作中所取得的成绩及不足。第二方面，它也成为向社会宣传、推广天津青年会的办学经验，以此寻求更为广泛的社会支持、树立自身的社会形象的机会。在这个过程中，学校因为得到了商人群体的支持，继续扩大规模。1924 年，经董事会成员雍剑秋引介，天津的商人们资助青年会建立了商业学校，每年的资助经费高达 4000 美元①。

虽然天津青年会的办学实践取得了一定的成绩，但是它毕竟是一项需要耗费大量人、财、物力的事情，很难在短时间内收到应有的实际效应。另外，在一定时间段内，受教育者的范围和数量也较为有限。故在 1911年中华基督教青年会全国协会演讲部成立后，天津青年会也顺应这一趋势，举办了多场旨在启迪青年智慧的讲座。饶伯森在天津所举办的科学讲座，在天津的青年人当中广受欢迎：

> 美博士饶柏森君，专门格致家也。近由基督教青年会合会委派，游历中国各大城名镇，演说新发明之格致利器——盘旋机，并随带机器，以备就地实验各项功用。②

饶伯森的讲座，着眼于以下两个方面：一方面是介绍西方先进科学技术，满足青年迫切学习西方的渴望；二方面是借讲座之机，凸显西方文化的优越性，提高天津青年会在青年人心目中的地位。事实上，这些讲座在天津之中、西人士当中，的确颇受推崇。曾为天津青年会早期董事会成员的赫立德尝说：

> 作为受欢迎的科学和科学发现最新发展的讲解者和倡导者，他的成功可以用周二晚上的讲演来证明，到处都是热情的观众。与之伴随的是人们产生的更大的期待，和探索未知的强烈欲望……可以确定的是，没有人能像饶伯森教授那样帮助他们去了解更多。尽管那些理论

---

① *Administration Report for* 1922 *R M Hersey，Tientsin，China*，载陈肃等编《美国明尼苏达大学图书馆藏基督教男青年会档案：中国事工报告（1896—1949）》18，第 150 页。

② 《演说先声》，《大公报》1911 年 10 月 12 日。

比较深奥难懂，但他总能用自己的方式给观众解说明白。①

　　这道出了讲座传播时代讯息、启迪青年智慧方面所发挥的作用。因为它可以构建用于交流信息和观点的网络，使聆听者和演讲者间形成知识的有效传递，继而产生公共判断，引领舆论的导向。正因如此，它不仅提高了新思想、新学术的普及程度，还使聆听讲座的人们特别是青年人生成了参与社会变革的意识。另外，饶伯森科学讲演的成功还在于，它促使中华基督教青年会全国协会于 1912 年成立讲演部，并带动多个城市青年会讲演工作的深入开展。

　　有鉴于此，天津青年会智育科开始在每周的固定时间段内，召开智育演说会，具体安排如下："本年度于每月之次星期六、日晚为会员开智育演说会，或请名人演讲科学，或用幻灯影片演讲，共开十次。"② 到会演讲者，不乏像李大钊、胡适、杜威、梁启超这样享誉中外的精英知识分子。他们不仅向听众传播了引领时代的启蒙思想，还针对中国和天津社会的实际状况发表了深刻而独到的见解，内容涉及国家、社会乃至科教文卫和家庭的诸多问题。如李大钊的《大亚细亚主义》、杜威的《教授科学的方法》、梁启超的《哲学的意义》等，颇受听众欢迎。尽管在当时无法探讨此举能否收到立竿见影的效果，但是它们对于启发社会各界人士特别是青年人的思想，使之关心国家和社会，起到了某种积极作用。

　　随着时间的推移，天津青年会的讲座不仅继续举办，规模也有所扩大。1935 年 3 月 1—8 日，天津青年会举行了"学术演讲周"：

　　　　总题为《治学的方法》。三月二日：潘光旦先生讲《优生与民族健康》，下午四时。三月三日：何廉先生讲《世界经济之趋势及中国应有之准备》。三月四日：李书田先生讲《中国水利问题》，下午七时半。三月五日：蒋梦麟先生讲《求学的方法》下午四时半。三月六日：熊佛西先生《青年与农村》，下午四时。三月七日：李适生先

　　① *Report of R S Hall, Associate Secretary, Tientsin*，载陈肃等编《美国明尼苏达大学图书馆藏基督教男青年会档案：中国事工报告（1896—1949）》4，第 480 页。

　　② *Administration Report for 1922 R M Hersey, Tientsin, China*，载陈肃等编《美国明尼苏达大学图书馆藏基督教男青年会档案：中国事工报告（1896—1949）》18，第 158 页。

生讲《农业经济在中国之重要》，下午四时。三月八日：赵鉴唐先生讲《法律知识之需要》，下午四时半①。

较之以往，此次演讲周的着眼点在于介绍专业知识，涉及医疗卫生、水利事业、法律、经济、乡村建设等诸多领域。到会演讲者，大多任职于高等院校，并享誉学术界。因此，"学术演讲周"颇受具有高学历青年人的喜爱："每日听众均在六七百人以上，除该会会员外，大半听众均为本市各高中以上男女学生，尤以蒋梦麟、熊佛西两氏主讲时听众更为拥挤，该会礼堂楼上楼下均无立锥之地。"② 青年学生们之所以对"学术讲演周"的活动求之若渴，实因其具有不可替代的作用，对拓展认知范围、提升内在品质与修养均有所帮助。

除了创办学校和举行讲演活动外，天津青年会还积极推广"平民教育运动"，以便培育和造就处于社会中、下层的青年。所谓"平民教育运动"是指 20 世纪 20 年代初，晏阳初在全国范围内发起的以"破文盲，塑新民"为目标的社会教育运动。这场运动从发起到推广都与青年会有着密不可分的联系，其推广路径也显现出"由全球及地方"的特色。

"平民教育运动"的发端于青年会服务世界的进程。作为这场运动的发起者，晏阳初③也曾在第一次世界大战加入青年会华工服务的行列。在这个过程中，他发现，中下层民众受教育程度较低，是中国人在国际社会备受歧视的重要原因：

英国人法国人是看不起中国人的，他们把华工叫做"Coolie Corpse"（苦力，死尸）用来侮辱。我受刺激很大，我想，如果华工都受过良好的教育，他们根本不会有那种粗鄙的举动，同时，定会组织起来，发挥团结力量，用号召罢工等方法，去抵抗一切的侮辱与欺

---

① 《青年会主办名人学术讲演》，《大公报》1935 年 2 月 26 日。

② 《学术讲演周今日为最后一天》，《大公报》1935 年 3 月 8 日。

③ 晏阳初（1890—1990）：1913 年就读于香港圣保罗书院（香港大学前身），后转美耶鲁大学，主修政治经济。1918 年毕业，获学士学位。1919 年入普林斯顿大学研究院，攻历史学，获硕士学位。留美期间，曾跟随青年会到"一战"的战场上服务，回国后成为平民教育运动的发起者。

压的。于是，更坚定了我从事华工教育的信心①。

这也成为他在回国之后，利用中华基督教青年会全国协会智育干事的身份，发起"平民教育运动"的动因。在此期间，他所编订的《平民千字课》，成为了"平民教育运动"的通行教材。

在晏阳初向全国推广平民教育运动的过程中，作为中华基督教青年会全国协会重要成员的天津青年会成为有力的支持者。1922 年 3 月，天津青年会的社会服务团举行了"天津平民教育运动游行大会"。出席此次大会的有"天津新学书院、公立培华义塾、维一社少年义勇队、维一社义务小学校、学生同志会之四处义务学校、青年会职工部、义务国民学校、沈王庄基督教通俗学校、水产学校附设平民学校、国民生计学校、社会服务团，共男女学生千余人"②。

此后，中华平民教育促进会③的成立虽使"平民教育运动"的中心从城市转移到了农村，但是天津青年会的平民教育运动依旧延续，并凸显出了浓厚的地域文化特色。这为"平民教育运动"的推行，提供了来自城市的经验。1923—1925 年，天津青年会共开办了四期平民教育学校，报名者十分踊跃。④ 其中"教员约有二十余人，担任义务，日日不解[懈]"。⑤ 对平民教育学校的课程，天津青年会进行了详细的规划和精心的设计："于学生之健康、卫生、游艺、运动、家政、公民、道德、国歌等均有相当的训练，俾造就完全国民，渐渐可以改良社会云。"⑥ 上述设想，是对该会以往创办教育经验的凝练、补充与提升，特点是：将"教育"与"培训"有机结合。"教育"所要达到的目标是促进人的全面发展；"培训"所要达到的目的则是增强人对社会环境以及工作岗位的适应性，提高其在公共领域的生存和竞争能力。

---

① 晏阳初：《平民教育运动的回顾与前瞻》，宋恩荣编：《晏阳初文集》，教育科学出版社 1989 年版，第 320 页。

② 《平民校游行详志》，《大公报》1922 年 3 月 14 日。

③ 该会成立于 1923 年。

④ 《平民教育开幕会志盛》，《大公报》1925 年 3 月 5 日。

⑤ 《平民教育之发展状况》，《大公报》1935 年 3 月 10 日。

⑥ 同上。

在推广平民教育的过程中，天津青年会还与天津各学校青年会结成了紧密的互动关系。由张伯苓、张彭春所创建的南开青年会，就对天津青年会的平民教育事业提供了颇多支持："有张伯苓讲演，鼓励学生宜有服务社会之精神。又有新戏及各种游艺等，以助兴趣。"①

正因如此，天津青年会推广"平民教育运动"的经验得到了中华平民教育促进会的认可。为了同天津青年会进行有效沟通，中华平民教育促进会的代表多次前往天津青年会东马路会所发表演说。1927 年，天津青年会"特请北京平民教育促进会乡村股主任傅葆琛博士主讲，以《平民教育实施法》为题"②，分享在乡村推广平民教育运动的方法和经验。借助城、乡之间的经验互通，天津青年会的平民教育事业的深度和广度都得以提升。这一态势延续至抗战前夕："本市东马路青年会少年部友爱团素以发展少年四育、辅助青年会服务社会为目的，最近该团利用暑假期内特假河北宿纬联青社第一儿童游戏场开办一露天平民学校，以利河北一带贫苦无告目不识丁之儿童。教员一席，特由该团团员轮流担任。时间每日上午六时半至八时，下午四时至五时半。课本采用商务印书馆出版之《平民千字课》庶可以最短时间能得到相当之知识。定于明日正式授课，受业儿童已达七十余人。"③

二　强健体魄的锻造

除了令青年拥有开放的知识结构外，天津青年会还力图在他们当中推广体育运动。这是基于"拥有强健的体魄，是改善青年人生命质量，使其具备服务社会之能力的关键……人生利达之第一要件，则完善之躯体是也，爽健也，膂力也，精神也，非可偶然而遇之，必顺天然之定例而后得之"④ 等认知。

正因如此，天津青年会对体育运动的普及，可谓不遗余力。该会自建立以来，外籍干事们就试图为体育运动的开展找寻合适的场地。但是，由于受到资金和运动器材的限制，他们只能采取租用运动场地等方式加以解

---

① 《南开青年会纪念》，《大公报》1927 年 5 月 3 日。

② 《青年会消息》，《大公报》1927 年 4 月 17 日。

③ 《青年会少年友爱团》，《大公报》1935 年 7 月 31 日。

④ 强魄：《体育精要录》（一），《青年》第四册，光绪丙午（1906）正月。

决。这在无形中抑制了体育运动的顺利开展："我们使用借来的场地，由于可观的开支，每年或经常要搬家，因此不能有持久的改进"①；"在没有足够资金来购置设备的情况下，我们完成了这项工作。如果我们拥有正规的室内体育馆，就能加倍出色完成"②。

在天津青年会的外籍干事们一筹莫展的同时，"教育局已经为官立学校学生开放了一块运动场，是我们的两倍，而且不比我们的远，现在正在增添设备"。③ 于是，天津青年会开始与新式学校展开合作，共同推广体育运动。首当其冲的，就是向天津新式学校的师生传授运动技术。篮球运动在近代天津和中国的普及，就与这一进程密切相关。自1896年起，近代篮球运动的创始者奈斯密斯的学生蔡乐尔来到天津青年会负责体育工作，并向天津新式学堂的师生们传授篮球技术。在他的引领下，篮球运动在天津新式学堂的广大师生中广受欢迎。④

然而，直至20世纪初，社会上的不少人对体育运动存在偏见，并持有"参加体育运动会降低社会身份"这一传统观念。格林的一番观察，颇能说明问题：

> 直到最近，人们特别是有些青年学生参与任何形式的体育运动，依然被认为是降低身份的事情。当体育首次出现，让一个学生参加运动比让他一天学习24个小时更加困难。如果要求某些去做1英里的跑步的话，他宁愿雇一个人去替他。⑤

上述观念的形成，并非一朝一夕。这和生活在传统社会中的众多男性长期沿袭的思想有一定的关系："唐宋以后，科举兴、文风盛。所谓体育

① *Report of C H Robertson, Associate Secretary, Tientsin*，载陈肃编《美国明尼苏达大学图书馆藏基督教男青年会档案：中国年度报告（1896—1949）》3，第305页。

② *Report of R Gailey, General Secretary*，载陈肃编《美国明尼苏达大学图书馆藏基督教男青年会档案：中国年度报告（1896—1949）》3，第309页。

③ *Report of C H Robertson, Associate Secretary, Tientsin*，载陈肃编《美国明尼苏达大学图书馆藏基督教男青年会档案：中国年度报告（1896—1949）》3，第305页。

④《天津市体育设备调查》（续三），《大公报》1930年7月14日。

⑤ American YMCA National Archives, International Division China, *Correspondence and Reports*, 1920.

在教育中已无地位。盖当时之人多尚空谈，而不求身体上之健康与安适。他们视身体上有用之练习，为费时、耗神之举。"① 足见在传统社会的评价体系中，掌握知识比锻造孔武有力的身体重要得多。对需要深层次介入社会公共领域的男性而言，这一点更是如此。他们之所以更 "渴望在'文'上有成就，是因为成为文人在传统上意味着通过科举考试成功的获得进入官僚阶级的敲门砖"。这却是体育锻炼所不能给予他们的。虽然进入 20 世纪以后，科举制度渐次废除，但是 "囿于社会的贬损，他们对'文'的优越地位依然笃信"②。如此一来，加大了青年会在天津推广体育运动的难度。

有鉴于此，天津青年会的外籍干事在提高青年运动技术的同时，也加强了舆论宣传。其中的基本逻辑便是：不重视体育的民族在竞争激烈的世界中将无法获得生存空间。这在一定程度上暗合了米歇尔·福柯的身体观："身体是事件被铭写的表面，（语言对事件进行追记，思想对事件进行解散，）是自我被拆散的处所（自我具备一种物质整体性幻觉），是一个永远在分化瓦解的器具。"③

上述主张也得到了天津青年会本地成员的认可。张伯苓就是其中之一。他曾经指出，尽管时人已经认识到："人民的一切苦楚都基于贫弱的原因"，但是却存在某种错误的看法，即 "提到强便有一种联想，就是军队、军火等"。对此，张伯苓感到问题严重，遂明确提出自己的观点："其实不然，乃是关于我们个人身体的锻炼……这不是个人的不健全，乃是我们的历史使然，一代一代地传下来形成了我们危弱的身体，所以我们身体的健壮是要紧的。"④

在他看来，道德和学问需要长期教养，难以一蹴而就；通过体育活动雕塑青年人的身体，特别是用雄壮健美的身体取代羸弱的身体，则成为塑造新国民的有效手段。这种观念的更新使天津青年会提倡体育的各项工

---

① 程登科：《世界体育史纲要》，商务印书馆 1946 年版，第 209 页。

② ［澳］雷金庆：《男性特质论：中国的社会与性别》，刘婷译，江苏人民出版社 2012 年版，第 87 页。

③ ［法］米歇尔·福柯：《规训与惩罚》，刘兆成译，生活·读书·新知三联书店 1999 年版，第 27 页。

④ 张伯苓：《中国的富强之路》，载崔国良编《张伯苓教育论著选》，第 190 页。

作，在明确目标的引领之下开展得更加顺利。集中体现在以下几个方面：

一是体育专业人才的培养。20 世纪初，天津青年会曾开办"体育干事训练班"，课程包括生理学、解剖学、运动技术、教育学等多个方面。这不仅使天津青年会的华籍干事逐渐取代外籍干事成为体育部的主导，还令中国的体育事业人才辈出。董守义正是其中的典型代表。他 1895 年生于河北蠡县。早年进入保定公理会开办的同仁学堂就学，并接触篮球运动。1916 年，他接受邀请来到天津青年会，并在"体育干事训练班"接受培训。1923 年，他担任天津青年会体育干事兼任南开中学体育教员，指导的"南开五虎"篮球队名闻全国，在比赛中多次优胜，成绩骄人。之后，董守义留学美国春田大学（斯普林菲尔德学院）体育系，1925 年回国后任天津基督教青年会体育部主任。1930 年起，董守义历任北京师范大学、北平民国大学、北平女子文理学院、西北联大、浙江大学等体育系教授。1947 年，在斯德哥尔摩举行的第 41 次会议上，董守义当选为国际奥委会委员。对于体育精神的宣传与体育技术的推广，董守义也贡献颇多。他先后撰写了《篮球术》《足球术》《田径赛术》《最新篮球术》《篮球训练法》《国际奥林匹克》《欧洲考察日记》7 部体育著作和 150 多篇文章，尤其是《篮球术》一书享誉全国①。

二是开展和组织各项比赛。1914 年，天津青年会东马路会所正式建成，内设健身房、淋浴室，并建有篮球场，可以作为篮球、排球、羽毛球比赛之用。地下室还设有乒乓球、台球、地球室；顶部则是一环形跑道，满足了组织多项体育比赛的需要。故自 1915 年以来，天津青年会频繁组织各项比赛，用以活跃氛围，推动体育运动，普及体育精神（参见表 6 - 1）。

表 6 - 1　　　　　天津青年会东马路会所举办之部分体育比赛一览

时间	名称	参与者
1915 年	天津学校联合篮球比赛	
1919 年	游艺比赛	
1928 年	羽毛球比赛	天津青年会干事：李友珍、陶少甫、翟士齐等

---

① 《中国篮球之父董守义》，《天风》2008 年第 15 期。

续表

时间	名称	参与者
		外侨羽毛球队
1929 年	台球决赛	
	万国甲乙组公开篮球赛	华北地区球队共计百余人，其中包括女子篮球队
1931 年	万国长跑赛	
	乒乓球公开赛	青年会青萍队等
1934 年	万国自行车赛	
1935 年	全市公开游艇比赛	
1936 年	第一届象棋比赛	

资料来源：《大公报》1915—1936 年；《益世报》1915—1936 年。

　　这些比赛的形式、内容丰富多样，不仅使竞技体育在天津的发展走向了正规、科学的路径，还令参与其中的青年人完成了身、心、灵的重建。同时，参加体育比赛还有助于使参与者生发主动迎接竞争和挑战的心理，用以适应剧烈变化的现代社会。团体的观念和尊重法律、规范的意识在体育比赛中的贯彻，则意义更为深远。这正是一个现代国家公民所必备的素质："毫无疑问，体育竞赛在今日中国被引进的有限地区中最宝贵的民主力量。"① 不仅如此，通过比赛的举办还能够满足部分青年娱乐、道德理想、观赏和消遣等方面的需要，并使他们之间的往来更为紧密，加强彼此之间的交往与沟通，对其参与和组织各类社会活动也有着直接和间接的帮助。

　　值得肯定的是，天津青年会不仅持续举办各类体育比赛，而且还创办和参加了各个层次、级别的运动会。天津、华北、中国乃至亚洲一系列重要运动会的举行，都离不开天津青年会及其成员的倡导和参与。

　　天津学校联合运动会的前身正是"天津青年会运动会"。华北运动会则是在 1899 年天津青年会举办之"学校联合运动会"的基础之上加以扩展的。自第 7 届起，开始有通州协和书院和唐山路矿学堂等外埠新式学校参与，逐渐形成华北区域运动会之规模。第 1—5 届（1913—1917）华北运动会，由京、津青年会举办。此后，华北运动会之会章程规定，运动会

————————

　　① American YMCA National Archives, International Division China, *Correspondence and Reports*, 1920.

在华北各省、市轮流举办。而从已经举办过的 18 届华北运动会来看，北京共主办 5 届，天津仅次于北京，主办 4 届①。

　　另外，在天津青年会董事张伯苓、总干事格林以及上海青年会体育干事埃克斯纳的提议下，第一届全国运动会于 1910 年在南京举办。当时定名为"全国学校区第一次体育同盟会"，参与者分别来自华北、武汉、吴宁、上海、华南 5 区，运动员达 150 人。天津青年会派出的运动队获得了总成绩第三名。中华民国成立之后，全国运动会遂成为定制，并正式得名。1924 年，借武昌举办第三届全国运动会之机，全国体协正式成立。张伯苓曾经担任全国体协的名誉干事，董守义则出任这一全国性体育机构的总干事②。

　　1913 年，张伯苓等人联合日本青年会以及菲律宾体育协会，联合举办了第一届远东运动会。这是中国体育走出国门，参与国际体育竞争的第一步。远东运动会在组织规则上，采纳了奥林匹克运动会的模式，目的在于"增进各种竞技运动之组织、并增进运动兴趣、发扬高尚之精神"。天津青年会不仅派人参加了历届远东运动会，还对其中的某些重要项目进行了精心的筹划和准备。在第三届远东运动会举办之机，天津青年会就举办了长途赛跑比赛，以便从中挑选合适的队员③。在天津青年会看来，体育不仅是中国人追赶世界潮流、与周边地区和国家交往的媒介，参与体育运动和比赛还是在展现一个国家的国民身体素质和精神面貌。因此，该会成员在融入远东运动会竞争氛围的同时，也不失时机地展现出了民族风范和气节。1934 年，当日本允许伪满洲国代表队参与远东运动会的消息传来，天津青年会的成员们不仅强烈抗议，而且向全国发出提议，要求中国代表团退出远东运动会。④

　　此外，要求中国人参加和主办奥林匹克运动会的呼吁，也是由天津青年会发出。1907 年 10 月 24 日，张伯苓在天津学校第五届联合运动会闭幕典礼和颁奖仪式上，以"雅典的奥运会"为题发表演说。他提出："此

---

　　①　罗世龙编：《天津中华基督教青年会与近代天津文明》，第 178 页。

　　②　《张伯苓返津畅谈南行观感》，《益世报》1936 年 12 月 27 日；《发展津市体育》，《益世报》1946 年 2 月 26 日。

　　③　《五英里赛跑定期比赛》，《益世报》1922 年 11 月 19 日。

　　④　《张伯苓谈沪圆桌会》，《益世报》1934 年 4 月 3 日。

次运动会的成功，使我对我国选手在不久的将来参加奥运会充满了希望，因为，虽然许多欧洲国家奥运选手获奖希望甚微，但他们仍然派出选手参加奥运会。"所以，他提议："中国人应该加紧准备，在不久的将来也出现在奥运赛场上。"这一演讲内容在次年出版的英文版《天津青年会报》上，以《竞技运动》为题发表①。由此，他成为了倡导中国人参加奥林匹克运动会的第一人。随后，张伯苓还与天津青年会外籍干事饶伯森一道，发出了著名的"奥运三问"，发人深省："中国何时能派一名选手参加奥林匹克运动会"；"中国何时才能派一支队伍参加奥林匹克运动会"；"中国何时才能举办奥林匹克运动会"。

为了在中国发展奥林匹克运动会，身为天津青年会董事与全国体协名誉会长的他还付出了艰辛的努力。1932年，第十届奥林匹克运动会即将在美国洛杉矶举办。但是，日本为了给侵华战争制造舆论，单方面宣布山东籍短跑运动员刘长春和中长跑运动员于希渭代表伪满洲国参赛。张伯苓随之与张学良等商议，急电国际奥委会给此二人报名，公开宣布刘长春、于希渭二人代表中华民国参加奥林匹克运动会。此举不仅使中国人第一次走进了奥林匹克运动会的殿堂，也在全国社会各界人士特别是青年人群体中，激发起了爱国和参与抗日救亡运动的热情，令体育运动和体育精神在战争危机一触即发的局面下，起到了促进中华民族团结的作用。

三　合群精神的培育

与其他基督教团体有所不同的是，青年会不仅在传播宗教思想、提升青年内在品质上不遗余力，还致力于培育其"合群"的精神。合群的精神究竟是什么？中华基督教青年会全国协会出版的刊物，对此作出了如下解释："青年会具博爱之精神。使各等信仰之人士，进而效公众之服务"；"青年会有特殊之团结力，合少年成人基督徒为一大队，提挈进行，势莫与敌"；"青年会能以个人激起他人潜在之能力，并为教会征得有力之领袖"；"青年会对于有交际才之少年。使知'非以役人 乃役于人'之最高模范"②。

中华基督教青年会全国协会所理解的"合群"精神实际上包含着以

---

① 孙海麟：《中国奥运先驱张伯苓》，人民出版社2007年版，第20页。
② 任夫：《何谓基督教青年会》，《青年进步》（第十四册），1918年。

下要点：团队合作的精神；高超的交际能力；社会服务的意识。那么，什么是基督徒所理解的社会服务的意识？简言之，就是将基督教所提倡的"爱"与"公义"幻化为"人类之爱"，使人们自愿贡献钱财、时间和力量，为提升社会成员们的福利、健康、生活品质不懈努力。在中国基督徒看来，社会服务不仅是在履行对同胞的义务，更是获得自我满足的必要手段。① 这同样是"新中国之领袖人才"所不可缺少的素质。

作为中华基督教青年会全国协会的重要成员，天津青年会在塑造青年人格，培育领袖人才的过程中，也将"合群"精神的培养放在了一个相当重要的位置。比如在 1923 年的事工报告中，时任天津青年会副总干事的宋愚溪就明确提出培养"合群"之精神应从以下几个方面入手：

> （一）交谊会。本年除举行会员交谊会十次外，尚有新年团拜会、庆祝圣诞会、特别电影会及游艺会等，共计十六次，到会共八千六百五十余人。（二）聚餐会。本年曾举征求会员队长、队员聚餐，齐家宴会等共七次，有二百二十人。（三）旅行参观。本年春秋两季，旅行文安县之胜芳镇及城西杨柳青镇，参观如八里台南开大学、李秀山宗祠、天津印字馆等，共七次，同行者一百六十七人。（四）乐群会。与女青年会合办举行一次。专请两会会员，与会者三十余人。②

可见，天津青年会设计的集体活动，对"合群"精神的培养，大有裨益：首先，密切了会员之间的往来，提高了他们的交际能力，满足了社会成员特别是青年人进行群体交往的需要。其次，培养了会员们的团队合作意识，加强了他们对天津青年会的认同感。最后，这些活动不仅意在增强天津青年会成员之间的友谊，也令其对近代天津城市发展的现状更加熟悉，从而生发出社会服务意识。显然，这是将青年会培养青年"合群"精神的理念落到了实处。

在从事社会服务的过程中，天津青年会的成员们不仅身体力行，勇于

---

① Arnaud C Marts, *Philanthropy's Role in Civilization—Its Contribution to Human Freedom*, New Brunswick and London：Transaction Publisher, 1991, p. 3.

② 《一年来青年会之事工》，《大公报》1923 年 2 月 4 日。

担当，而且力图将"合群"意识的培养，从青年会推广至社会。对此，具有教育家身份的青年会成员，认识得相当深刻。张伯苓在 1920 年的一次讲演中，就曾明确指出：

> 今观吾国人民之特性与各国人之特性比较何尝不能与战胜，譬如吾国之一兵与各国之一兵相角赛，吾国之兵可能占优胜，吾国一学生与各国一学生毕业上竞争，中国学生亦能占优胜。故中国之个性与各国之个性比较中国均能战胜，若以中国四万万人民与各国比较，必更优胜矣。而确不然，乃因中国个性合起来反不如一个个性力量大。外国是合起个性来能有极大力量，究其原因，我国实之组织力也。①

马千里②也在不同的场合，强调"合群"与团体精神的重要价值：

> 吾学界系脑力劳动者，乃以知识阶级而别称，竟无团体之联合。今成立此会，将来可为社会之引导，地方自治之辅助。如自治会、市政会、县议会等，我教育界均须占一席，实于教育前途有莫大关系，诸君不可不注意之。对于教育方面，亦可为主动地、积极地进行。③

足见，天津青年会及其成员所倡导的"合群"精神，具有明确的目标指向：即在构建信仰、文化认同的基础上，建立起对民族国家的认同。其作用是不能忽视的，可以在人们心目中生发出强烈的历史使命感。它会"产生一种古老而'自然'的力量"，令人们从中感受到一种"真正无私的大我和群体生命的存在，主要是无私而尊贵的牺牲精神。"④ 这种为了民族国家"无私而尊贵的牺牲精神"正是青年会"服务社会、造福人群"

---

① 《青年会开秋季大会》，《益世报》1920 年 9 月 20 日。

② 马千里（1885—1930）：名仁声，以字行，1885 年 1 月 24 日生于天津。曾在南开中学，直隶女子师范学校任教，是周恩来和邓颖超最尊敬的老师。作为一名爱国教育家和社会活动家，他一生忘我工作，积极投身革命活动，培养了大批爱国志士和优秀人才。同时，他也是天津青年会的会员。

③ 《小学共进会开成立会》，《益世报》1921 年 8 月 30 日。

④ ［美］安德森：《想象的共同体：民族主义的起源与散布》，吴叡人译，上海：上海世纪出版集团，2005 年，第 12 页。

宗旨与近代中国特殊社会历史语境相结合的产物。由此，天津青年会也希望将地方社会的成员培养为现代国家的公民，使服务社会、引领时代发展、进步成为他们的目标。

为了实现这一目标，天津青年会于 1923 年前后创设了公民教育班："学期自十月一日至十二月二十一日，每星期三晚八钟至九钟半。如报名者在十人以上，即行开班；如报名者不及十人，则将报名费退还。此班限于本会成人会员，非会员需先入会。课程：国民与公民之区别、公民之资格、公权、宪法、诉讼、选举、正当国家财政、地方自治、治外法权与领裁判权、战时国民之义务、交战国侨民之待遇。"① 同时，该会成人部还举办多次公民教育演讲，"每次到会者达六百余人"②。

为了将公民教育引向深入，天津青年会还从 1928 年 5 月 1 日起，举办了历时一周的公民教育大会。关锡斌、邓君康、杜廷修等人发表了演讲，其题目分别是《公民教育是什么》《公民应尽的责任》等③。另外，在阐明公民教育大会意义的基础上，该会还在同年发起模范公民的选举："到会投票民众约千余人，每人可自由选举自己钦佩之天津市公民十人。投票结果：得票最多之前十人，发表如下：一，张伯苓。二，刘孟扬。三，李仲吟。四，雍剑秋。（原报缺五）六，祁云五。七，陈宝泉。八，叶文楼。九，赵鹤肪。十，时子周。"④

直至 20 世纪 30 年代，天津青年会的公民教育大会还在继续。除了邀集社会各界人士到会所发表演讲之外，还利用报刊媒体阐明自身对公民教育的理解：

> 我们的中华民国产生已有十九年了，而过去的十八年中，纷纷扰扰，政治不能清明，社会不能安定，实业不能振兴，外交不能胜利，民生更为困苦，国势更为危险，这是什么缘故呢？就是因为公民的人数太少，人民不能参与政治，政治腐败，军阀得以专横，继闹到这种

---

① 《青年会之公民教育班》，《大公报》1923 年 9 月 25 日。

② 同上。

③ 《公民教育大会今日开幕》，《大公报》1928 年 5 月 1 日；《公民教育大会》，《大公报》1928 年 5 月 3 日；《公民教育大会：今日为最后一天》，《大公报》1928 年 5 月 6 日。

④ 《基青会举办模范公民选举》，《益世报》1928 年 5 月 14 日。

地步。所以从现在起，要巩固民国的基础。惟有多多养成公民，公民多了，方能将地方自治办好；地方自治办好，则现在的纷扰局面继可以改换，而民生安居乐业的希望始能达到。①

这样的理念不仅使公民教育大会在天津广受支持，还受到了青年会外籍干事的认可。来会理曾于 1930 年应邀出席公民教育大会，并为大会所选举出的模范公民加以褒奖②。可见，通过提倡"合群"精神，养成现代国家公民意识的目标和路径，不仅成为天津青年会社会服务事业的思想基础，更使之受到了世界青年会组织的认可和赞誉。

第二节　营造适应现代社会发展的城市环境

在培育和造就青年人的同时，天津青年会还顺应近代中国社会变动的形势，推动传统风俗的变革，输入和引介来自西方的观念，净化社会风气。如上种种，推动了近代天津城市文明的发展进程。

一　推动传统风俗的转变

众所周知，近代中国以"变"著称。伴随着西方列强的入侵，政治制度、经济结构以及生活方式无一不在发生着变化。身为中国北方最大通商口岸的天津对于"变"的体悟更深。作为清末洋务运动的中心之一，天津是近代企业、学校、外交、外贸等洋务事业的试验场。同时，它还是中国抵抗列强发动侵略战争的主战场。虽然曾屡次遭受破城之灾，但是天津社会各界人士都希望从惨痛的记忆里找寻强国御侮的出路。此外，它与周边国家以及世界各国保持着密切交往，其中既有经济、文化的交流，也有物资、人员的往来，更有风俗、习惯的互通。故在近代以来发生的一系列社会变革中，天津一直走在中国的前列。传统风俗的变革也概莫能外。

青年会自进入天津后，就成为了传统风俗变革的参与者。因为近代天津传统风俗变革的主持者——知识分子和社会精英，也就是青年会事工报告中反复提及的"中国知识分子"，原本就是该会积极争取的对象。故为

---

① 《青年会的公民教育运动》，《大公报》1930 年 10 月 7 日。
② 同上。

了获得与其对话、交流的机会，天津青年会理当成为他们的"同路人"。

1903 年，世界博览会在大阪开幕。"馆中陈设有小足妇人、吸鸦片烟等种种陋俗，均侮辱吾国体特甚……该博览会中特设人类学馆，内置一二中国人，表演我国腐败旧俗，以代表我国民全体，而与各地野蛮人种并列。"① 这一挑衅之举，不仅引发了前来赴会之中国留学生的强烈抗议，还引起了中国报刊媒体的广泛关注。对于该事件的走向，《大公报》就给予了密切的跟踪，并提出下列主张：

> 夫日本人类馆刻画我中国人吸烟缠足之情状，列入野蛮之类。此正如詈我击我涕唾我也。然约计我通国中人不知羞不知痛而犹安之若素者，殆不啻十之八九……日本虽将此举废止，而中国人野蛮之名已早飞腾于大地之上，固不必俟万国得见其刻画情状，始足为中国人羞也。即其既举而复废，我中国人即已挂名于野蛮之簿列，衔于野蛮之班。②

可见，缠足和吸鸦片带给天津知识分子和社会精英无尽的耻辱感和紧迫感。对他们而言，这不但意味着个人和社会的肮脏与病症，还是野蛮民族的符号。由此，他们也生发出通过变革传统风俗，使中国摆脱积贫积弱、饱受欺凌之命运等愿望。上述愿望之所以能够付诸实践，天津青年会发挥了至关重要的作用。

不缠足运动的推广，就得到了天津青年会的大力支持。1903 年，上海天足会创始人立德夫人应邀来天津青年会发表演讲，痛陈缠足之危害："余从资州得一信息，谓在该处会有一妇携一女孩来谒见，此女孩虽属大脚，仍有痛苦难行之象，因前任川督之告示，遂视为具文。于是，此孩之母因念大脚难以配亲，遂重缠 此孩以放之足，一经释放即便长肉放大，今重行缠紧自必受苦更甚矣。"③ 随后，公益天足社的创办人刘孟扬也受天津青年会之邀到会所发表演说，号召天津社会各界人士抵制缠足之一绵延千余载之风俗："盖女子既已缠足，则行走不便，虽有女学堂，而就学

---

① 冯自由：《革命逸史》，新星出版社 2009 年版，第 201 页。

② 《敬告吸烟缠足者》，《大公报》1903 年 3 月 9 日。

③ 《敬启者》，《大公报》1903 年 4 月 11 日。

綦难，或致因噎废食，而且筋折骨断，迴血管自闭塞不通，周身血脉亦为之不畅，血脉既不畅，则脑气亦为之亏伤，脑气既亏伤，则智慧亦因之不足……故仆希望诸君之女从此不复缠足，仆更望诸君多立天足会，以期风气大开，次第断绝。"①

像立德夫人这样的"外国女基督徒"与以刘孟扬为代表的"中国民族主义者"在劝诫缠足的事业上，既有交集，也有差异。立德夫人等人对缠足女性的怜悯，在本质上是一种确认自我优越性的方式。其言行的逻辑是：中国女性无法实现自我拯救，只有通过她们才可以做到。这是她们"白人妇女的重担子"。刘孟扬等生活在天津的中国知识分子劝诫缠足的诉求则是为了改变日渐沉沦的社会现状，摆脱备受欺凌的民族命运。因此，在宣传和组织不缠足运动的过程中，二者在话语空间上的争夺一直持续存在②，尽管基本诉求并无二致。作为一个具有基督教背景的社会团体，天津青年会则希望为弥合这种差异"投石问路"。他们既重视来自本地的经验，又利用自己的社会网络和宗教资源，促进人员与信息的交流和互通，为国际交往与性别对话提供广阔的空间。由此，劝诫缠足的事业从单纯的舆论宣传，演变成一个务实的变革进程。

禁烟运动在天津的开展，也同天津青年会及其成员的努力有关。近代以来，中国是遭受毒品危害最严重的国家之一。据学者统计："吸毒成为全民族16.8%人口生活中不可或缺的部分，50%以上的中国人生活、生计皆离不开毒品。"③面对鸦片流毒的泛滥，中国的知识分子无不痛心疾首。进入20世纪以后，无论是在世界范围内，还是在中国，再次掀起了禁烟风潮。传教士丁义华④（Edward Waite Thwing）就是在这样的背景之下，以"万国改良总会"全权代表的身份来到天津，推广禁烟运动。相关活动，得到了天津青年会及其成员的支持与配合。

---

① 刘孟扬：《天足会演说》，《大公报》1903年5月1日。

② 高岛航：《天足会与不缠足会》，载李喜所编《梁启超与近代中国社会文化》，天津古籍出版社2005年版，第595—597页。

③ 苏智良：《毒品与近代中国》，载周积民、宋德金编《中国社会史论》（下卷），湖北教育出版社2000年版，第678页。

④ 丁义华（1868—不详）是美国基督教北长老会的牧师，生于波士顿，1887年来华传教。万国改良总会、北洋万国改良会的重要发起人。

1909 年，天津青年会邀请丁义华赴会所发表演讲，在《天津青年会报》上提前发布了"万国改良会简章"的讯息，并"嘱同志代为广布"①。次年，身为该会董事会成员的张伯苓还同丁义华在南开联合成立顺直禁烟分会。该会以"联合众力改良不善之风俗，除去无益之嗜好，黜邪崇正，益世济人，造社会之幸福，助世界之进化，使天下万国同登文明至善之域为宗旨"②，体现出万国改良会与天津青年会在禁烟运动方面所追寻的共同目标。1911 年，张伯苓、丁义华等人又将该会改名为恢复禁烟主权大会，派遣丁义华等人"于初九日进京联合资政院议员共谋进行，由伍星联、张伯苓、仲子凤三先生联合各学堂学生签名上英国禁烟会书，由宋则久、王厚斋、梁先生联合工商各界，刘孟扬氏联合报界以便开大会时，公同到会协议办法，藉厚势力"。③该会成立时，参与者十分踊跃："南开私立第一中学堂开成立大会，官绅学报工商各界莅会者约及千人，礼堂座位已满，后到者竟无地插足。"④

1911 年前后，虽然丁义华离开天津，到周边地区推广禁烟运动，但是《天津青年会报》依旧对其活动进行了实时追踪："自京起程赴通州、东陵、承德、热河、兰州、唐山一带履行二十余日，遍历山野各地，绝未见一株烟苗焉"⑤，目的是利用丁义华的特殊身份和威望，以便继续树立"传统风俗变革者"的形象。

二　输入西方思想：以卫生观念的植入为中心

除了推动传统风俗的变革外，天津青年会还致力于将来自西方且符合现代社会发展需要的科学、文明、健康等观念输入了天津。卫生观念的传播与植入，正是其中之一。

"卫生"一词，在中国古已有之。《长春真人西游记》一书曾载："有

① 《天津青年会报》第 8 卷第 10 册。
② 《顺直禁烟大会志盛》，《大公报》1910 年 6 月 17 日。
③ 《天津青年会报》第 9 卷第 26 册。
④ 《天津青年会报》第 9 卷第 29 册。
⑤ 《天津青年会报》第 10 卷第 12 册。

卫生之道，而无长生之药"①。其含义是指：强化身体，抵抗疾病或衰老。而近代以来，西方世界中"卫生"的含义，却发生了很大的变化，似被"公共卫生"一词所取代。因为，"在一些官员、知识分子和革命者看来，最重要的健康是民族的健康。政府的职责是通过卫生监督、公共事务和发展国家的医疗机构，以防止民族机体的疾病"。② 在同一时期的中国，卫生含义之转变与西方世界的情况虽有相似性，却也暗含着完全不同的社会和政治寓意：不仅包括医学、公共卫生以及个人礼仪等内容，更是一把检验中国人同西方人所定义的现代性之差距的标尺。

正因如此，在天津青年会看来，将卫生的观念引入天津，不仅意在改变个人乃至城市的精神面貌，更能使中国缩小同西方国家的差距。正如董守义所言：

> 人之生活恃身体之健壮，方能为社会服务。按科学研究，人能生活二百五十岁，因何吾人口至六七十岁，即行毙命，是何原因？即不讲卫生之害。方听李君报告，此次直奉之战伤亡数十万人之生命，极为可惜！然调查吾国四万万同胞中，每年受无形迹之肺劳［痨］而死者，计有三百余万之多。在欧洲大战八年之久，共死人数一千万之多，较诸吾中国因受肺劳［痨］病而死者三百多万人，实为可惜。③

同时，若要令当地人完全接受"卫生"这一来自西方的价值观念和生活方式，从教育入手是最为安全和有效的办法。有鉴于此，天津青年会于 1922 年 5 月发起了卫生教育会，具体日程如下：

> 自本月三十日起至六月四日止，每日晚七点展览，并在大礼堂特请名人讲演。计第一日（三十日）讲题为《卫生之重要》。（三十一日）讲题为《卫生与家庭》。（六月一日）讲题为《卫生与教育》。（六月二日）讲题为《卫生与个人》。（六月三日）讲题为《传染与

---

① 李志常：《长春真人西游记》，载王云五编《国学基本丛书》卷 349 上，商务印书馆 1968 年版，第 16 页。

② ［美］罗芙芸：《卫生的现代性：中国通商口岸卫生与疾病的含义》，第 7 页。

③ 《青年会开交谊大会》，《大公报》1922 年 5 月 29 日。

预防》。（六月四日）讲题为《卫生与改造》。①

可见，卫生教育会的举办充分借鉴了天津青年会以往的经验，将讲演和实物展示紧密结合。旨在强调，相对于世界所通行的卫生标准，中国人有着先天的某些不足。虽然这种不足"最初是为殖民权力所创造出来的"，但是身为天津青年会外籍和本地成员都没有提出任何异议，甚至全盘采纳了这样的说法。这在天津青年会童子部成员为卫生教育会所散发的传单中，亦有所体现：

> 苍蝇是杀人的媒介，但是人们为了不明原理以致断送生命的，一夏不知有若干人哪！青年会开的卫生教育会，却有灭蝇的新法，你何不预先去要票，临时前往听听讲演，看看展览，得些防疫的方法呢？②

上述观念在天津社会各界人士中，产生了比较广泛的影响力。这一点，从《大公报》对卫生教育会举办盛况的报道中，便可看出：

> 是晚到会各界男女人士较前益形拥挤，约二千余人。后至者，几无插足之地。随将门扉关闭，由童子军站立门首，向来者道歉，并答："以人数过众，无地可容。"徘徊观望作门外汉者，亦约有二三百人，视而不见，仅听室内之掌声如雷，犹逡巡而不忍去，亦可见该会极一时之盛矣。③

这篇报道主要透露出以下信息：天津民众之所以如此热衷于接受"卫生"这一从西方舶来的观念，实因城市的对外开放，使之从一开始便感受到了因身受西方国家的凝视以至控制所带来的压力。租界的建立以及管理体制的完善，更为其提供了一个甚至多个"现代性"的榜样和典范。卫生观念也隐含其中。在这些参与卫生教育会的天津民众看来，卫生观念

---

① 《青年会开交谊大会》，《大公报》1922 年 5 月 29 日。

② 《童子部散发捕蝇传单》，《益世报》1922 年 5 月 28 日。

③ 《教育卫生会要讯》，《大公报》1922 年 6 月 6 日。

能够为社会带来"秩序、理性和健康的力量"，并提供了一座"通往现代性"的桥梁。故他们对卫生观念的接受，似在情理之中①。同样的，作为卫生观念的输入者之一，天津青年会也通过举办卫生教育会等，在地方社会树立了良好的形象，提高了其在天津民众心目中的地位与声望。在他们的眼中，天津青年会已然成为一种象征和标志，化身为西方思想的输入者。

三　净化城市社会的风气

随着青年会对天津社会的介入日深，其缔造者则发现，近代天津乃至中国社会虽说进入了"变"的轨迹，然只见变化，不见强大的状况依旧十分明显。另外，伴随城市化进程而出现的一系列社会问题，如家庭生活的无序混乱以及城市社会的浮华，也成为制约近代天津社会发展的一系列重要因素。有鉴于此，天津青年会也致力于建立社会组织、发起社会运动，以求净化城市社会的风气。1922 年，天津青年会的雍剑秋、李燕豪等人所发起的养真社，就是在上述意图的指引下建立的。这在该社的章程中已经明确指出：

> 人心不古，道德沦亡，声色财货，利令智昏。此风此气，充盈于神州大陆者久矣……期世风之不堕，用该组织养真社所以保我天真，共存经世之法，则庶充盈于宇宙之魔气尽去，而秉耀于天地之光明长存。②

为了实现以上目标，养真社的组织者也确立了两大工作重点：一是利用基督教伦理，约束婚姻家庭关系。为此，该社下设不同组别，分工明确："（一）宗教组负宣传福音之责。（二）家庭组负维持及改正家庭组之责。（三）婚姻组负纠正旧有婚姻及指引婚姻真意之责。"③ 二是改变商业社会的崇尚奢靡之风，提倡健康的休闲娱乐方式。1923 年 2 月，《大公报》曾经提及，养真社召开了社员联谊大会。会上，播放音乐电影，开

---

① ［美］罗芙芸：《卫生的现代性：中国通商口岸卫生与疾病的含义》，第 15 页。

② 《天津养真社成立先声》，《大公报》1922 年 12 月 1 日。

③ 同上。

展各种益智游戏。在会场布置上，该社也匠心独运，妙用巧思。例如在墙壁上悬挂各种格言、宣传画，痛陈烟、酒、嫖、赌的危害等。① 由此，养真社也成为培养人格，推广健康生活、交际方式的实验场。

随着时间的推移，养真社还与天津各社会团体展开了广泛合作，为净化城市的社会风气而不懈努力。废娼运动在天津开展之际，养真社的发起人雍剑秋不仅成为多个废娼团体的发起人，也同女权请愿团、天津学生同志会女权股等多个女性团体展开合作。同时，他还在报刊媒体上连续撰文，阐明养真社对废娼问题的态度：

> 敝社因为现在的社会，有种种摧残女权的制度，及组织照旧存在，是社会国家的大不幸。但是到现在，还没有人肯于大声说句话，更没有人肯于组织一个团体，来推翻这种藐视女子人格的意志。而且家庭是种种新组织的根源，家中容许这种事情存在，岂不是一件大弊病？②

在雍剑秋看来，废娼运动的发起和组织，十分必要。因为娼妓的存在的确暴露出多个长期存在于城市社会的弊端，如人口的买卖、法律的失序以及性病的蔓延等。它不仅是女权不兴、女性社会地位低下的标志，还暗含着一种民族国家政治危机的话语。在此，"妓女虽然是受害者，但她成了中国国防的缺口。男人把性病带回家，传染给他们的妻子、孩子，使国家健康受损，继而危及民族"。③ 况且在以适者生存为基本原则的国际竞争中，娼妓降低了中国取得成功的机会，使之在更强大的国家面前始终处在被奴役的地位。故而，他认为，娼妓、社会发展与国家三者环环相扣，有如一个未解方程中的各项。他和他所创办的养真社之所以希望通过废娼运动"解开"这个方程式，不仅是为天津社会发展的未来寻求答案，更试图令民族国家展现出进入更高层次道德秩序的可能。这无疑使将天津青年会及其成员改良这一风俗的具体实践与"服务社会、造福人群"的宗

---

① 《养真社董事会议纪事》，《大公报》1923 年 2 月 9 日。

② 《养真社新婚约之传单》，《大公报》1924 年 1 月 8 日。

③ ［美］贺萧：《危险的愉悦：20 世纪初上海的娼妓问题和现代性》，韩敏中、盛宁译，江苏人民出版社 2003 年版，第 251 页。

旨有机地结合起来，令该会展现出积极面对社会问题等一面，继而获得社会各界人士的肯定。

此后，天津青年会在净化社会风气的实践上日益勤勉。只不过该会的目的发生了改变，更倾向于同政治力量结成紧密的互动关系。1934 年 2 月 19 日，蒋介石在江西南昌正式开启了旨在"改良社会秩序，挽救国家危亡，恢复民族道德，以整齐、清洁、简单、朴素、迅速、确实为准绳"的"新生活运动"，其重要内容之一即是革除"卑陋不合时代需要之习尚礼俗"①，改变城市社会在婚姻礼俗方面的奢靡之风。新生活运动得到了中国各地的响应。在上海、南京等地相继举办了集团结婚。

与此同时，天津青年会也在有条不紊地筹备集团结婚。对新生活运动的响应是其迅速扮演集团结婚活动领导角色的关键因素之一："昨据该会总干事陈锡三氏与记者讲，本会鉴于新旧式结婚仪式，需款过多，实过于靡费。兹为实行新生活运动，特有集团结婚之举。"②

1935 年 3 月 26 日，天津青年会即拟定举办集团结婚，起初"决定于六月十五日，在该会大礼堂举行"，并规定了注册日期与 12 条参加办法：

（一）凡本市公民年龄在二十岁以上者，皆可参加集团结婚。（二）凡参加者均须遵照本会所定之章程及仪节。（三）青年会会员结婚收费五元，非会员收杂费十元，作为茶点、摄影、广告、印刷之用，若不合格者退还。（四）结婚日礼堂租用，概不收费。堂内装潢，概由本会负责。（五）结婚日酌请省市名人证婚。（六）参加者请到青年会事务所接洽注册，并呈验订婚证书。（七）注册时携带未婚夫妇最近合演四寸全身照片一张，又两寸半身合影一份，不合格者退还。（八）本会针对未结婚人，经审查后，如有不合格者，即请退出。（九）本年六月十五日下午三时拟举行第一次集团结婚。（十）首次集团仅限十对夫妇。（十一）本会不代收礼品，又礼堂内恕不代为陈设。（十二）凡年在二十岁以上，经过正式订婚手续者，并有订

---

① 《青年会新生活运动周　今日请张伯苓博士演讲》，《大公报》1935 年 5 月 6 日。

② 《青年会主办集团结婚》，《大公报》1935 年 3 月 27 日。

婚证书，皆可来会注册。①

可见，天津青年会为集团结婚的举行作了充分的准备。但是由于受到经费和场地的限制，该会不得不对集团结婚的规模加以限制：仅限 10 对夫妇。实际上，参加该会主办之集团结婚者仅有 9 对夫妇。

整个婚礼以简单、庄严为主。这既体现了基督教教义，又符合"新生活运动"的要求。为了体现集团结婚的严肃性，天津青年会还设计了类似问卷调查的表格，以便熟知各位新人的基本情况：

1. 本届集团结婚是否是你生平第一次结婚？ 2. 你为什么愿意参加集团结婚？ 3. 在过去是否与其他女子（男子）解除过婚约？ 4. 你对于你的未婚妻（夫）有无不满意之处？ 5. 你信任对方人格并认为他为你终身最好伴侣吗？ 6. 你对他有何满意之点，请列举之？ 7. 你对于对方健康、性格、治家能力有无确切认识？ 8. 你们在结婚以前是否得到双方家长的许可？②

在婚礼服饰方面，该会也尽求简约。"男礼服为价值低廉之蓝色绸缎长袍、青色马褂、白色裤、黑皮鞋。女礼服为米色印度绸长衫、白色乔其纱头纱……礼服须在东马路好华绸布商店定做，其欲由其他商品承做者听便。"③ 虽然为了提高集团结婚在天津社会的影响力，天津青年会对观礼人数的限制并不多，但是为了在仪式中体现婚姻的神圣性，革除传统婚礼中不尊重新人的成分，该会还对观礼者提出了下列要求：

一，请勿任意嬉笑或掷散纸花、米豆等物。二，务须严肃整齐。三，请勿携带礼品。四，请勿吸烟。五，请勿喊嚷。④

① 《青年会主办集团结婚　定六月十五日举行　参加办法已经拟定》，《大公报》1935 年 3 月 27 日。
② 《青年会主办集团结婚报名截止》，《大公报》1935 年 5 月 16 日。
③ 《青年会主办集团结婚今日举行》，《大公报》1935 年 6 月 15 日。
④ 《集团结婚明日正式举行，改在宁园礼堂》，《大公报》1935 年 6 月 14 日。

为使集团结婚得到天津政府的支持，天津青年会还邀请政要出席，并担任集团婚礼的证婚人："证婚人乃为商震、张廷谔两人，司仪人为大中银行经理章以吴，公安局乐队担任奏乐。此外并有社会局长邓庆澜与青年会会长雍剑秋致词，中西女学朱荷珍女士之用钢琴奏结婚进行曲。"① 如此一来，也向社会宣示了天津青年会推广"新生活运动"的诚意和决心。

1935 年 6 月 15 日，天津青年会举办的首届集团结婚在宁园拉开帷幕。其仪式如下：

> 一，司仪人入席。二，奏乐：公安局乐队。三，证婚人入席。四，主婚人入席。五，新郎新娘入席，来宾肃立。六，由司仪人宣布结婚者姓名及简单履历。七，奏乐：公安局乐队。八，致词：社会局局长邓澄波先生。九，由司仪人宣读新人姓名，新人登台斜对而立。十，新人互相交换戒指。十一，证婚人授婚书。十二，致词：本会会长雍剑秋先生。十三，证婚人致训词。十四，奏乐：公安局乐队。十五，新郎新娘退席，来宾肃立。十六，证婚人退席。十七，主婚人、司仪人退席。十八，礼成。十九，来宾退席。二十，摄影。②

时任天津市代市长的商震在演说中阐明了集团结婚之于新生活运动的意义，即具有"简单、朴素、团体作用、砥砺作用"四大优点，充分肯定了天津青年会筹备集团结婚的努力。然而，集团结婚毕竟不同于民众所经历的传统婚礼，故在第一次集团结婚的现场，传统婚礼中"闹"的成分并没有完全革除。这一切，影响了集团结婚的效果。③

在第一次集团结婚之后，天津青年会又于 1935 年 10 月、1936 年 10 月以及 1937 年相继举办了 3 次集团结婚。其间，为克服社会动员力不足等缺陷，天津青年会选择与政府携手。这使天津地区的集团结婚，进入了一个新的阶段，即由社会局主办、委托天津青年会代办。

然而，1937 年日本全面侵华战争的爆发，却使上述旨在提倡文明婚姻，革新婚姻礼俗的实践被迫中止。因为这场旷日持久的战争不仅摧毁了

---

① 《青年会主办集团结婚今日举行》，《大公报》1935 年 6 月 15 日。

② 《集团结婚今日举行》，《大公报》1935 年 6 月 15 日。

③ 同上。

天津市政府，也让天津青年会陷入了危机。1942 年，天津青年会会所曾一度被日本宪兵队查封，会务工作陷入停顿。因为集团结婚的两大"发起人"接连遭受重创，集团结婚的举办失去了现实的可能性。①

抗战结束之后，集团结婚在天津青年会的主导下才再次恢复，并被命名为市民联合婚礼：

> 婚礼力求节约之意义，旋证婚人、介绍人及主婚人依次入席，于孟保罗奏乐声中，新人双双步入礼堂，由女童前后拉纱引导。就位后，宣读新人姓名及简历，继奏乐，由证婚人曹塾齐牧师举行祝婚仪式，并授予婚书。新人行三鞠躬礼毕，并谢证婚人等。此隆重之大典，乃于乐声中告成。②

但是，由于市民联合婚礼的举办恰逢国共内战达到高潮，战争所造成的动荡局面使婚礼举办的目的和初衷已经与 1937 年以前相去甚远，即节省经费和精力，帮助青年人简单有效地完成婚姻大事。虽然婚姻礼俗的变革，奢靡之风的取缔，不能"毕其功于一役"，但天津青年会所举办的集团结婚，"在民众的思想中，毕竟播下了集体婚礼这种新式婚礼的种子"③。由此，天津青年会社会风气净化者的形象，印入了天津民众的脑海。

第三节　参与反帝爱国运动

随着中国青年会发展程度的不断提高，耶稣基督的形象在为青年会服务的华人基督徒眼里发生了很大的变化：不再是一个遥不可及的神灵，或是一位历史人物，而是一名社会的改革者。正如吴雷川所总结的那样："我现在更能理解耶稣基督的伟大，他不仅是宗教领袖，而是社会改革家。他宣讲一个新的理想和社会——天国。在新的社会里，基本环境是经

---

① 赵晓阳：《基督教青年会在中国：本土和现代化的探索》，第 42 页。

② 《青年会联合婚礼昨日隆重举行》，《大公报》1947 年 7 月 13 日。

③ 侯杰、王文斌：《中华基督教青年会与近代中国城市社会——以天津中华基督教青年会为例》，《理论学刊》2007 年第 6 期。

济重建……更重要的是认识到，人类的罪孽和苦难都因错误的社会环境，错误的社会观念和实践、生活和社会关系的邪恶方式引起的。"① 在上述观念的指导下，作为基督教团体的天津青年会相较其他纯粹地缘性和业缘性的社会团体，更容易超越地域的局限，使自身的宗教情怀上升为国家关怀。自此之后，天津青年会在 20 世纪以来的历次反帝爱国运动中表现积极，从而挑战了束缚社会良性发展的制度、机构和个人，令天津这座城市成为更加适合人们的生存与发展。如上种种，提高了社会各界人士对天津青年会的评价，为其在 1949 年以后的存续提供了条件。

一　20 世纪以来天津青年会对反帝爱国运动的涉足

天津青年会对反帝爱国运动的参与始于 20 世纪初。虽然该会与北美协会的联系较为紧密，但是在抵制美货运动中，以张伯苓为代表的天津青年会成员没有回避中国与帝国主义国家所发生的矛盾，而是通过发表下列宣言，发出了救亡图存的呐喊："我津鉴于庚子幡然兴举爱国合群之说，日灌于脑而溢于口。际此茕茕侨民含辱海外，我辈无力与争，已深玷我国民之名誉，大负我国民之责任。似此力筹抵制，正宜发表同情。"② 可见，张伯苓等人坚信，在近代中国内忧外患的局面下，天津青年会所提倡的"服务社会"不仅是从事教育、医疗、慈善等工作，更要参与社会重建，挽救民族危亡。唯有如此，天津青年会才能证明自己已经承担起引领时代发展、重建社会秩序的重任。

因而，在清末民初的历次反帝爱国运动中，天津青年会皆参与其中。众所周知，五四运动既是旨在救亡图存的思想启蒙运动，又是一场大规模的现代化运动，"希望通过思想改革、社会改革来建设一个新中国"。这场运动促使中国的民众对帝国主义国家的态度发生很大变化，促进了民间舆论的形成，加速了旧家庭制度的没落和女权运动的兴起。③ 因此，对于这场运动的走向，天津青年会一直予以高度关注。

在这个过程中，天津青年会的成员们以个人的身份参加和组织了众多社会团体，有力地支援了参与这场反帝爱国运动的青年学生。在五四运动

① 吴雷川：《我的宗教经验》，青年协会书局 1931 年版，第 154 页。

② 张伯苓：《敬告天津学界中同志诸君》，载崔国良编《张伯苓教育论著选》，第 2 页。

③ ［美］周策纵：《"五四"运动史》，陈永明等译，岳麓书社 1999 年版，第 1—2 页。

爆发之后，天津青年会成员马千里、王厚斋等人就参加了天津各界联合会，配合学生发起抵制日货运动："王厚斋主张罚洋十万元，归筹办抵制日货之准备金……讨论结果，主席付表决，全体赞成通过，惟须有担保。自明日起，该商再有批购日货情事，即将该商家铺尽行充公。推举陈宝禾、夏琴西两君向其交涉。"① 在赴京请愿诸代表中，张伯苓、宋则久、陈宝禾、王晋生、关锡斌、戴练江等人的名字，也赫然在列②。上述表现，使之获得了天津青年学生的拥护和支持："日昨（三十一日）下午四时许，东马路青年会前仍有学生出发讲演者甚重，而女子爱国同志会亦在四路宣讲所开会讲演，各处人为之满，并由女生在门首维持秩序。至六时余，全体赴新车站，欢迎由京返津之男女请愿代表……于是，诸女士在中，十人团在两旁维持秩序而行，复全体鼓欢掌迎［鼓掌欢迎］各代表，沿途高呼'民国万岁''代表万岁'。"③ 这无疑体现出民国初年的社会环境对天津青年会所提出的新要求：只有顺应历史发展潮流、彰显爱国主义精神，方能被社会各界人士特别是青年一代所尊重和接纳。

自此之后，天津青年会及其成员参与反帝爱国运动的热情更加高涨。1925 年，在"五卅惨案"发生之际，余日章"主张组织中西特别调查会，从事查稽是案，亦为此奔走者累日"④。天津青年会得知此情形后，立即将余日章致天津社会各界人士的公函，通过《大公报》公之于众，以为声援。不仅如此，该会还对"五卅惨案"受害者实施了积极救助："由全体发表对沪案意见：一，慰问伤亡工人。二，请求交通部准工人免费赴各处谋生。三，成立工人介绍所，介绍工人与各省作工。四，全国各界提薪十分之一，一半援助工人，一半成立工厂，收容工人。五，调查工人近况及详细数目。公决：推王治平赴全国青年会干事委员会时，提出议案。"⑤可见，该会虽然并不否认自身与西方国家的关系，甚至承认是帝国主义国家"慷慨捐赠的受益者"，但是当民众利益受损时，还是毅然决然地选择

---

① 《联合会开评议会》，《益世报》1919 年 7 月 15 日。

② 《天津第二批请愿代表团名单》，《益世报》1919 年 8 月 27 日；《第四批代表陆续进京》，《益世报》1919 年 8 月 29 日。

③ 《乔乔皇皇之国民代表返津记》，《益世报》1919 年 9 月 1 日。

④ 《余日章二次致各界函》，《大公报》1925 年 7 月 18 日。

⑤ 《基督教联合会开会纪》，《大公报》1925 年 7 月 14 日。

为劳工等社会弱势群体积极呼吁，彰显出了基督教教义中的博爱精神。①

二　天津青年会与抗日救亡运动和战后的社会重建

正因如此，在 20 世纪 30 年代中日民族战争一触即发的历史时刻，天津青年会毅然加入了抗日救亡运动的行列，开展战时服务。

"九一八"事变、"一·二八"事变的接连爆发，使中、日两国之间的矛盾冲突加剧。1933 年 1 月 1 日，日本关东军向山海关发动进攻，是为长城抗战的开始。2 月 21 日，日军向热河进犯。次日，日本外务省单方面向中国提出备忘录，要求划长城以外为中立区，中国军队须从长城撤离②。在战争危机一触即发的局面下，中华基督教青年会全国协会于 1933 年 2 月 22 日，成立了"中华基督教青年会战区服务全国委员会"，以该会总干事梁小初为执行干事，要求全国各地青年会一律参加"为前线军人作慰劳、娱乐、教育及救济等工作"③。上述工作计划的制订，显然是借鉴了一战时期青年会军人服务的经验。一战时，欧美各国青年会都组织干事到战场上为军人提供服务。中国虽未直接派兵参战，但却派遣了 20 余万名华工奔赴前线。为此，中国的青年会组织建立了华工青年会。50 多名青年会华人成员远赴欧洲为华工提供服务，包括晏阳初、傅若愚、蒋廷黻、全绍文等人④。在欧洲战场，华工青年会开展了包括提供免费饮用水、举办娱乐活动、代写书信、帮助回国华工等形式的服务，取得了一定成效。

这些服务形式和理念在"中华基督教青年会战区服务全国委员会"成立之初，被有效地吸收、借鉴。为此，该会对中华基督教青年会全国协会和各城市、学校青年会的职责，做出了明确的分工：委员会共分总部和市会、校会两个部分。总部设在位于上海的中华基督教青年会全国协会，

---

① ［美］邢军：《革命之火的洗礼：美国社会福音与中国基督教青年会 1919—1937》，第 112 页。

② 参见黄绍纮《长城抗战概述》，载中国人民政治协商会议全国委员会文史资料研究委员会编：《原国民党将领抗日战争亲历记》，中国文史出版社 1985 年版，第 383—402 页。

③ 中华基督教青年会战区服务全国委员会编：《中华基督教青年会战区服务委员会报告书》，1933 年，第 9 页。

④ 傅若愚：《青年会对于欧战华工之贡献》，载中华基督教青年会全国协会编《中华基督教青年会五十周年纪念册》，第 50 页。

负责联络各地、筹募经费、核查账目，以及外派干事前往各地服务；各市会、校会则具体负责募集款项、征募慰劳用品和战区工作人员、举行战况报告会、组织讲演队等。①

作为长城抗战的主战场，华北各地青年会都对"中华基督教青年会战区服务全国委员会"的工作予以大力支持。北平②、天津、遵化、苏县、密云、唐山、张家口、通县、保定、榆次、大同、阳泉12个地区的青年会的行动较为积极。其中，"中华基督教青年会战区服务全国委员会"的"战区服务部"设在北平，当地青年会成员发挥了比较重要的作用。该会由全绍文担任总干事，副总干事是艾德敷，工作组主任是费起鹤。"战区服务部"成立之后，不仅对长城抗战前线将士提供了物质上的保障，还注重精神上的慰藉：比如向伤兵发放慰劳品、设立伤病招待处、到医院为伤兵服务、在军队营地建立军官俱乐部、开展流动军人娱乐活动。③

由于天津同样身处华北地区且经济发达，故天津青年会的成员们也在支援长城抗战的实践中发挥了重要作用。早在榆关失守后不久，天津青年会成员感到"津市关系甚重"，于是先于"中华基督教青年会战区服务全国委员会"开展了战场服务工作，重点是难民救助。为此，天津青年会不仅倾尽全力，还与当地甚至全国的宗教团体、慈善组织以及知名人士展开密切合作。当"热河战事日剧，北宁路石河前线亦渐见紧张"时，天津青年会联合美以美会、华北救世军、伦敦会、红十字会、红卍字会等团体，共同建立收容、救济两所，供收容逃津之难民之用。同时，张伯苓等人还为熊希龄及其所在的东北热河后援会争取社会各界人士的支持和帮助④。

1933年3月，长城抗战最惨烈之喜峰口战役爆发。宋哲元率部奋战

_____

① 中华基督教青年会战区服务全国委员会编：《中华基督教青年会战区服务委员会报告书》，1933年，第12页。

② 即北京，南京国民政府成立之后更名为北平，1949年中华人民共和国成立之后恢复原有名称。

③ 左芙蓉：《社会福音、社会服务与社会改造：北京基督教青年会历史研究，1906—1949》，第227页。

④ 《名流张伯苓发起组织治安自卫会》，《益世报》1933年1月8日；《前方将士奋勇御敌，后方民众奋起应援》，《益世报》1933年2月22日。

的场面陆续出现在中国各主要报刊媒体上：

> 时敌在喜峰口内老婆山布防，我王（长海）团开到时，敌在山上，我在山下。我军奋勇爬山，抢夺敌人阵地，完全肉搏战。翌晨，我军即将老婆山上阵地完全克服。此役有赵登禹旅长亲在前线指挥，赵氏当日曾受弹伤，但奋勇不懈，自裹伤口，仍在前线督师。①

在喜峰口一役，中国军队虽然给予日本侵略者沉重的打击，展现出英勇不屈的民族气节，但也付出了惨重的代价。天津青年会有鉴于此，即将战场服务的中心转移到了对伤兵的救助上："于第一后方医院及河北狮子林第二重伤兵医院各设服务团"；"派服务员每日为伤兵写家信，唱留声片举行各种谈话、演讲等会，以免伤兵寂寞之苦"。为了给伤兵提供更多的支持，该会还向市民发出呼吁："查该以上三处伤兵，不下千余人，最多者为五六百人，极待各界之慰劳与援助。如留声机片，留声机及书报、杂志或捐款，迳（径）可直交东马路青年会代收，转发应用。再慰劳工作，为人群之博爱天职，勿谓前方撤退，后方即行沉寂。"②

然而《塘沽协定》的签署不仅宣告了长城抗战的失败，也令日本侵略者对华北地区的威胁进一步加剧。天津青年会在对难民和伤兵施救的同时，也向广大市民开展舆论宣传，揭露日军侵华的真相："国联秘书郑彦棻因事回国，日前由京来津。昨日下午五时半，在法租界青年会分会礼堂讲演国联处理中日问题之经过及吾人对国联应持之态度……国联关系至今尚未完全建立于和平正义之上，国联非超时代之组织，而为现代的组织，所以不能避免利害关［观］念……应知须吾人自己有办法，方能救世界之危难，不应专依赖国联之援助。过去所为种种，乃事理之当然。此后应当自谋解决，不应依靠他人云。"③ 另外，在"中华基督教青年会战区服务委员会"行将结束的时候，天津青年会成员雍剑秋、张伯苓等人又将

---

①　《喜峰口正面发生激战》，《申报》1933 年 3 月 22 日。

②　《青年会伤兵服务团》，《大公报》1933 年 5 月 20 日。

③　《国联秘书郑彦棻昨在青年会讲演国联处理中日问题之经过》，《大公报》1933 年 6 月 19 日。

战场服务的经验贡献于河北省政府主办的"救济华北战灾民委员会"①。足见天津青年会对长城抗战的支持，既彰显了基督教团体的国际主义精神，又展现出成员们的爱国主义情怀，赢得了包括官员在内的社会各界人士的好评。

1936 年 11 月，为配合傅作义收复百灵庙之战，中华基督教青年会全国协会组建"全国基督教青年会战区服务部"奔赴绥远战场的前线，为官兵服务。杨肖彭作为天津青年会的代表，同赴绥远②。1937 年，刘良模赴津发起抗战民众歌咏运动，也得到了杨肖彭等天津青年会干事的大力配合。在东马路会所、南开中学等处召开大会，刘良模等人教唱《大刀进行曲》《义勇军进行曲》《救中国歌》等歌曲，使天津市民参与抗日救亡运动的热情更为高涨③。

天津沦陷之后，天津青年会所参与和组织的抗日救亡活动被迫转入地下，工作重心也发生改变，以帮助中华基督教青年会全国协会干事搜集日本人在沦陷区活动情报为主。是时，担任中华基督教青年会全国协会副总干事的鲍乃德来到天津青年会，就"基督教会的情况；青年会的活动情况；一般上层信徒和青年会的会员对日本人的态度"等三大问题开展调查，以便为中华基督教青年会全国协会在沦陷区的工作提供指导。上述行动，得到了天津青年会的配合④。另外，中华基督教青年会全国协会的华籍干事们还试图搜集日本用鸦片毒害、控制天津市民的罪行。天津青年会的干事们也竭尽所能，对他们实施保护。杨肖彭回忆道："我想了一个办法，让他坐在车上加些掩饰，我跟着走。每到一个地方，就由我指点他照。如是拍了不少照片，就成为日本侵略者毒害中国人民的证据。"⑤

为了在沦陷区坚持对日斗争，天津青年会还将活动的中心从位于华界的东马路转移到了法租界的巴黎道。此后，天津青年会还扩大了民众歌咏

---

① 《救济华北战区：省府召集本市官绅开会》，《益世报》1933 年 8 月 15 日。

② 陈培祯：《百灵庙抗日后青年会战区服务部在绥远省服务情况》，载全国基督教青年会军人服务部同工编《抗日救亡时日的历史回顾》，1994 年版。

③ 杨肖彭：《八十岁回忆录》，载《天津文史资料选辑》90，第 55 页。

④ 杨肖彭：《北美协会与天津基督教青年会》，载《天津文史资料选辑》21，第 139—140 页。

⑤ 杨肖彭：《八十岁回忆录》，载《天津文史资料选辑》90，第 56 页。

运动的规模，参加歌咏团的人数一度多达 100 余人①。此举既保留了青年会战场服务的精髓，又依据沦陷区的特殊情况做出了很有针对性的调整。可以说，天津青年会及其成员再次用实际行动表明其反战与爱国的态度及立场。

八年抗战结束后，鉴于国共内战一触即发的社会形势，天津青年会提出了一系列具有符合实际情况的应对方案，发起社会救助运动，以便使战后的天津社会完成修复与重建。比如针对内战中青年学生失学、失业等现象，天津青年会与天津各学生团体联合建立了学生救济委员会，由学生部主任谢纪恩担任主任干事。学生救济委员会建立之后，它还受中华基督教青年会全国协会之托，在天津进行了广泛的民意调查，使该会的受益者范围有所扩大：除青年学生之外，还涵盖工人、农民、市民等不同的社会群体。另外，学生救济委员会工作也得到了北美协会的援助。1948 年，北美协会派遣华展谟到天津青年会担任少年部干事。华展谟来华后，主要在东北来津的学生之中开展工作，并取得了一定的成效。②

1949 年 1 月 15 日天津解放，身为基督教团体的天津青年会虽然面临着重新获得"合法性"的考验，但是由于在历次反帝爱国运动中展现出了敢于担当的责任，它在民间甚至官方都获得了好评。特别是在中共政权实施社团清理整顿的过程中，青年会因被认为是符合公众价值判断与中共革命政策的社会团体，从而获得了承认③。1949 年 8 月，董必武出席了华北区青年会会议，对包括天津青年会在内的华北各城市青年会，给予了充分肯定："青年会所做的许多事情，都是符合中共政策的，也是适合社会当前需要的……青年会对社会所做的有益工作，人民政府不会歧视。"④

---

① 杨肖彭：《八十岁回忆录》，载《天津文史资料选辑》90，第 143 页。

② 杨肖彭：《北美协会与天津基督教青年会》，载《天津文史资料选辑》21，第 143—144 页。

③ 黄海波：《宗教非营利组织的身份建构研究：以（上海）基督教青年会为例》，第 114 页。

④ 罗冠宗：《上海基督教青年会历史片段》，载《上海文史资料选辑》1996 年第 3 期，上海政协文史资料编辑部，1996 年，第 270 页。

本 章 小 结

长期以来，天津青年会传播宗教思想之余，还在社会服务中践履了基督精神，将自身所掌握的宗教资源转化为获得社会各界人士信任的条件。

大体而言，天津青年会的社会服务工作主要聚焦了以下两个方面：其一，为地方社会培育领袖人才，使青年一代具有完备的知识结构、强健的体魄以及服务社会的精神。其二，构建适应现代社会发展的城市环境。在这个过程中，天津青年会通过一系列行之有效的举措，诠释了"传统风俗的变革者""西方观念的传播者"以及"城市社会风气的净化者"这三个主体身份。

天津青年会虽然是由北美协会所建立，然而在服务天津社会的过程中，它也试图通过对反帝爱国运动的参与，向一切束缚社会以及青年一代发展的制度和个人发起挑战。在从事上述活动的过程中，天津青年会基本遵循两个主要原则：其一，无意扮演压力团体的角色，对社会上的恶行采取消极的抗议行动，而是尝试另辟蹊径，为人们迁善远罪，创造可能性空间。其二，透过助人自助的手法，根本性地解决社会问题。

同时，在抗日救亡运动以及战后的社会重建工作中，该会体现出了强烈的民族主义情怀，以及勇于牺牲、敢于奉献的精神。这不仅令作为宗教团体的天津青年会收获了社会各界人士的赞誉和承认，继而在1949年以后的发展提供了保障。

结论

全球化与地域化：青年会在华
历史的一体两面

在从事青年会在华历史研究的过程中，笔者发现，"全球地域化"的视域有着不容低估的价值。什么是全球地域化？其中，包含两个过程：一是"全球化"在特定地域的实现；二是特定地域"化入"全球化。其中，"全球化乃普遍性，全球地域化显然首先意味着该普遍性对相对地域的整合"①。这一点，在青年会诞生和发展的进程中，表现得尤为明显。作为一个跨宗派的基督教团体，青年会既是发源于西方世界的宗教团体，又是一个带有全球化性质的社会运动。北美协会的世界服务以及"巴黎本旨"的确立，都是其"全球化"进程的重要推动力。如此一来，青年会在世界各国家和地区的分布范围日益扩大，继而在某种意义上承担起了使这些国家和地区的人们皈依基督教的使命。可见，青年会的全球化在某种意义上令原先被某一地域或民族所持守的基督教，成为一个跨越地域和民族的全球化宗教。

然而，"既然全球化要'化'在特定的地域，其普遍性难免要染上地域的色调，而地域虽被整合却不至于完全被消解，两者一体两面"②。青年会在中国的传播与扩展，就体现出了"全球化"与"地域化"的互构。不可否认的是，带着"这一代令中国基督化"的使命，北美协会以及众多学生海外志愿传教运动的参与者于19世纪末登陆中国。在他们的努力之下，青年会在中国的传播范围大为扩展。这在一定程度上显现出了青年会具有全球扩张的潜力。值得注意的是，青年会虽是西方国家社会文化传统的重要部分，但是对以中国为代表的非西方国家而言，它基本上是一个舶来品。因此，在中国落地、生根的青年会除了传承基督教文明之外，也

---

① 金耀基、乐黛云：《文化趋同还是文化多元？》，载乐黛云《跨越文化边界：学术随笔》第三辑，上海文化出版社 2000 年版，第 178 页。

② 同上。

须融入中国的社会环境，接纳和正视中国的文化传统。是故，中国各地的青年会都在推动"地域化"的进程，其中经历了不同的阶段。每一个阶段，都体现出了与近代中国社会的发展变迁相结合的特点。在这个过程中，青年会完成了主体身份的转换：从一个来自西方的基督教团体转变为在近代中国社会影响至深的社会团体。这一点，是不容否认的。

值得注意的是，讨论青年会在中国的"全球地域化"问题，不仅需要放在"全中国"这一范畴之内加以讨论，也需要关注典型的区域个案。因为中国地方广大、幅员辽阔，不同地区的特点千差万别。在此，将中国青年会的发展摆放到其所在的区域和城市中加以研究，探讨青年会在不同城市的社会变迁中的角色及其互动关系，有着重大意义。如何选择恰当的城市青年会个案？笔者认为，应有以下两点标准：一是要体现青年会自西向东的传播轨迹；二是在青年会在华发展中占据重要地位。依据上述标准，选取天津青年会为研究对象比较恰当：一方面，建立天津青年会的建议，是由致力于推动青年会全球化的北美协会做出的。另一方面，该会也是中国最早的城市青年会。

那么，对于在此登陆的青年会，1895年前后的天津又提供了哪些适宜的土壤呢？首先，天津作为中国北方的沿海通商大埠，对外贸易发达。自19世纪60年代至20世纪初，共计有九个国家在此建立租界。这使西方文化的某些特征令当地人产生了直观印象，并令天津这座城市具有了开放、多元的氛围。其次，天津是洋务运动的发源地、清末新式教育的中心。众多的新式学堂，培育出了一批具有国际视野且倾慕西方文化的青年学子，他们正是青年会重点争取的对象之一。同时，1895年恰逢中国在中日甲午战争中失败，强国御侮、救亡图存的呼声在这个曾经见证洋务运动成就的城市日益高涨。是为青年会参与近代天津乃至中国的社会变革，提供了更多的可能性。

正因如此，以来会理为代表的来华外籍干事看到了青年会在天津发展的潜力。初入天津的他们也在努力营造出适宜天津青年会生存的环境，提高社会成员对该会的认同感。在天津青年会建立之初，来会理等人利用固有的地缘、业缘以及差会背景，组建了以天津各基督教会成员为代表的董事会。公理会、美以美会、伦敦会、宣道会的传教士皆有涉足，凸显出跨宗派的特点。为了使基督教思想、教义介入社会生活的各个方面，天津青年会的外籍干事们利用中国人宗教思想的某些特质，通过与本地会员

（以青年学生为主）相互研讨的方式，宣传和推广了"社会福音"的普世价值。鉴于本地会员特别是青年学生对西方文明较为向往，天津青年会还帮助其克服语言的障碍，使其与之发生亲密接触。为了进一步拉近同本地会员的距离，来会理等人还自学中文，以便令双方的对话与接触更加顺畅。以上种种，不仅是青年会在天津这个陌生城市立足的关键，也被全国性的青年会组织所借鉴。

然而，这一切并不足以消除青年会在天津发展的阻力。因为19世纪末20世纪初的天津虽然具有对外开放的属性，但是外籍干事们面对的，毕竟是一个与母国截然不同的社会环境。当地民众的反洋教情绪是阻碍天津青年会生存、发展的因素之一。这也使部分人甚至包括青年会的成员在内，无法充分认识这一跨宗派基督教团体的性质与使命。另外，天津青年会与天津各基督教会在争取青年的工作上也存在着一定的冲突和分歧。这对天津青年会的生存与发展更为不利。从1900年起，义和团运动和八国联军侵华战争的相继爆发，使天津社会的动荡进一步加剧，并令天津青年会面临着更为窘迫的境遇。因此，为了保存该会生存的希望，来华外籍干事们只能在颠沛流离中辗转求存。

为了扭转上述不利的局面，进入20世纪初以后，天津青年会也着意从制度模式与认同构建两个方面加以调整，使之更加具有中国特色、地方特色。也就是说，青年会必须要满足地方社会的需要，才能顺利地扎根、存活，进而发挥其影响力。这也揭示出青年会较一般教会，地域化进程更为迅速的原因所在。

为了与天津社会的国际化发展格局相适应，天津青年会制定了租界与老城并举的发展模式，目标是与各基督教会建立纽带，介入天津民众的信仰空间。其原因和效应，正如刘廷芳所分析的那样："青年会在围墙之外建立，与围墙之外的社会交接，将围墙里面的人拉出与围墙之外的社会得一点接触。要使他们与有些非基督徒交往，同聚餐，同在一个健身房中练体操，同在游艺会中娱乐，同办社会公益的事。这是给基督徒一个可以与他们的民族相接、相合的场所，却仍在基督的名下，共同谋社会的利益。"①

---

① 刘廷芳：《青年会对中国教会的贡献》，第61页。

　　另外，在加强外籍干事力量的同时，天津青年会也在积极争取本地会员：知识分子和社会精英以及普通民众都是争取的对象。这样一来，不仅扩充了天津青年会的资金来源，还使得以"跨国合作"的人员结构就此建立。考虑到天津沿海、租界林立、靠近统治中心①等特色，天津青年会还意在与不同主体加强交往，成为连接教会与社会的纽带，充当了沟通中国与西方的桥梁，为官民之间的对话搭建了平台。如上种种，使天津青年会在地方社会的生存空间有所扩大。

　　在巩固生存基础的同时，天津青年会也试图利用宗教思想构建信仰、文化认同。为此，该会在承继各基督教会以讲经传道为主的宗教传播手段之基础上，也借鉴和吸收了近代天津乃至中国社团的活动经验，充分利用了讲演、报刊以及广播电台等不同传播媒介。在这个过程中，天津青年会特别是本地成员对基督教思想的创造性诠释，彰显了鲜明的地域特色和时代特色。但是，非基督教运动的爆发以及中日民族矛盾的激化，使上述工作面临新的难题。在此，天津青年会虽在一定程度上进行了自我调适，比如将宗教思想传播的受众面扩大，令宗教思想与抗日救亡运动相结合等，但却没能提高青年会宗教思想在社会各界人士中的说服力。这使天津青年会距离利用宗教思想构建信仰、文化认同的目标越来越远。

　　但是，和近代中国的多数大城市一样，天津社会也存在着动荡与变革交替的局面。这给予天津青年会更多的机遇，促使其将自身所掌握的宗教资源转化为获得社会各界人士认同的条件。为此，天津青年会开展了形式多样的社会服务。大体而言，天津青年会的社会服务集中在以下几个方面：一是为地方社会培育领袖人才，使之有完善的知识结构，强健的体魄，良好的沟通能力以及为社会服务、为民族献身的精神；二是参与现代城市文明的构建，输入西方的社会文化观念，改良不合时宜的社会风俗。三是涉足历次反帝爱国运动当中，在"基督徒"与"中国人"的身份认同困局下做出了符合社会发展需要的选择。如上种种，不仅令该会提高了社会地位和能见度，还使之收获了社会各界人士的赞誉，继而在1949年以后获得了生存与发展的条件。

　　由此看来，笔者之所以运用"全球地域化"这一视域，深入讨论天

---

①　主要是指从1895年到南京国民政府成立之前，以北京为首都这一时期。

津青年会的历史，既是用天津的特殊经历，诠释青年会向世界传播、扩展的某些特性，又是揭示这个带有"全球化"特点的跨宗派基督教团体在天津落地生根的基本规律。其中涉及的相关问题不仅是为了解答"面向全球的青年会如何实现地域化"这一问题，更是意在说明"中国的青年会怎样实现地域化"，以此加强青年会地方个案的研究。

在此，笔者关注的是，全球化的青年会介入中国社会的过程，审视青年会在天津发展时的制度模式、社会交往与认同关系，发掘青年会在地方社会互动中产生的新形态、新问题。另外，重视天津青年会对地方传统的接纳与回应，改造与调适，则是希望由此延展出"天津的青年会""中国的青年会"之于"全球化的青年会"的反应和回馈。汇总得到的，不仅是中国青年会的发展特性，也是面向全球的青年会所具有的地域化特色①。

虽然青年会自诞生到传入中国经历了一个多世纪的进程，并形成了自身的脉络传承，但是中国各地的历史因素和时代变迁，对于在不同地方落地、生根的青年会同样产生较为深远的影响。可见，作为一个带有全球化性质跨宗派基督教团体，青年会既是由各地、各样的特征所表明的，也是各个地域化的青年会所组成的。足见"全球地域化"的青年会作为一个社会—历史概念，不仅是平面的，而且是延续的；不仅是地缘的，而是带有普世价值的。上述属性层层相因，环环相扣，遂构成青年会历史发展的复杂图景：场面宏大，内容庞杂，却异彩纷呈。要想介入这样一个复杂的历史图景，不仅需要恰当地选择地域个案，更应当加强不同区域之间的对比。

这也是笔者在今后的研究中需要重点突破的地方。因为，由于地域、传统、政治、经济等方面的不同，青年会在中国各地的发展都具有显著的差异性。比如上海和天津虽同为开放度较高的沿海城市，两地青年会在发展模式、实践行动上的差异依旧明显。上海自 1840 年开埠后，一直有着"东方巴黎"的美称，海派文化的精神内核对上海青年会的发展形态起到了重要的型塑作用，并使之具有了中西结合、内外交汇的特色。上述特色虽说也存在于天津青年会。然而由于天津地处深受农耕文化影响的华北地

---

① 参见吴梓明等《边际的共融：全球地域化视角下的中国城市基督教研究》，第 304 页。

区，且毗邻长期作为中国统治中心的北京。这不免使天津青年会在发展的过程中形成了既倾慕西方，忽而又靠近地方传统，又深受官本位文化影响的不同面向。

可见，总结不同地方的差异，足以帮助笔者更为深刻地诠释"地域化"这一概念，继而认识全球化的青年会、中国的青年会在发展形态上的多样性与多元化。除此之外，笔者应当打破地域之间的界限，讨论中国各地青年会之间的互动关系，阐明其怎样改变中国青年会的历史发展，继而影响近代中国社会的变迁。"海洋中国"就是一个有效的视域。这一概念脱胎于滨下武志的"海洋亚洲论"①，具有双重意涵：首先，它是一个地理概念，其范围涵盖中国附近海域的所有沿海城市、岛屿和半岛。其次，它还是一种用海洋的视角审视近代中国社会进步、经济发展和文化传播的理论方法。这种理论方法强调要对中国的陆地与海洋、沿海与内陆地区以及它们之间的联系加以立体、动态的理解。它指出，海洋是中国与世界交往、互动的平台。中国依据条约开放的沿海城市、岛屿和半岛都在其中发挥着重要的作用。正是由于它们的存在，社会进步的新潮流、经济发展的新趋势、文化传播的新动向才能不断地从沿海向内地扩展和蔓延，最终影响和改变了近代中国的历史发展走向。

在阅读与青年会在华历史相关的史料的时候，笔者发现，青年会在近代中国各地的传播与扩展和海洋发生着密切关系。19世纪中叶以后，中国在西方列强的炮火之下被迫开放了一些重要的沿海城市。青年会在中国的传播，正是随着这些沿海城市的开放而不断向纵深发展。沿海与内陆之间的交流与互通，伴随着城市青年会区域分布网络的建立和扩大更加活跃。在此，基督教文化乃至现代文明都借助青年会，通过这一网络由沿海向内陆传播，不断地对近代中国施加影响。在上述作用之下，民族国家观念、地方意识和宗教信仰在中国青年会建立和发展的过程中也一道被强

---

① 滨下武志指出，"海洋亚洲"所涵盖的区域范围包含了亚洲海域诸多城市、岛屿和半岛。这些海洋和陆地的交叉点形成了互动紧密的贸易网络，其枢纽位于长崎、上海、香港、马六甲和新加坡等地。其中，海洋规定了亚洲大陆的周边景况。亚洲海域和内陆，不仅由于海岸而隔开，而且同为一个更大体系的组成部分。在这个体系中，海洋与内陆是有机统一的整体。海洋是内陆通往外界的道路，是流动的网络，而不是屏障。[日]滨下武志：《中国、东亚与全球经济：区域和历史的视角》，第103页。

化。至此，青年会在发展形态上也显现出"多元"与"一统"相结合的格局。

除此之外，在聚焦青年会地域个案的过程中，还要注意其在推动这些地方的国际化进程中所做出的贡献。这样才能透彻地理解"全球地域化"的意涵。因为现下从事中国青年会乃至基督教史研究的学者对"全球地域化"这一视域的利用依旧局限在讨论青年会的中国化乃至基督教在中国的"地域化"上，并将"全球化"当作一个抽象的背景。这也是"全球地域化"的视域在近代中国基督教史研究中所存在的理论困境。这个困境的解开，不仅之于青年会地方个案的研究是一个突破，更能够令"全球地域化"的视域在中国基督教史研究中发挥更大的价值。

囿于时间紧张、学力所限，本书在此仅起到抛砖引玉的作用。所涉及的议题，如若能够引起学界同仁的讨论、共鸣，乃至争议，笔者将不胜荣幸。

参 考 文 献

档案

[1] 陈肃等编：《美国明尼苏达大学图书馆藏男青年会档案：中国年度报告（1896—1949）》，广西师范大学出版社 2012 年版。

[2] 《中华基督教青年会全国协会报告第九次全国大会书》，1921 年，上海档案馆藏，资料号：U120 - 0 - 5。

[3] 《关于召开津市私立小学校长改在青年会举行请到会指导给宣传处的函》，1943 年，天津市档案馆藏，资料号：J0001 - 2 - 000830 - 002。

[4] 《关于借用基督教青年会给陆军特务机关长雨宫的函》，1943 年，天津市档案馆藏，资料号：J0001 - 2 - 000856 - 005。

[5] 《为请发市署职员寄宿青年会不应议中华基督教青年会等的批文》，1942 年，天津市档案馆藏，资料号：J0001 - 3 - 011338 - 010。

[6] 《天津青年会会务通告第二号》，1916 年，天津市档案馆藏，资料号：J0128 - 2 - 002150 - 003。

[7] 《本会智育科春季通告》，1915 年，天津市档案馆藏，资料号：J0128 - 2 - 002150 - 005。

地方文献及汇编

[1] 宋蕴璞辑：《天津志略》，成文出版社 1969 年版。

[2] 张焘编：《津门杂记》，天津古籍出版社 1986 年版。

[3] 刘泽华等编：《天津文化概况》，天津社会科学院出版社 1990 年版。

[4] 高凌雯纂：《天津县新志》卷十，《中国地方志集成·天津府县志辑三》，上海书店出版社 2004 年版。

[5] 甘眠羊：《新天津指南》，绛雪斋书局 1927 年版。

[6] 来新夏编：《天津近代史》，南开大学出版社 1987 年版。

[7] 天津特别市政府编：《市政公报》19，1929 年 2 月。

[8] 罗澍伟等编：《近代天津城市史》，中国社会科学出版社 1993 年版。

［9］孙学谦：《天津指南》，新华书局 1923 年版。

［10］《天津历史资料》1964 年第 2 期。

报刊及出版物

［1］［美］贺嘉立：《北美基督教青年会史略》，青年协会书局 1917 年版。

［2］《青年会最近三年成绩一览》，天津中华基督教青年会，出版时间不详。

［3］谢洪赉辑：《青年会代答：十章》，青年协会书局 1914 年版。

［4］《青年会事业概要》，天津中华基督教青年会 1918 年版。

［5］《天津青年会卅五周年纪念》，天津中华基督教青年会 1930 年版。

［6］《天津青年会四十周年纪念》，天津中华基督教青年会 1935 年版。

［7］《立德篇》，天津中华基督教青年会，出版时间不详。

［8］《明道集》，天津中华基督教青年会 1921 年版。

［9］《醒世语录》，天津中华基督教青年会 1918 年版。

［10］［美］艾迪：《何谓基督教》，天津中华基督教青年会 1918 年版。

［11］《中华基督教青年会全国大会详编》，青年协会书局 1920 年版。

［12］《天津基督教青年会事工报告》，天津中华基督教青年会 1933 年版。

［13］天津基督教青年会人格救国运动会编：《祸福之门》，天津中华基督教青年会人格救国运动会 1932 年版。

［14］《青年进步》。

［15］《同工》。

［16］《天津青年会报》。

［17］ Peking and Tientsin Times.

［18］《益世报》，天津古籍出版社 2005 年版。

［19］《大公报》，人民出版社 1980 年版。

［20］《真理与生命》。

［21］《会务杂志》。

［22］东吴奚若编：《青年会第一次干事报告》，基督教青年会总委办 1912 年版。

［23］《广益录》。

［24］美国平信徒调查团：《宣教事业平议》，商务印书馆 1934 年版。

［25］《觉悟》。

［26］《天津基督教女青年会会务季刊》。

［27］《中华基督教女青年会史》，出版年、出版地不详。

［28］《万国公报》。

［29］《申报》，上海书店出版社 2008 年版。

［30］《上海青年》。

［31］《天风》。

［32］中华基督教青年会战区服务全国委员会编：《中华基督教青年会战区服务委员会报告书》，1933 年。

传记、文集、回忆录、文史资料

［1］［美］来会理：《中华基督教二十五年小史》，青年协会书局 1920 年版。

［2］余日章：《中华基督教青年会史略》，青年协会书局 1927 年版。

［3］袁访赉：《余日章传》，青年协会书局 1948 年版。

［4］《毛泽东选集》（第四卷），人民出版社 1960 年版。

［5］肖彭编：《天津基督教青年会发展史：初稿》，天津市宗教史料委员会 1964 年版。

［6］［美］来会理：《中国青年会早期史实之回忆》，《近代史资料》总第 109 号，中国社会科学出版社 2004 年版，第 110—129 页。

［7］戴伟良：《甲寅年艾迪播道始末记》，青年协会书局 1915 年版。

［8］［美］艾迪：《艾迪博士自述》，青年协会书局 1948 年版。

［9］Sherwood Eddy, A Century with Youth：A history of the Y. M. C. A, from 1844 to 1944.

［10］Hopkins, History of the Y. M. C. A in North America, 1951, p. 17.

［11］谢扶雅，《基督教青年会的原理》，青年协会书局 1923 年版。

［12］［美］李提摩太：《亲历晚清四十年：李提摩太在华回忆录》，李宪堂、侯林莉译，天津人民出版社 2005 年版。

［13］中华基督教青年会全国协会编：《中华基督教青年会物五十周年纪念册》，青年协会书局 1945 年版。

［14］马泰士：《穆德传》，张仕章译，青年协会书局 1935 年版。

［15］谢扶雅：《基督教与现代思想》，青年协会书局 1941 年版。

［16］陈立廷：《基督教青年会释要》，青年协会书局 1927 年版。

［17］ 崔国良编：《张伯苓教育论著选》，人民教育出版社 1997 年版。

［18］ 宋允璋、王德刚：《他的梦：宋棐卿》，明文出版社有限公司 2006 年版。

［19］ 颜惠庆：《颜惠庆自传：一位民国元老的历史记忆》，吴建雍等译，商务印书馆 2003 年版。

［20］ 《谢扶雅晚年基督教思想论集》，基督教文艺出版社 1986 年版。

［21］ ［美］司徒雷登：《在华五十年：司徒雷登回忆录》，程宗家译，北京出版社 1982 年版。

［22］ 刘焱编：《周恩来早期文集》（上卷），南开大学出版社 1993 年版。

［23］ 吴雷川：《我的宗教经验》，青年协会书局 1931 年版。

［24］ 宋恩荣编：《晏阳初文集》，教育科学出版社 1989 年版。

［25］ 中国人民政治协商会议天津市委员会文史资料研究委员会编：《天津文史资料选辑》116，天津人民出版社 2012 年版。

［26］ 中国人民政治协商会议天津市委员会文史资料研究委员会编：天津文史资料选辑》21，天津人民出版社 1982 年版。

［27］ 中国人民政治协商会议天津市委员会文史资料研究委员会编：《天津文史资料选辑》18，天津人民出版社 1982 年版。

［28］ 中国人民政治协商会议天津市委员会文史资料研究委员会编：《天津文史资料选辑》27，天津人民出版社 1984 年版。

［29］ 中国人民政治协商会议天津市委员会文史资料研究委员会编：《天津文史资料选辑》22，天津人民出版社 1983 年版。

［30］ 中国人民政治协商会议天津市委员会文史资料研究委员会编：《近代中国十大爱国实业家》，天津人民出版社 1996 年版。

［31］ 中国人民政治协商会议天津市委员会文史资料研究委员会编：《天津文史资料选辑》90，天津人民出版社 1997 年版。

［32］ 中国人民政治协商会议全国委员会文史资料研究委员会编：《文史资料选辑》19，中国文史出版社 1961 年版。

［33］ 中国人民政治协商会议全国委员会文史资料研究委员会编：《文史资料选辑》53，中国文史出版社 1964 年版。

［34］ 中国人民政治协商会议全国委员会文史资料研究委员会编：《原国民党将领抗日战争亲历记》，中国文史出版社 1985 年版。

［35］ 中国人民政治协商会议上海市委员会文史资料研究委员会编：《上

海文史资料选辑》1996 年第 3 期，上海政协文史资料编辑部 1996
年版。

年鉴及资料汇编

[1] 《中华基督教会年鉴》，中华续行委办会编印，自 1916 年起开始
出版。

[2] 中华续行委办会编：《中华归主—中国基督教事业统计（1900—
1920)》（上、中、下），中国社会科学出版社 1987 年版。

[3] 中国第一历史档案馆编：《鸦片战争档案史料》第七册，天津古籍出
版社 1992 年版。

[4] 王铁崖：《中外旧约章汇编》第 1 册，生活·读书·新知三联书店
1957 年版。

[5] 北洋大学—天津大学校史编辑室编：《北洋大学—天津大学校史资料
选编》，天津大学出版社 1991 年版。

[6] 朱金甫等编：《中国近代史资料丛刊续编·清末教案》第一册，中华
书局 1996 年版。

[7] 吕实强等编：《教务教案档》第二辑，台湾"中央研究院"近代史
研究所 1974 年版。

[8] 荣孟源编：《中国近代史资料选辑》，生活·读书·新知三联书店
1954 年版。

[9] 崔国良等编：《南开话剧运动史料（1902—1922)》，南开大学出版社
1993 年版。

[10] 天津市委党史研究室编：《解放战争时期天津学运史料》，天津古籍
出版社 1996 年版。

[11] 中国第二历史档案馆编：《中华民国档案资料汇编》第五辑，江苏
古籍出版社 1994 年版。

研究著作

[1] 吴梓明等：《边际的共融：全球地域化视角下的中国城市基督教研
究》，上海人民出版社 2009 年版。

[2] ［美］托马斯·库恩：《科学革命的结构》，李宝恒、纪树立译，上
海科技出版社 1980 年版。

[3] Kenneth Scott Latourette, World Service- A History of the Foreign and

World Service of the Y. M. C. A of USA and Canada, Association Press, 1957.

[4]［美］费正清等:《剑桥中国晚清史》（上卷），中国社会科学院历史研究所编译室译，中国社会科学出版社 1985 年版。

[5]［美］列文森:《儒教中国及其现代命运》，郑大华、任菁译，广西师范大学出版社 2009 年版。

[6] 魏外扬:《宣教事业与近代中国》，宇宙光出版社 1978 年版。

[7]［美］邢军:《革命之火的洗礼:美国社会福音和中国基督教青年会（1919—1937）》，赵晓阳译，上海古籍出版社 2006 年版。

[8] 顾长声:《传教士与近代中国》，上海人民出版社 1981 年版。

[9] 顾卫民:《基督教与近代中国社会》，上海人民出版社 1996 年版。

[10] 陈秀萍:《沉浮录:中国青运与基督教青年会》，同济大学出版社 1989 年版。

[11]［美］柯文:《在中国发现历史:中国中心观在美国的兴起》，林同奇译，中华书局 2002 年版。

[12] 左芙蓉:《社会福音、社会服务与社会改造:北京基督教青年会历史研究，1906—1949》，宗教文化出版社 2005 年版。

[13] 罗世龙编:《天津中华基督教青年会与近代天津文明》，天津人民出版社 2005 年版。

[14] 侯杰:《大公报与近代中国社会》，南开大学出版社 2006 年版。

[15] 侯杰:《张伯苓:提倡教育体育与中国人心灵重建》，香港教育学院宗教教育与心灵教育中心 2011 年版。

[16] 邢福增:《基督信仰与救国实践:20 世纪前期个案研究》，建道神学院 1997 年版。

[17] 赵晓阳:《基督教青年会在中国:本土的、现代的探索》，中国社会科学出版社 2008 年版。

[18] 黄海波:《宗教非营利组织的身份建构研究:以上海基督教青年会为例》，上海社会科学院出版社，2013 年。

[19] 侯杰、秦方:《百年家族——张伯苓》，河北教育出版社 2004 年版。

[20] 张志伟:《基督化与世俗化的挣扎:上海基督教青年会研究》，台湾大学 2010 年版。

[21] 王美秀、段琦等:《基督教史》，江苏人民出版社 2006 年版。

［22］［美］乔纳森·弗里德曼：《文化认同与全球性过程》，郭建如译，商务印书馆 2004 年版。

［23］吴梓明：《全球地域化视角下的中国基督教大学》，宇宙光出版社 2006 年版。

［24］Robertson R, Globalization: Social Theory and Global Culture, London: Sage, 1992.

［25］［美］林·亨特编：《新文化史》，江政宽译，麦田出版社 2002 年版。

［26］孙尚扬：《宗教社会学》，北京大学出版社 2001 年版。

［27］［美］托马斯·奥戴：《宗教社会学》，胡荣等译，宁夏人民出版社 1989 年版。

［28］［德］马克斯·韦伯：《新教伦理与资本主义精神》，康乐等译，广西师范大学出版社 2007 年版。

［29］Edward Hill, The Silent Language, New York: Ancboc Press/ Doubleday, 1959.

［30］Y. Kim and W. Gudykumst (Eds.), Theories in Intercultural Communication, Beverly Hills, CA: Cage, 1988.

［31］［美］柯娇燕：《什么是全球史》，刘文明译，北京大学出版社 2008 年版。

［32］Gern O. Pierrel, The Executive Role in YMCA Administration, New York: Association Press, 1951.

［33］Alexis de Tocqueville, Democracy in America, New York: 1959.

［34］［美］乔万尼·阿里吉、［日］滨下武志、［美］马克·赛尔登：《东亚的复兴：以 500 年、150 年、50 年为视角》，社会科学文献出版社 2006 年版。

［35］［日］滨下武志：《中国、东亚与全球经济：区域和历史的视角》，王玉茹、赵海松、张玮译，社会科学文献出版社 2009 年版。

［36］李志刚：《基督教早期在华传教史》，商务印书馆 1984 年版。

［37］［美］费正清等编：《剑桥中华民国史》（上卷），刘敬坤等译，中国社会科学出版社 1994 年版。

［38］高新民编：《韦卓民学术论著选》，华中师范大学出版社 1997 年版。

［39］Jessie G Luiz, Chinese Politic and Christian Missions: The Anti-Christian

Movement of 1920-28，Cross Culture Publication，1988.

[40] 杨天宏：《基督教与民国知识分子：1922—1927 年中国的非基督教运动研究》，人民出版社 2005 年版。

[41] John King Fairbank，China：A New History，Cambridge：Harvard University Press，1992.

[42] ［美］罗芙芸：《卫生的现代性：中国通商口岸卫生与疾病的含义》，向磊译，江苏人民出版社 2009 年版。

[43] ［德］哈贝马斯：《公共领域的结构转型》，曹卫东等译，学林出版社 1993 年版。

[44] 胡志斌：《公共神学与全球化斯塔克豪斯的基督教伦理研究》，宗教文化出版社 2008 年版。

[45] 李向平：《信仰、革命与权力秩序：中国宗教社会学研究》，上海人民出版社 2006 年版。

[46] ［美］刘禾：《跨语际实践：文学、民族文化与被译介的现代性（中国，1900—1937）》，宋伟杰等译，生活·读书·新知三联书店 2002 年版。

[47] TimothyWichell，Colonising Egypt，Cambridge：Cambridge University Press，1987.

[48] ［美］李榭熙，《圣经与枪炮：基督教与潮汕社会（1860—1900）》，雷春芳译，社会科学文献出版社 2010 年版。

[49] 张仲礼：《中国绅士研究》，李荣昌译，上海人民出版社 2008 年版。

[50] 桑兵：《清末新知识界的社团与活动》，北京师范大学出版社 2014 年版。

[51] 张玉法：《清季的立宪团体》，北京大学出版社 2011 年版。

[52] 费孝通：《乡土中国》，上海人民出版社 2006 年版。

[53] 梁元生：《晚清上海：一个城市的历史记忆》，广西师范大学出版社 2010 年版。

[54] 李纯武等：《简明世界通史》，人民教育出版社 1983 年版。

[55] ［美］阿尔文，J 施密特：《基督教对文明的影响》，汪晓丹、赵巍译，上海人民出版社 2013 年版。

[56] 侯杰、姜海龙：《百年家族—黎元洪》，河北教育出版社 2006 年版。

[57] 习贤德：《孙中山先生与基督教》，浸宣出版社 1991 年版。

[58] 李孝悌：《清末下层社会启蒙运动》，河北教育出版社 2001 年版。

[59] ［比］钟鸣旦：《杨廷筠，明末天主教儒者》，香港圣神研究中心译，社会科学文献出版社 2002 年版。

[60] ［英］利文斯顿：《现代基督教思想》上卷，何光沪译，四川人民出版社 1999 年版。

[61] ［美］胡缨：《翻译的传说：中国新女性的形成（1898—1918）》，尤瑜戎、彭姗姗译，江苏人民出版社 2009 年版。

[62] ［日］丸山真男：《日本政治思想史研究》，王中江译，生活·读书·新知三联书店 2000 年版。

[63] 彭彼得、朱维之：《基督教思想史：基督教与文学》，上海书店 1989 年版。

[64] 王治心：《中国基督教史纲》，上海古籍出版社 2012 版。

[65] 程登科：《世界体育史纲要》，商务印书馆 1946 年版。

[66] ［澳］雷金庆：《男性特质论：中国的社会与性别》，刘婷译，江苏人民出版社 2012 年版。

[67] ［法］米歇尔·福柯：《规训与惩罚》，刘兆成译，生活·读书·新知三联书店 1999 年版。

[68] 孙海麟编：《中国奥运先驱张伯苓》，人民出版社 2007 年版。

[69] ［美］安德森：《想象的共同体：民族主义的起源与散布》，吴叡人译，上海世纪出版集团 2005 年版。

[70] 冯自由：《革命逸史》，新星出版社 2009 年版。

[71] 周积民、宋德金编：《中国社会史论》（下卷）湖北教育出版社 2000 年版。

[72] ［美］贺萧：《危险的愉悦：20 世纪初上海的娼妓问题和现代性》，韩敏中、盛宁译，江苏人民出版社 2003 年版。

[73] 乐黛云：《跨越文化边界：学术随笔》第三辑，上海文化出版社 2000 年版。

论文及论文集

[1] 王小蕾：《以信仰丰富生命—陈芝琴与基督教青年会》，"天津中华基督教青年会与近代名人"国际学术研讨会，2009 年。

[2] 《基督宗教与文明人格的培育"国际学术研讨会论文集》，汕头大学

文学院基督教研究中心，2012 年。

［3］ Nicolas Standaert，" New Trends in the Historiography of Christianity in China"，The Catholic Historical Review 83. 4（October 1997）.

［4］ Garrett Shirley. S，Social Reformers in Urban China：The Chinese YM-CA，（1895—1926），Ph. D Dissertation，Harvard University，1970.

［6］ Xing Wenjun，Social Gospel，Social Economics and the YMCA：Sidney Gamble and Princeton- in Peking，Ph. D Dissertation，University of Massachusetts，1992.

［7］ 刘远城：《中美文化交流的激荡：基督教青年会对晚清社会的适应与交融》，博士学位论文，台湾淡江大学，1999 年。

［8］ Jessie G Lutz，The YMCA-YWCA and China's Search for a Civil Society，载林治平编《基督教与中国现代化国际学术研讨会论文集》，宇宙光出版社 1994 年版。

［9］ Kimberly A. Risedorph，Reformers，Athletes and Students：The YMCA in China，1895—1935，Ph. D. Dissertation，Washington University，1994.

［10］ Charles Andrew Keller，Making Modern Citizens：the Chinese YMCA，Social Activism，and the Internationalism in Republican in China，1919—1937，Ph. D. Dissertation，University in Kansas，1996.

［11］ 傅浩坚：《基督教青年会对中国近代体育发展的影响》，博士学位论文，香港浸会大学，2000 年。

［12］ 韩树双、谢长法：《基督教青年会与职业指导的推展》，《教育学术月刊》，2013 年第 8 期。

［13］ John S. Barwick，The Protestant Quest for Modernity in Republican China，Ph. D. Dissertation，University of Alberta，2012.

［14］ 王立新：《近代基督教在华传教史主要研究范式述评》，载陶飞亚、梁元生编：《东亚基督教再诠释》，香港中文大学宗教与中国社会研究中心 2004 年版。

［15］ 王成勉：《余日章与青年会：一位基督教领袖的爱国之道》，载《近代中国历史人物论文集》，中央研究院近代史研究所 1993 年版。

［16］ 申芳：《广州基督教青年会在抗战期间的社会服务事业》第二届"基督教与中国社会"国际青年学者研讨会，香港中文大学崇基学院宗教与中国社会研究中心，2004 年。

［17］卢海标：《广州基督教青年会抗战前活动述评》，《宗教学研究》，2008 年第 2 期。

［18］周东华：《青年会与民国初年浙江的社会公益教育》，《浙江学刊》，2009 年第 4 期。

［19］周玉蛟：《大连基督教青年会研究（1920—1934）》，硕士学位论文，河南师范大学，2013 年。

［20］张兰：《比较文化视野下的太原基督教青年会研究》，硕士学位论文，山西大学，2010 年。

［21］刘军：《民国太原基督教青年会研究（1912—1937）》，硕士学位论文，河北师范大学，2013 年。

［22］王聪：《从边缘到中心：山东基督教青年会历史研究》，硕士学位论文，山东大学，2013 年。

［23］侯杰：《文史资料与近代中国工商业者研究——以宋则久为例》，《郑州大学学报》，2014 年第 3 期。

［24］李志刚：《中华基督教青年会提倡"人格救国"及其反响》，《维真学刊》，第 2 卷第 1 期，1994 年。

［24］侯杰等：《英敛之、〈大公报〉与天津基督教青年会探析》，载赵建敏编《天主教研究论辑》（第 8 辑），宗教文化出版社 2011 年版。

［25］侯杰等：《日本侵华时期天津著名实业家宋棐卿的实业思想与实践》，《石堂论丛》第 51 辑，2011 年 11 月。

［26］侯杰等：《天津基督教青年会与城市现代化——以华人领袖为中心的考察》，载李灵、曾庆豹编《中国现代化视野下的教会与社会》，上海人民出版社 2011 年版。

［27］侯杰等：《中华基督教青年会与近代中国城市社会——以天津中华基督教青年会为例》，《理论学刊》，2007 年第 6 期。

［28］侯杰等：《基督宗教与近代中国的社会和谐——以中华基督教青年会为例》，《史林》，2007 年第 4 期。

［29］侯亚伟等：《天津青年会与 1920 年赈灾—以大公报、益世报为中心》，《金陵神学志》，2011 年第 1 期。

［30］侯杰等：《天津青年会的儿童事业》，《华南师范大学学报》，2012 年第 5 期。

［31］王军等：《略论天津中华基督教青年会与近代社会慈善事业—以大

公报对 1917 年大水灾报道为中心》，《广东社会科学》，2013 年第
1 期。

[32] 侯杰等：《互利共赢：中华基督教青年会与孙中山、辛亥革命的关
系初探》，基督教文艺出版社 2014 年版，第 211—229 页。

[33] 王兆祥：《天津基督教青年会与近代体育运动的发展》，《南方论
丛》，2007 年第 3 期。

[34] 任云兰：《天津基督教青年会社会救济活动述论》，《南方论丛》，
2007 年第 3 期。

[35] ［法］罗兰·巴特：《从作品到文本》，杨扬译，《文艺理论研究》，
1988 年第 5 期。

[36] 徐以骅：《美国新教海外传教运动史述评》，《美国宗教与社会》第
一辑，时事出版社 2004 年版。

[37] 卓新平：《"全球地域化"与中国基督宗教学术研讨会欢迎辞》，载
卓新平、许志伟编《"全球地域化"与中国基督宗教学术研讨会论
文集》，宗教文化出版社 2004 年版，第 3 页。

[38] 关瑞文：《后殖民抵抗：以后殖民批判为视角重读本土化神学工作
者之人格》，"基督教与文明人格的培育"学术研讨会，汕头大学，
2012 年。

[39] 赵怀英：《基督教青年会的起源与北美协会的世界服务》，《美国研
究》，2010 年第 2 期。

[40] 赵晓阳：《抗日战争时期中国基督教青年会军人服务部研究》，《抗
日战争研究》，2011 年第 2 期。

[41] 许纪霖《近代中国的公共领域：形态、功能与自我理解——以上海
为例》，《史林》，2003 年第 2 期。

[42] 吴梓明：《全球地域化：中国教会大学史研究的新视角》，《历史研
究》，2007 年第 1 期。

[43] Philip C C Huang, "Biculturality in Modern China and in Chinese Stud-
ies", *Modern China* 26.

[44] ［意］柯毅霖：《福音在中国本地化的神学反思》，《神思》，第 47
辑，2006 年。

[45] 姚西伊：《唯爱主义与民族主义：吴雷川与徐宝谦社会伦理思想之
比较》，载陶飞亚、梁元生编，《东亚基督教再诠释》。

［47］［日］高岛航：《天足会与不缠足会》，载李喜所编：《梁启超与近
　　　　代中国社会文化》，天津古籍出版社 2005 年版。

［48］赖品超：《在全球地域化中继承中国与基督宗教传统——一个儒
　　　　家—基督新教观点》，载卓新平编《基督宗教研究》第七辑，宗教
　　　　文化出版社 2004 年版。

古籍

［1］沈桐生辑：《光绪政要》27 卷三十一。

［2］李志常：《长春真人西游记》，载王云五编：《国学基本丛书》卷 349
　　　上，商务印书馆 1968 年版。

后　记

距离博士毕业已有一段时间，而博士论文终于能够改写成书，并正式出版。值此正式付印之际，回想这一路以来的研究和出版计划，心中怀抱着感恩之情，借此机会表达我作为年轻学人由衷的谢意。

在我读研、读博期间，一直给予我支持和鼓励的，当推我的导师侯杰教授。正是他的一路引领，方使我走入了天津青年会研究的门径。个人自考入南开大学历史学院成为硕士研究生之际，就在导师的指点下，对《大公报》、《益世报》中有关天津青年会的资料进行整理，并阅读了由前辈学长从美国明尼苏达大学图书馆影印回来的青年会外籍干事报告。这一切，构成了我博士论文的资料积淀。在进行专业方向研究的同时，我还选修了南开大学中国社会史研究中心的相关课程，并就博士论文的研究方法问题，求教于王先明、张思等诸位先生，并与赵天鹭、杨帆、朱文广、耿磊、李军等同学进行研讨。其间的学术讨论与激荡，始能促成博士论文的构想与成果。

在博士论文撰写的过程中，我还两次赴香港中文大学宗教与中国社会研究中心开展学术交流。其间，卢龙光、邢福增等教授，在我初出茅庐之际，给予许多重要提点，帮助我进一步深耕近代中国基督教史研究的领域，提供诸多学术观点和意见，开启了全新的学术视野，提携之情，深深铭刻。

在就职于海南大学马克思主义学院后，我有幸得到了学院教学和科研团队的支持，经院长兼学长李德芳教授的推荐，获得了海南大学中西部综合实力提升计划科研团队项目的资助，解决了出版经费和渠道的问题。李德芳教授在百忙之中拨冗，向中国社会科学出版社推荐我的新作，令我获得了极佳的出版平台，实是我个人的莫大荣幸。

在博士论文修改期间，身处同一科研学术团队的张朔人、王善、杨娜、吴朝阳、陈招万等老师，是我研究路途上互相鼓励，彼此交流的伙伴。我个人无论是在学术研究上，还是私人情谊上，都极为感佩上述老师，在此只能聊表谢忱。

虽然学术研究的道路注定是孤单的，但回想这一路走来的收获却是丰富且充盈的。最后，谨以本书呈献给在我学术道路上给予无私帮助和支持的人们。

王小蕾

2016 年 5 月于海大东坡湖畔